• 내 마음의 주인으로 살기 위한 감정 선택 훈련 •

아들러의
감정수업

• 내 마음의 주인으로 살기 위한 감정 선택 훈련 •

아들러의 감정수업

How you feel is up to you

게리 D. 맥케이 · 돈 딩크마이어 지음 ＊ 김유광(정신건강의학과 전문의) 옮김

시목 始木

이제는 내 감정의 주인으로
행복하게 살자!

알프레드 아들러 "감정에는 저마다의 목적이 있고,
우리는 그것을 선택할 수 있다"

우리나라에 불기 시작한 '아들러 심리학 열풍'이 좀처럼 가라앉지 않고 있다. 그만큼 아들러의 이론이 사람들에게 자존감을 불어넣고, 삶을 주체적으로 살아갈 동기를 부여했기 때문일 것이다. 그러나 이러한 열풍에도 불구하고 감정을 다루는 문제에 있어서는 아들러 심리학의 역할이 미진한 측면이 있다. 이는 감정 문제를 아들러 심리학에 근거해 본격적으로 다룬 책이 없기 때문일 것이다. 그런 의미에서《아들러의 감정 수업》은 시의적절한 책이다.

이 책의 저자들은 북미아들러심리학회(NASAP) 소속 학자로서, 미국과 유럽에서 활발한 강연을 하고 집필을 하는 상담전문가이다. 그들은 오랜 상담 경험과 연구, 그리고 아들러 심리학을 기반으로 현대인들이 감정의 주인으로 살 수 있게 돕고자 이 책을 집필했다.

기존 심리학과 아들러 심리학은 감정을 보는 관점에 있어 완전히 다르다. 프로이트로 대표되는 기존 심리학에서는 감정을 어떤 외부 사건의 결과로 보았다. 즉, 인간의 감정은 주변 상황과 그가 겪은 사건에 따라 결정되지, 스스로 감정을 선택할 수 없다는 것이다. 인간을 사건과 감정의 희생자로 보는 관점은 감정에 휘둘리는 현대인들에게 도움이 되기 어렵다.

반면 아들러는 모든 감정에는 목적이 있다고 보았다. 다시 말해 인간은 자신이 원하는 목적을 이루기 위해 특정한 감정을 만들어낸다는 것이다. 즉, 감정을 얼마든지 주체적, 능동적으로 선택할 수 있다고 본 것이다. 이런 감정에 대한 아들러의 새로운 생각은 감정 조절에 있어 획기적인 관점이라 할 수 있다.

'오늘의 감정 수업'은 아들러 심리학을 삶에 적용하게 도와주는 중요한 도구

이 책은 크게 네 부분으로 나뉜다. 우선 레슨 1에서는 아들러 심리학에서 바라보는 '감정'이 무엇인지에 대해 설명한다. 레슨 2에서는 분노·불안·우울증·죄책감 등 다양한 감정들의 특징과 목적, 그리고 감정들을 조절하는 구체적이고 실질적인 방법을 제시한다. 레슨 3에서는 스트레스를 조절하고 긍정적인 자아상을 구축하는 방법을 이야기하며, 레슨 4에서는 타인과의 감정 소통 중에 일어날 수 있는 여러 문제와 올바른 감정 소통법을 알려주고, 사람과의 관계에서 야기되는 갈등을 해결하는 방법도 제시한다.

이 책이 가진 미덕은 각각의 수많은 감정의 목적과 특징을 친절히 설명하고, 그 문제점과 해결방법을 자상하게 제시해준다는 점이다. 특히 31개에 달하는 '오늘의 감정 수업'은 책 속의 이론들을 직접 실천하도록 돕는다. 책 속의 과제들을 충실히 이행하다 보면 불쾌한 감정을 다스리고 감정의 주인으로 거듭날 수 있을 것이다.

각 파트마다 감정을 하나씩 집중 분석하고 그 해결방안을 제시하는 방식 탓에 자칫하면 내용이 반복된다고 느낄 수도 있다. 그러나 이러한 형식은 각각의 감정 하나하나를 좀 더 자세하게 다루어 독자들이 생활 속에서 쉽게 응용할 수 있도록 돕기 위한 것이니 끈기 있게 읽고 실천하기 바란다.

짧은 시간 안에 이 책의 모든 방법을 체득하려는 욕심은 버리는 것이 좋다. 레슨 1을 읽은 후, 레슨 2에서 자신에게 가장 문제라고 생각하는 개별 감정 하나를 선택해 먼저 집중적으로 연습하고 실천해보는 것이 이 책의 장점을 제대로 활용하는 방법이다. 그런 다음 다른 감정으로 천천히 영역을 넓혀가는 것이 좋다.

현대를 사는 우리 모두에게 유용한 책!

정신과 의사로서 그동안 나는 감정 문제로 고통받는 사람을 수없이 만났다. 자폐증을 앓는 어린아이, 산후우울증에 시달리는 주부, 자살을 꿈꾸는 고등학생, 정체성을 찾아 방황하는 대학생, 이혼 위기에 직면한 부부, 언제 해고당할지 몰라 전전긍긍하는 직장인…. 이 책을 통해 그들이 감정은 자기 자신의 것이라는 걸 알고, 생각을 바꿈으로써 감정을 조절하는 능력을 기를 수 있길 바란다. 또한 심리학을 전공하는 학생, 카운슬러, 자녀를 키우는 부모, 학생을 가르치는 교사들에게도 유용한 책이 되리라 확신한다.

2017년 9월
정신건강의학과 전문의 김유광

삶을 바꿀 수 있는 새로운 열쇠

감정이 상하거나 화가 났을 때, 대부분의 사람들은 무턱대고 "그 사람(또는 그 일) 때문에 정말 화가 나!"라고 말한다. 자신의 감정에 상처를 입으면 무의식적으로 외부의 탓으로 돌리는 사람들의 감정 처리 방식이다. 정반대로 모든 일을 자기 탓으로만 돌리는 사람도 있는데 둘 다 잘못된 습관이다.

필자들은 오랫동안 감정 처리를 힘들어하는 수많은 사람들을 상담하면서 이를 슬기롭게 해내는 방법을 연구해왔다. 원인도 모른 채 자기 감정이 상하는 이유를 남의 탓으로만 돌리거나, 감정 변화가 생길 때마다 어떻게 처리해야 할지 몰라 엉뚱한 방식으로 풀어버리는 사람들을 위해 불쾌한 감정의 진짜 원인을 찾는 방법을 연구했다. 그리고 수많은 상담과 사례 연구를 거쳐 긍정적이고 발전적인 방향으로 감정을 처리하고, 궁극적으로 원하는 감정을 선택할 수 있는 방법을 만들어냈다.

이 책에서 필자들이 소개한 방법을 꾸준히 연습하고 몸에 익혀 실천하면, 앞으로 쓸데없는 감정 때문에 힘들어하거나 시간과 힘을 낭비하는 일은 없을 것이다. 이 책에 제시된 다양한 인물들의 풍부한 사례는 같은 문제로 고민하는 당신의 마음을 위로해줄 것이며, 나아가 당신의 개인적인 상황에 잘 적용하면 당신이 직면한 일에 훌륭하게 대처하는 데 도움을 줄 것이다.

하지만 당신이 진정으로 감정을 선택하는 힘을 갖길 원한다면, 가장 중요한 요소가 한 가지 더 필요하다. 바로 자기 자신에 대한 믿음이다. 자신에 대한 믿음은 일을 할 때나 목표를 이루기 위해 반드시 필요한 태도이다. 우리는 이 책에서 새로운 감정을 선택하는 수많은 방법을 설명했지만, 그에 대한 노력의 정도는 당신 자신에게 달려 있음을 명심하길 바란다.

감정을 선택하는 능력은 단숨에 얻을 수도 없으며 짧은 시간 안에 완벽하게 익힐 수도 없다. 하지만 이 책에서 배우게 될 방법들을 인내심을 가지고 꾸준히 연습하면 자기 감정을 스스로 결정하는 단계에 이를 수 있다. 지금 당장은, 특히 당신의 기분이 우울한 상태라면 더욱더 그 효과를 보기 어려울 것이다. 하지만 꾸준히 연습하면 언젠가는 감정을 자유롭게 다루게 될 것이다.

인간은 자기 자신의 감정을, 그리고 삶을 변화시킬 수 있는 존재이다. 우리는 수많은 사람들이 이 능력을 계발할 수 있도록 도와주었고, 그들은 그 변화를 성공적으로 이루었다. 이제 당신도 감정을 자신 있게 선택할 수 있을 것이다.

게리 D. 맥케이·돈 딩크마이어

차례

Lesson 1 감정은 선택할 수 있다

오늘의 감정 수업 모음

감정은
선택할 수 있다

PART 1

내 감정의 주인은
바로 나!

사람은 누구나
감정 문제를 안고 살아간다

- 조시는 매우 기분이 좋다. 새 직장을 구했기 때문이다. 신문과 인터넷을 뒤지고 여기저기 전화하고 면접을 보러 다닌 고생이 헛되지 않았다. 그는 날아갈 듯한 기분이었다.

- 킴은 파혼당하고 서럽게 울었다. 그녀는 세상이 끝났다는 느낌이 들었다. 자기 인생조차 끝난 듯한 절망에 빠졌다!

- 브라이언은 몸이 부들부들 떨릴 정도로 자신에게 화가 났다. "엄마 마음을 아프게 했어. 파티에서 그렇게 엉망으로 취해 돌아오다니!"

- 토냐는 몇 달 만에 처음으로 마음의 평화를 느꼈다. 오두막은 그녀가 꿈에 그리던 그대로였다. 조용한 숲 속에 아늑하게 자리한 오두막 맞은편엔 잔잔하고 은은한 물빛의 호수가 있었다. 이번 2주간의 휴가는 정말 편안하게 보낼 수 있을 것 같았다.

조시와 킴, 브라이언과 토냐가 느낀 감정(기쁨, 슬픔, 분노, 편안함)은 자연스럽고 보편적이다. 사람이라면 누구나 감정을 느낀다. 사실 감정이 없는 인간은 살아 있다고 하기도 어렵다. 노래나 시, 텔레비전 드라마, 연극, 영화와 문학 등에서 즐겨 묘사되듯, 감정은 인간의 고유한 특성이다. 감정은 삶에 풍부한 의미를 주는 동시에 고통과 갈등을 가져오기도 한다. 감정에는 삶의 쓴맛과 단맛이 모두 담겨 있다. 감정이 없는 삶을 상상할 수 있을까? 기쁨이나 슬픔이 없는 삶은 지루하기 짝이 없을 것이다. 우리 인간은 바로 그런 감정을 느끼면서 살아간다.

　감정에는 감탄이나 고마움 같은 긍정적인 것도 있고, 불안이나 공포 같은 부정적인 것도 있다. 그중 가벼운 좌절감이나 스트레스, 불안은 인간 행동의 동기로 작용하기도 한다. 하지만 강렬하고 깊은 감정, 특히 불쾌한 감정은 자아를 파괴할 수도 있다. 극단적인 분노와 슬픔, 지나친 불안은 인간관계를 형성하고 삶의 목적을 이루는 데 방해가 된다.

　면접 날짜가 다가오자 베스는 심한 불안에 사로잡혔다. '이번 기회도 날려버릴 게 분명해. 면접관은 내가 얼마나 무능한지 한눈에 알아볼 테니까. 나는 이 일이 꼭 필요한데… 아무래도 난 면접을 망치고 말 거야.' 베스의 예감은 적중했다. 그녀는 기회를 놓쳐버렸다!

　베스처럼 일이 제대로 될 리가 없다는 느낌에 사로잡힌 적은 없는가? 분명 당신도 온갖 부정적인 감정으로 마음속을 채운 적이 있을 것이다! 많은 사람이 실제로 그렇게 한다. 베스와 당신만 그런 게 아니다. 바로 인간이기에 그렇다.

면접관에게 어떤 인상을 줄지, 과연 잘 해낼 수 있을지 걱정하는 정도의 가벼운 불안은 많은 사람들이 겪는 문제다. 하지만 걱정하는 것과, 부정적인 감정에 사로잡혀 실패를 단정하는 것은 전혀 다르다. 부정적인 생각과 감정에 사로잡히면, 실패를 자초하게 된다.

　이 책은 죄책감이나 분노, 우울증, 스트레스, 불안 등 부정적인 감정을 스스로 통제하고 기쁨과 행복감을 배가시키는 방법에 관해 조언한다. 당신은 이 책을 통해 자신의 감정을 스스로 결정할 수 있다는 사실, 다시 말해 모든 일은 본인이 마음먹기에 달렸다는 사실을 배우게 된다. 그러면 풍요롭고 행복한 삶을 누리는 데 필요한 감정을 스스로 선택할 수 있게 될 것이다.

감정은
내가 선택할 수 있다

'귀신에게 홀렸나 봐(The devil made me do it)!'라는 말이 있듯, 감정을 불가사의한 일로 여기는 사람이 많다. 감정이 하늘에서 떨어지거나 영혼의 심연에서 솟아난다고 생각하는 것이다. 이는 자신의 감정에 책임지지 않겠다는 얘기다. 실제로 많은 이들이 자신의 부정적인 감정이 다른 사람이나 주변 여건 혹은 어떤 사건 때문에 생긴 것이라고 여긴다.

예를 들어, 당신이 집 근처 도로에서 자칫하면 목숨까지 잃을 뻔한 사고를 운 좋게 피했다고 가정하자. 당신은 겁에 잔뜩 질리고 불안감에 휩싸일 것이다. 매일 지나가야 하는 출근길에서 그런 일을 겪었으니 말이다.

사고가 일어난 후 몇 주간, 당신은 사고 지역을 지날 때마다 그 끔찍한 순간이 떠오르면서 등에 식은땀이 흐르고 호흡이 가빠지고 근육이 굳는다. 저도 모르게 핸들을 꼭 쥐게 된다. 정신이 산만해져 다시 사고를 내지 않을까 불안해진다.

　요컨대 당신은 그 장소에 관한 개인적인 경험을 가지게 된 셈이다. 그리고 사고 장소에 갈 때마다 똑같은 사고가 벌어져 죽을지 모른다는 생각을 하게 된다. 어쩌면 '이 도로에선 운전을 못하겠어. 이번엔 정말로 죽을지도 모르잖아. 회사에 나가기는 해야 하는데….'라고 생각할 것이다. 바로 이런 생각이 두려움을 일으키고 불쾌한 생리 현상을 빚어낸다. 땀이 흐르고 근육이 굳는다. 심장 박동은 계속 빨라진다. 심지어 갓길에 차를 대놓고 마음을 안정시켜야 할 때도 있다. 사정이 이렇다 보니, 지각하는 날이 갈수록 늘어난다.

　이 일을 해결하려면 어떻게 해야 할까? 이미 일어난 사건 자체를 바꿀 수 없다는 점을 깨달아야 한다. 뇌에 입력된 자료는 어찌할 수가 없다. 개인적인 경험을 지워버릴 수는 없는 일이다. 그러나 이미 겪은 사건이라도 전혀 다르게 생각하기로 마음먹으면 그에 대한 감정도 변하게 된다. 외부의 사건이나 상황 자체를 바꿀 수는 없지만, 그에 대한 대응 방법을 선택할 수는 있다.

어떤 상황에서도 감정은 선택할 수 있다

　2001년에 일어난 9·11 테러는 미국인 모두에게 엄청난 불행을 가져왔다. 사람들이 보인 반응은 다양했다. 분노하기도 하고 깊은 상처를 받기도 했다. 똑같이 복수해야 한다는 사람이 있는가 하면, 이 상황을 걱정하고 두려워하는 사람도 적지 않았다. 흥분해서 언행이 과격해진 사람도 있었다. 하지만 아무리 비극적인 사건이라도 특정한 감정의 원인이 되지는 못한다.

　힘든 시기에도 감정은 자기 자신이 결정하는 것이다. 미국인들은 테러리즘을 뿌리 뽑아 자신을 보호하고 상처를 치유하자는 결심을 굳게 다졌다(이것도 역시 강한 감정이다). 부상당하거나 목숨을 잃은 이들에게 따뜻한 격려와 위로도 아끼지 않았다. 어두운 시기에도 감정을 선택하는 힘이 스스로에게 있다는 사실이야말로 정말 고무적인 일이 아닐 수 없다.

　선택에는 나를 자유롭게 하는 힘이 있다. 당신이 감정을 선택할 수 있다는 사실을 알게 된다면 자신의 삶을 통제할 수 있다는 자신감을 갖게 될 것이다. 물론 말처럼 쉬운 일은 아니다. 그러나 감정에 대한 아들러 심리학의 이론과 원칙을 배워나간다면, 당신도 감정을 선택할 수 있다는 희망을 가질 수 있게 될 것이다.

감정에는
특별한 목적이 있다

프로이트는 감정은 과거의 사건 때문에 일어나는 어쩔 수 없는 것이라고 여겼다. 이를 원인론이라고 한다. 인간은 과거에 일어난 사건이나 주어진 환경의 희생자로, 그에 따라 일어나는 감정은 통제가 불가능하다고 보았다. 그는 "알고는 있지만 그만둘 수 없다."라는 말로 육체와 정신, 의식과 무의식, 이성과 감정의 모순을 지적했다.

하지만 아들러가 감정을 바라보는 방식은 완전히 다르다. 우선 아들러는 모든 인간의 행동과 감정에는 저마다의 고유한 목적이 있다고 보았다. 이를 '아들러의 목적론'이라고 한다. 인간은 스스로 정한 목적을 달성하기 위해 이성과 감정, 신체 등의 모든 수단을 동원한다. 즉, 겉으로는 나의 이성과 감정이 모순되는 것 같아도, 사실은 하나의 목적을 향해 함께 달려가는 중인 것이다.

목적 없는 감정은 존재하지 않는다

감정은 '어쩔 수 없이' 일어나는 게 아니다! 내가 달성하고자 하는 목적을 뒷받침하기 위해 나 스스로 일으키는 것이다. 예를 들어 화를 낼 때는 쌓인 감정을 해소하려는 목적이 숨어 있으며, 당황할 때는 잘못한 행동을 사과하려는 의도가 담겨 있다.

23쪽의 예화에서 느끼는 불안감의 목적은 무엇일까? 사고를 예방하기 위한 경계심을 갖추는 것이다. 다시 말해 위험한 상황을 피하려는 목적으로 불안감을 만드는 것이다. 하지만 극도의 불안감이 심리적으로 힘들게 하고 상습적인 지각을 유발하는 등 새로운 문제를 야기하므로 경계심을 갖추되 불안감은 잠재울 수 있는 다른 방법을 찾는 것이 현명하다.

그렇다면 예화에서 정말로 달성하고자 하는 목적은 무엇일까? 적절한 수준의 주의 운전, 그리고 자신감 회복일 것이다. 이처럼 감정의 목적이 무엇인지 아는 것만으로도 자신이 놓인 상황을 객관적으로 볼 수 있는 여유를 갖추게 되고, 생각을 전환할 계기를 마련할 수 있다. 이제 당신은 그 도로에서 운전할 때 이렇게 생각할 수 있을 것이다.

'이 길에선 운전하기 힘들어. 거의 죽을 뻔한 일도 있었으니까. 하지만 죽지는 않았어! 이제 내가 이 도로에서 경계심을 갖추고 운전하는 만큼, 다시 이런 사고가 생길 가능성은 거의 없을 거야.'

물론 이와 같이 생각을 전환하는 일은 쉽지 않다. 감정의 목적을 알아냄으로써 감정을 선택하는 구체적인 방법은 뒤에서 차차 설명할 것이다. 생각 외에 신체, 감각, 행동 등을 조절하는 방법도 제시할 것이다.

☺

감정은
믿음과 관점이 결정한다

이 꼭지에서는 믿음이 감정을 어떻게 좌우하는가에 대해 살펴보겠다. 믿음이 감정을 좌우하는 문제를 알아보려면, 우선 인지방식에 대해 살펴볼 필요가 있다. 당신은 세상을 어떤 관점에서 바라보는가?

그랜드 캐니언 위를 날고 있는 독수리가 되었다고 상상해보자. 당신은 지금 하늘에서 협곡을 내려다보고 있다. 마음의 눈으로 그랜드 캐니언의 모습을 그려보자. 아마도 대지에 거대하고 깊은 구멍이 패여 있다고 상상할 것이다. 이번엔 그랜드 캐니언의 바닥을 기어다니는 개미가 되었다고 상상해보자. 아마도 그랜드 캐니언이 하늘 높이 솟아 있는 거대한 산처럼 보일 것이다. 독수리와 개미가 그랜드 캐니언을 보는 관점은 전혀 다르다. 어느 관점에서도 그랜드 캐니언의 전체 모습을 볼 수는 없다. 인간의 인지방식도 이와 마찬가지다. 당신의 시야는 특정한 관점에 묶여 있으며 당신의 관점은 당신이 믿는 내용에 따라 결정된다.

더욱 구체적인 예를 들어보자. 대학생이 자전거를 타고 가다 자동차 사고를 당했다는 소식을 들으면 당신은 어떤 기분이 드는가? 대학생에게 측은한 마음이 들고 운전자에게는 분노의 감정이 생길 수 있다. 하지만 당신의 옆집 사람은 오히려 대학생에게 화를 내고 운전자를 동정할 수도 있다. 이런 차이가 생기는 이유는 무엇일까?

그 이유가 사건 자체에 있을 리는 없다. 당신과 옆집 사람은 똑같은 소식을 들었다. 그럼에도 반응이 다른 이유는 도로에서 자전거를 타는 행위에 대한 견해가 다르기 때문이다.

똑같은 사건을 보고도 전혀 다른 감정을 느낀다면, 결국 관점이 감정을 결정한다는 이야기가 된다. 그렇다면 나의 감정은 나의 관점을 변화시킴으로써 자유롭게 결정할 수 있다.

비합리적인 생각이 감정에 끼치는 영향

관점이 감정을 결정한다면, 부정적인 관점이 감정에 악영향을 끼친다는 사실을 쉽게 이해할 수 있다. 예를 들어 언제나 남을 만족시켜야 한다고 믿는 사람은, 그렇게 하지 못한 경우에 불쾌해진다. 다른 사람을 기쁘게 하는 일은 그 사람의 자존심이자 존재 이유이기 때문이다. 그는 불안해하며 울적해지고 죄책감을 느끼거나 당황하고 심지어는 자기 자신이나 남에게 화를 내기까지 한다. 어쩌면 속으로 이렇게 되뇔지도 모른다.

'그 사람은 내가 한 행동을 싫어해. 더 잘했어야 했는데… 이런 일은 도저히 참을 수가 없어. 도대체 나를 어떻게 생각하겠어. 정말 비참해. 난

패배자야.'

심리학자이자 합리적 정서치료(rational emotive therapy)의 창안자인 앨버트 엘리스(Albert Ellis)는 이런 생각을 '비합리적인 신념체계(irrational beliefs)'라고 부른다. 현실과 전혀 부합하지 않기 때문에 '비합리적'이라는 단어를 사용한다. 단지 다른 사람을 기쁘게 하지 못했다는 이유로 비참한 기분이 들고 더 잘하지 못한 자신을 책망하며 심지어 패배자인 양 자포자기하는 태도는 비현실적일뿐더러 지나치게 자학적이다.

비합리적인 신념체계는 행복을 파괴하고 일상생활과 대인관계에 커다란 문제를 일으킨다. 비합리적인 신념체계를 가진 사람은 대개 이것저것 요구가 많고 참을성이 없으며, 불평과 비난을 일삼는다. 대체로 자기 자신이나 다른 사람, 혹은 삶에 대해 요구 사항이 많고 자기 요구가 받아들여지지 않으면 "도저히 참을 수 없어!"라고 말하며 견디지 못한다. 또한 끊임없이 불평을 늘어놓으며, 자기의 욕망을 좌절시켰다는 이유로 자신과 남을 비난한다. 아무튼 누군가를 '못된 놈'으로 만들어야 한다.

이런 사람은 비합리적인 신념을 자기에게 강요하기 때문에 문제가 생긴다. 비합리적인 신념을 충족시키지 못하면 참을 수 없게 되고 상황에 대해 불평하거나 자신을 비난하기에 이르며 결국은 스스로를 패배자로 낙인찍는다.

새로운 사실을 알게 되면
감정이 바뀐다

이번엔 약간 다른 상황이다. 당신은 지금 골프장에서 10번 홀 그린에 올라가는 중이다. 그때 갑자기 골프공이 날아와 뒤통수를 맞힐 뻔했다. 아찔하다. 정신을 차리고 나니 화가 난다. 입에서는 거친 말도 튀어나온다. 누구 짓인지 한마디 해주려고 몸을 돌린다.

그런데 골프장 언덕이 시야를 막아 티(tee)가 보이지 않는다. 누가 공을 날렸는지 확인할 길이 없다. 공을 친 사람도 당신이 서 있는 페어웨이 영역이 보이지 않았음에 틀림없다. 그러나 어찌 됐든 공을 친 사람은 치기 전에 "공 날아갑니다!"라는 소리쯤은 질러야 했다. 당신은 씩씩거리며 언덕을 오르기 시작한다.

"도대체 어떤 자식이야, 자기가 타이거 우즈라도 되는 줄 아는 거야, 뭐야?"

그 순간 언덕 꼭대기에서 씨름 선수만큼이나 덩치 큰 사내가 모습을 드러낸다! 화나던 마음이 갑자기 가라앉는다. 분노가 이젠 두려움으로, 아니 경계심으로 바뀐다. 이 간단한 예화는 새로운 사실을 알게 되었을 때 감정이 얼마나 빨리 변하는지 보여준다.

또 다른 예를 들어보자. 당신은 지금 아내와 한창 말다툼을 벌이고 있다. 감정이 격해지고 목소리가 커진다. 그 순간 초인종이 울린다. 문을 열어보니 이웃집 여자가 서 있다. 어떻게 하겠는가? 화난 감정을 그녀에게 쏟아낼 것인가, 아니면 마음을 가라앉힐 것인가? 보통 이웃에게 화난 감정을 드러내지는 않는다. 이웃집 여자의 출현은 들끓던 당신의 감정에 찬물을 들이붓는 효과를 낸다. 이 경우도 새로운 사실을 알면 감정이 변한다는 사실을 보여준다.

감정은 통제 가능하다

감정은 스스로 통제할 수 없다는 선입견이 있다. 마치 자동조종장치로 날아가는 비행기에 탑승한 것처럼, 감정도 직접 '조종'할 수 없다고 생각하는 사람이 많다. 하지만 앞에서 살펴본 대로 감정은 판단에 따라 얼마든지 바꿀 수 있다. 특히 사람들은 감정적으로 행동해서 결과가 좋지 않다는 판단이 서면 주저 없이 감정을 바꾼다. 감정은 스스로 통제하지 못하는 반사적(automatic) 심리 반응이라는 선입견은 감정을 반사적으로 분출하는 오래된 습관에서 나온 것일 뿐이다.

☺

타인의 감정을
강요하지 않는다

지금까지 자신의 감정에 책임을 져야 하며, 불쾌한 감정에 빠지거나 그것을 떨쳐내는 일 역시 자신의 생각에 달려 있다고 설명했다. 그렇다고 해서 다른 사람에게 당신의 생각을 강요해도 된다는 뜻은 아니다. 그들의 감정은 그들 자신의 문제다! 그러나 당신의 언행으로 인해 다른 사람의 기분이 상했다면, 그 책임은 당신에게 있다. 바로 당신이 책임 당사자가 된다. 당신이 자신의 감정과 믿음을 자유롭게 결정할 수 있다고 해서, 그 결과에 대한 책임 없이 아무렇게나 말하고 행동할 수 있다는 뜻은 아니다.

멜린다는 자제심이 강하고 완벽을 추구하는 성격이었다. 그녀는 해야 할 가치가 있는 일은 뭐든 제대로 해야 한다고 믿었다. 그래서 8살 된 딸아이에게 자신의 까다로운 기준을 강요했고, 아이를 칭찬하는 일이 드물었다.

어느 날 학부모 모임에 참석한 멜린다는 선생님으로부터 딸아이가 자신감이 부족하고 실수를 두려워한다는 얘기를 들었다. 어떤 일에 대해 시도조차 하지 않는다는 것이었다. 선생님은 아이와 상담해본 결과 아이에게 묘한 말버릇이 있다는 점을 발견했다. 아이는 "잘하고 싶어요. 그런데 못하겠어요."라는 말이 입에 배어 있었다. 이런 생각이 박혀 있으니, 어떤 시도도 하지 않으려는 태도를 지닌 것은 당연했다.

멜린다는 자기의 생각을 아이에게 주입시킨 셈이었다. 언제나 혼내기만 했으니 아이는 자신감을 잃을 수밖에 없었다. 멜린다는 자기의 생각과 행동으로 인해 아이가 늘 풀죽은 상태로 지냈다는 사실을 깨달아야 한다. 이제 그녀는 아이가 노력한 만큼 격려하고 칭찬해서 자신감을 되찾게 해줄 필요가 있다. 또한 자제심이 강하고 완벽을 추구하는 자신의 성격을 돌아보아야 한다.

오늘의 감정 수업 1

감정 수업 핵심 문장 필사하고 암기하기

이번 파트에서 감정을 자유롭게 다루기 위해 꼭 알아야 할 사실을 배웠다. 감정은 내가 직접 선택할 수 있다는 것, 모든 감정에는 목적이 있다는 것, 생각과 관점을 바꾸면 감정도 달라진다는 것, 감정은 통제 가능하다는 것, 타인의 감정을 강요해서는 안 된다는 것, 그리고 내 감정의 주인은 바로 '나'라는 사실도 배웠다. 이것들을 잊지 않고 살아간다면, 더 이상 감정의 노예가 되지 않을 것이다.

　다음의 문장을 아래에 필사하고 암기해본다. 읽는 것만으로는 이것들을 마음에 새기기 어렵기 때문이다. 따로 노트를 준비해 문장당 최소 5번씩 쓰면 더욱 좋다.

필사하고 암기할 문장

- 내 감정의 주인은 바로 나!
- 감정은 내가 직접 선택할 수 있다.
- 모든 감정에는 특별한 목적이 있다.
- 생각과 관점을 바꾸면 감정도 바뀐다.
- 감정은 통제 가능하다.
- 타인에게 내 감정을 강요하지 말자.

PART 2

감정 선택의
8가지 원칙

☺

생활양식
탐구하기

아들러 심리학에서 '생활양식(lifestyle)'은 반드시 알아야 할 중요한 개념이다. 특히, 생활양식은 감정 선택과 표현방식에 큰 영향을 주기 때문에 중요하다.

생활양식이란 유년기에 형성된 개인의 생활 태도, 생활 방식, 삶에 대한 사고와 행동의 경향, 인생 목표와 목표 달성을 위한 태도 등을 말한다. 성격보다 더 포괄적인 개념으로서 세계관, 인생관까지 포함한다.

보통 기질이나 성격(아들러 심리학에서의 생활양식)은 성장 배경 또는 환경에 영향을 받아 본인의 의사와 상관없이 만들어지는 것이라 생각되지만, 아들러 심리학에서는 생활양식을 본인이 스스로 선택하는 것이라 설명한다. 물론 처음은 무의식적 선택으로 시작하지만 성장기를 거치면서 자신의 목적에 부합하는 것을 선택한다. 그러한 선택이 쌓이고 쌓이면서 어떤 사람은 긍정적 생활양식을, 또 어떤 사람은 부정적 생활양식을 가지게 된다. 자, 그럼 생활양식과 감정의 관계를 살펴보도록 하자.

성격은 내 선택의 결과물이다

당신이 무척 까다로운 부모 밑에서 자랐다고 가정해보자. 당신은 부모의 기대를 어기지 않기 위해 완벽함을 추구하며, 부모의 기준이 매우 높기 때문에 완벽주의자가 되어야 한다고 생각한다. 결국 당신의 부모가 자신을 완벽주의자로 몰아세운 '원인'이라고 믿는다. 그런데 완벽주의자인 당신과는 정반대인 형제나 자매가 있다면 어떨까? 그들은 완벽주의는커녕 게으르고 지저분하고 매사에 덜렁대는 성격이라면? 부모 때문에 당신이 완벽주의자가 되었다는 말은 폐기되어야 한다. 완벽을 추구하는 당신의 성격은 부모 탓이 아니라 부모에게 사랑과 관심을 받기 위해 당신이 선택한 결과인 것이다.

보통 사람에 비해 화를 잘 내는 사람이 있다면, 그는 어린 시절에 좋아하는 장난감을 갖기 위해 화내고 고집을 부렸을 것이다. 그는 부모로부터 원하는 것을 쟁취하기 위해 그 방법을 선택했고 그것이 쌓여서 그의 생활양식이 되었을 가능성이 높다. 화를 잘 내는 그의 성격은 부모 때문이 아니라 자신이 선택한 것이다.

부정적 생활양식이 감정에 끼치는 영향

연애 중인 한 여자가 있다. 그런데 사랑하는 남자와 결혼 얘기가 오가자 그녀는 신경이 날카로워지고 우울해졌다. 공연히 주변 사람들에게 화를 내고 사랑하는 남자의 결점만 들추는 날들이 이어졌다. 생각해보니 이번에만 그런 것이 아니라 이전 연애에서도 관계가 깊어지면 늘 그래왔다.

그녀의 어린 시절을 잠시 보도록 하자. 그녀가 6살 때 아버지는 다른 여성을 사랑하게 되었고 결국 가족을 버리고 떠났었다. 이 사건을 경험하면서 그녀는 '상처받고 싶지 않다'라는 신념과 '남자들은 나에게 상처를 주는 존재'라는 관점을 선택하게 된 것이다. 만약 그녀가 남자에 대한 부정적 신념과 관점을 바꾸지 않는다면 그녀는 앞으로도 사랑하는 이와 함께 오랫동안 행복하게 살기 어려울 것이다.

생활양식도 의지만 있다면 바꿀 수 있다

아들러는 생활양식은 스스로 선택한 것이라 했다. 그렇다면 부정적인 생활양식도 자신의 의지로 다시 선택할 수 있다는 결론에 이르게 된다. 새로운 생활양식을 갖고 싶다면 우선 지금 갖고 있는 생활양식이 어떠한지 알아야 한다.

어떤 감정이 올라온다면 스스로에게 물어보자.

"이런 감정이 올라오는 이유는 무엇일까? 나는 어떤 믿음과 관점(생활양식)을 가지고 있기에 이 상황에서 이런 감정이 생기는 것일까?"

예를 들어 친구 때문에 기분이 상해서 친구에게 태도 변화를 요구했다고 가정해보자. 그런데 친구가 변화를 거부한다면 당신은 어떤 감정이 들고 무슨 생각을 하게 될까? 만약 친구가 변하지 않는다는 이유로 그가 당신을 무시하고 사랑하지 않는다는 생각이 든다면, 당신은 '모든 사람들은 내 말에 따라야 한다' 혹은 '내 말이 무조건 옳다'라는 관점을 가지고 있을 가능성이 크다.

그렇다면 당신은 어떻게 해야 할까? 그런 생활양식이 당신에게 도움이 되는지 되지 않는지 생각해봐야 한다. 도움이 되지 않는다고 여겨진다면 새로운 생활양식을 선택해야 한다. 그 누구도 아닌 바로 당신 자신을 위해서 말이다.

오늘의 감정 수업 2

나의 감정 표현법 체크하기

나의 감정 표현법을 아는 것은 중요하다. 나의 생활양식을 반영하기 때문이다. 예를 들어 소심한 사람은 화가 나도 참을 가능성이 높다. 나는 어떤 방식으로 감정을 표현하는지 42쪽 표의 '나의 감정 표현법' 칸에 적어본다. 그러고 난 후 친한 친구나 가족 등에게 물어보라. "내가 화가 났을 때(기쁠 때, 불안할 때…) 나는 어떻게 하니?" 그리고 그 결과를 '지인이 말하는 나의 감정 표현법' 칸에 적어본다.

내가 아는 나와, 주변 사람이 아는 나는 많이 다를 수 있다. 그리고 때로는 주변 사람이 나를 더 잘 아는 경우도 있다. 이 수업을 통해 내가 어떤 사람인지, 나의 생활양식은 어떠한지 알 수 있을 것이다.

(다음 페이지에 계속)

상황	나의 감정 표현법	지인이 말하는 나의 감정 표현법
기쁠 때		
화가 났을 때		
불안할 때		
우울할 때		
죄책감을 느낄 때		

내 감정을 있는 그대로
받아들이기

제리는 전립선암 수술을 앞두고 죽음의 공포를 느꼈다. 하지만 그는 아무에게도 내색하지 않았다. 마음의 부담이 심했지만 공포감을 이기기 위해 '간단한 수술'에 불과하다고 자신을 안심시켰다. 체격이 건장하고 매사에 자신감이 넘쳤던 제리는 소위 '사나이 증후군'에 시달렸다. 그는 항상 자신에게 이렇게 외쳤다.

'진짜 사나이는 두려워하지 않아. 진짜 사나이라면 이 정도 수술쯤은 쉽게 견딜 수 있어.'

제리의 부인 조지아는 남편이 자기의 감정과 씨름하는 모습을 지켜볼 수밖에 없었다. 그녀는 자존심이 지나치게 센 남편이 두려움을 내색하지 않는다는 사실을 알고 있었다. 조지아는 남편이 걱정됐다. 수술이 며칠 앞으로 다가온 어느 날, 조지아는 담당의사에게 전화를 걸었다. 의사는 암 수술을 받고 완쾌한 환자를 소개해주겠다고 말했다. 그는 암을 극복한 해럴드가 제리를 찾아가도록 주선했다.

해럴드 역시 체격이 크고 성공한 사람의 자부심이 온몸에 배어 있는 남자였다. 그는 제리에게 이렇게 말했다.

"죽을지 모른다는 생각을 하시는군요."

"아니 그렇지 않아요. 약간 신경 쓰일 뿐입니다."

제리가 대답했다.

"정말입니까? 저는 두려워서 거의 정신을 잃을 정도였습니다."

제리는 잠자코 앉아서 해럴드가 한 말에 대해 생각했다. 잠시 후 제리가 입을 열었다.

"맞습니다. 사실은 저도 두렵습니다."

"자연스러운 감정입니다. 암 수술은 놀러 가는 일이 아니니까요!"

해럴드는 기다렸다는 듯 맞장구를 쳤다.

일단 자기의 두려움을 인정하고 받아들이자 제리는 부인에게도 이 사실을 숨김없이 털어놓을 수 있었다. 또한 강한 종교적 신앙을 가지고 신에게 기도를 드리기까지 했다. 수술 당일 제리는 여전히 두려움을 느꼈지만 마음의 평정을 유지할 수 있었다.

두려움 인정 후 마음의 평정을 얻다

제리는 자기가 두려워한다는 사실을 인정하기 전에는 감정을 다스릴 수 없었다. 감정을 인정한 후에야 비로소 새로운 감정을 선택하는 단계, 마음 편히 부인에게 자기의 감정을 털어놓고 신에게 기도를 드리는 단계에 이를 수 있었다. 그는 기분이 더 나아졌고 평정을 유지할 수 있었다.

자신의 감정을 자각한 후 그 감정을 있는 그대로 받아들이는 태도가 중요하다. 역설적이지만 어떤 감정이라도 편안하게 수용할 자세가 되어 있을 때 비로소 새로운 감정을 선택할 수 있다.

그러려면 자신이 느낀 감정을 억압하지 않아야 한다. "내가 이런 감정을 느끼다니, 있을 수 없는 일이야!"라고 자신을 책망하거나 꾸짖는 일은 소용이 없다. 감정은 억누른다고 해소되지 않는다. 단지 감춰질 뿐이다.

감정에 가면을 씌우지 말자

어떤 사람들은 감정을 '축소'하기도 한다. 가령 "나는 화가 난 게 아냐. 조금 성가실 뿐이야."라고 주장하지만, 옆에서 보면 분통을 터뜨리고 있음을 알 수 있다. 감정을 수용할 때는 그 강도까지도 인정해야 한다.

때로는 엉뚱한 곳에 화풀이를 하기도 한다. 직장 상사에게 화가 나 있는데 부인에게 고함을 친다거나, 남편에 대한 분노를 강아지를 걷어차서 해소하는 식이다. 감정을 다른 사람에게 쏟아내는 태도는 아무 도움이 되지 않는다. 부부 사이도 나빠질 테고 강아지도 당신을 싫어할 것이다. 무엇보다 새로운 감정을 선택하는 능력을 얻지 못한다.

어떤 감정이든 편안하게 받아들일 때 비로소 자기를 있는 그대로 인정할 수 있다. 자기를 인정하면, 새로운 감정을 선택하는 것이 더욱 수월해진다.

20살인 스티브는 아버지와 말다툼을 벌이다가 심한 말을 했다. 아버지 존은 상처를 받았지만 내색하지 않았다. 단지 격렬하게 화를 냈을 뿐이다. 그는 분노가 상처받은 마음을 가리는 위장에 불과하다는 사실을 몰랐지만 부인 캐럴은 그 사실을 알았다. 캐럴이 남편에게 그렇게 얘기했지만 그는 상처받은 사실을 인정하지 않고 오히려 화를 냈다. 존은 친한 친구에게 사정을 털어놓았다. 친구는 비슷한 일이 자기에게 일어났다면 몹시 상처를 받았을 것이라고 말했다. 존은 아내가 이미 자기에게 했던 말이라는 생각에 자신의 감정을 살펴보기 시작했다. 두 사람이 똑같은 얘기를 한다면 거기엔 충분한 근거가 있으리라 생각되었기 때문이다. 일단 자신이 상처받은 사실을 인정하자 존은 아들과도 그 사건에 관해 대화를 나눌 수 있게 되었다.

오늘의 감정 수업 3

인정하기 싫은 감정 인정하기

인정하기 싫어서 억눌렀거나 회피했던 나의 감정은 무엇인지 써보자. 감정을 인정하면 새로운 감정을 선택할 수 있게 되고, 부정하고 싶었던 내 모습도 비로소 수용할 수 있게 된다.

1. 내가 인정하기 싫었거나 피하고 싶었던 감정은 무엇인가?
   예 공포와 불안

....

....

2. 그 상황은 어떠했는가?

> (예) 중요한 시험을 앞두고 있었다. 만약에 떨어지면 어쩌지 싶었지만 그 사실을 인정하기 싫었다.

3. 새로운 감정을 선택한다면?

> (예) 담담함

4. 새로운 감정의 목적은 무엇인가?

> (예) 마음의 평정을 찾고, 좋은 결과를 얻을 수 있다는 자신감 얻기

5. 새로운 감정을 선택한 지금 기분은 어떤가?

> (예) 여전히 조금 두렵긴 하다. 하지만 열심히 공부했으니까, 공부한 만큼 결과를 얻을 것 같다는 느낌이 든다!

☺

과거에
얽매이지 않기

　과거에 겪은 경험과 상처, 트라우마 때문에 감정을 선택할 수 없다고 생각하는 사람들도 있다. 이른바 과거의 망령에 시달리는 사람들이다. 물론 과거가 이미 영향을 미쳤던 사실까지 없앨 수는 없지만, 과거가 현재의 당신에게 미치는 영향은 바꿀 수 있다. 당신에게는 생각의 자유가 있다.

　과거에 받은 상처에 대해 끊임없이 생각하는 사람은 계속 기분이 가라앉아 있을 수밖에 없다. 부모의 학대를 받고 자란 사람은 어린 시절을 떠올리면 분노와 우울, 상심, 두려움의 감정에 파묻힌다. 과거에 큰 잘못을 한 사람은 늘 죄의식과 죄책감을 안고 살아간다.

과거의 상처를 어떻게 해석할 것인가

그러나 안 좋은 과거의 기억이 떠오를 때마다 "그건 이미 지난 일이야, 현재에 충실해야 돼."라고 스스로 다짐할 수도 있다. 이런 자기 암시는 과거의 망령이 괴롭힐 때 감정을 스스로 선택할 수 있다는 자신감을 회복하게 돕는다. 과거의 경험이나 상처, 트라우마보다 그것을 어떻게 해석하느냐가 더 중요하기 때문이다.

과거를 후회하지 않는 사람은 거의 없다. 누구나 상처를 입었고 실망스러운 경험을 했을 것이다. 하지만 줄곧 과거의 상처와 트라우마에 지배당한다면 결코 행복한 삶을 누릴 수 없다. 이미 지난 일을 아무리 후회해봐야 소용이 없다. 당신은 일이 '다르게' 풀려야 했다고 한탄하고 다른 사람이나 자기 자신을 비난하며 스스로 고통 속에 빠질 수도 있다. 하지만 과거는 바꿀 수 없기에, 오직 현재에 충실해야 한다. 과거에 발목 잡혀서 살지 현재에 충실할지, 그 선택은 당신의 몫이다.

오늘의 감정 수업 4

트라우마 재해석하기

트라우마란 과거의 일로 인해 생긴 정신적 충격을 말한다. 하지만 트라우마의 원인이 된 '과거의 일'이 정말 '정신적 충격'을 받을 만한 일일까? 두고두고 마음속에 남아 스스로를 괴롭힐 만한 일일까? 다르게 볼 수 있는 방법은 없을까? 한번 생각해보자.

(다음 페이지에 계속)

1. 나를 괴롭히는 과거의 경험, 상처, 트라우마는 무엇인가?

   예 내가 태어나면서 우리 집이 망했다는 말을 할머니에게 들었다. 그 이후로 가족들에게 미안한 생각을 품고 살아왔다.

   ....

   ....

   ....

2. 그것이 나에게 어떤 영향을 미쳤다고 생각하는가?

   예 가족들에 대한 부채의식, 미안함이 생겼다. 내가 집안을 일으켜야 한다는 생각을 끊임없이 하며, 삶의 무거움을 안고 살아왔다.

   ....

   ....

   ....

3. 그것에 대한 새로운 해석을 내려보자.

   예 할머니는 그저 신세 한탄을 했을 뿐이다. 가족들에 대한 미안함을 벗고, 스스로 자유로운 마음으로 행복하게 살자.

   ....

   ....

   ....

☺

내가 무슨 생각을
하는지 깨닫기

화나는 일을 생각하면 분노하고, 아주 슬픈 사건을 떠올리면 우울해진다. 두려운 상황이 임박하면 마음이 불안해진다. 당연한 일이다. 다시 말하면 생각이 감정을 좌우한다. 대표적인 아들러학파 심리학자 해럴드 모작(Harold Mosak)은 자신이 지금 무슨 생각을 하는지, 그에 따라 감정이 어떻게 변하는지 스스로 이해할 수 있도록 〈생각과 감정 자가 진단〉을 고안했다. 이는 52쪽에 소개되어 있다.

이 자가 진단을 실행하는 약 5분 동안 당신은 자신의 생각과 감정을 들여다보는 경험을 하게 될 것이다. 유쾌한 장면에서 불쾌한 장면으로 넘어가는 데 어려움을 겪을 수도 있고, 불쾌한 장면을 마주할 때 어려움을 겪을 수도 있다. 그런 장면을 부인하거나 억누르고 싶은 마음이 들 수도 있다.

반대로 불쾌한 장면에서 다시 유쾌한 장면으로 돌아가는 데 어려움을 겪을 수도 있다. 이런 사람은 삶을 비관적으로 바라보거나 최근에 안 좋은 일을 많이 겪은 사람일 것이다. 두 장면을 쉽게 바꿀 수 있다면, 낙관적인 인생관을 가지고 있으며 감정을 쉽게 조절할 수 있는 사람이다.

이 수업을 쉽게 해내는 사람도 있지만, 부담스러워하는 사람도 있을 수 있다. 그런 사람은 지나치게 논리적이고 분석적인 성격의 소유자로, 공상 자체를 즐기지 못한다. 그렇다면 감정을 솔직하게 인정하고 표현하는 일에도 서툴 가능성이 크다. 논리적인 성격의 사람은 직무 수행에는 매우 유리하지만, 상상력 훈련을 따로 하지 않으면 자기의 경험을 풍요롭게 하지 못한다.

자신이 어떤 타입의 사람인지 이제 깨달았는가? 긍정적인 생각을 잘하는 사람인지, 반대로 부정적인 생각을 잘하는 사람인지, 아니면 아예 자신의 감정을 잘 파악하지 못하는 사람인지 알아야 한다.

부정적인 타입의 사람은 하루빨리 긍정적인 타입으로 자신의 생각을 돌려야 한다. 이 책을 찬찬히 잘 따라가다 보면 다양한 훈련을 할 수 있을 것이다. 또한 자신이 무슨 생각을 하는지 잘 떠올리지 못하는 사람은 이 책에서 제시하는 다양한 감정 훈련을 통해 상상력을 키우길 바란다. 특히 파트 11이 큰 도움이 될 것이다.

오늘의 감정 수업 5

생각과 감정 자가 진단

먼저 조용한 곳에서 편안한 자세로 앉는다.

QR코드를 인식하면 〈생각과 감정 자가 진단〉 과정을 돕는 음성을 다운받을 수 있다. QR코드 인식이 어렵다면 휴대폰의 녹음 기능을 켜고, 아래 글을 천천히 따라 읽으며 녹음한다. 녹음된 음성을 들으며, 〈생각과 감정 자가 진단〉을 실행한다.

긴장을 풀고 눈을 감겠습니다. 천천히 심호흡을 합니다. 들이마시고 내쉬고, 들이마시고 내쉬고, 눈을 감은 채, 기분 좋았던 때를 떠올립니다. 그 장면 속에 다른 사람도 등장하나요? 그렇다면 그의 모습도 그려보세요. 무슨 말을 하는지, 어떤 행동을 하는지 자세하게 떠올려보세요.

지금 기분이 어떤가요? 좋은가요? 3초가량 그 기분을 느껴보세요. 그리고 1분가량 생각을 멈추고 그 장면을 오롯이 보겠습니다.

(1분 멈춤)

계속 눈을 감은 채, 이번에는 불쾌했던 장면을 떠올려보세요. 지나치게 불쾌했던 때가 아닌 어느 정도 참을 만한 장면을 떠올리세요. 장면 속에 다른 사람이 있다면, 그들의 모습도 자세히 그려보세요. 무슨 말을 하는지, 어떤 행동을 하는지 자세하게 떠올리세요.

지금, 기분이 어떤가요? 나쁜가요? 3초가량 그 기분을 느껴보세요. 그리고 1분가량 생각을 멈추고 그 장면을 오롯이 보겠습니다.

(1분 멈춤)

계속 눈을 감은 채, 다시 유쾌한 장면을 떠올리세요. 장면 전환이 쉽지 않아도 포기하지 말고 유쾌했던 때를 그려봅니다. 다시 기분이 좋아지고 있나요? 긴장을 풀고 3초가량 좋은 기분을 느껴보세요. 그리고 1분가량 생각을 멈추고 그 장면을 오롯이 보겠습니다.

(1분 멈춤)

이제 다시 천천히 심호흡을 합니다. 들이마시고 내쉬고, 들이마시고 내쉬고, 눈을 천천히 뜨고 현실로 돌아옵니다.

(다음 페이지에 계속)

1. 유쾌한 장면을 써본다.

- 배경과 상황: ....

....

- 등장한 사람: ....

....

- 대화와 행동: ....

....

- 느꼈던 감정: ....

....

2. 불쾌한 장면을 써본다.

- 배경과 상황: ....

....

- 등장한 사람: ....

....

- 대화와 행동: ....

....

- 느꼈던 감정: ....

....

☺

감정의 목적
인식하기

감정은 에너지다. 다시 말해 행동을 추진하는 '연료'이다. 감정은 인간이란 자동차를 특정한 목적지로 데려간다. 사람들과 친하게 지내고 싶은 사람은 당연히 따뜻하고 긍정적인 느낌을 주고 싶어 한다. 반대로 사람들에게서 고립되고 싶은 사람은 차갑고 적대적인 인상을 줄 것이다.

감정에는 분명한 목적이 있지만, 사람들은 종종 그 목적을 망각하고 결과만을 바라본다. 지금 화를 내고 있다면 분명 목적이 있을 테지만 대부분의 사람들은 그것을 알지 못한다. 기대했던 것만큼 훌륭하게 처신하지 못해서 스스로에게 화를 내고 있지만, 다른 사람이 잘못한 일 때문에 화가 났다고 오해할 수도 있다. 하지만 아무리 기분 상하는 일을 겪더라도 다른 사람에게 화를 내지 않는 사람도 있다. 주변에도 그런 사람이 있을 것이다.

아들러는 인간에게 가장 어려운 일은 자기 자신을 인식하는 일이라 했다. 혼자 힘으로 자기 자신을 안다는 것은 매우 어려운 일이다. 자신의 일부인 감정의 목적을 깨닫는 일도 쉬운 일이 아니다. 하지만 이 책을 읽으며 감정의 목적을 숙지하고 본문에 나오는 다양한 '오늘의 감정 수업'을 충실히 실행하면, 자기가 느낀 감정의 목적을 훌륭히 통찰하게 될 것이다. 그리고 불쾌한 감정의 목적을 이해하면 새로운 감정을 선택하는 단계에 이를 수 있을 것이다.

어떤 목적을 선택할 것인가

누군가에게 상처를 받으면 당연히 기분이 상한다. 이런 감정 상태는 '보복'을 원하는 심리의 표현일 수 있다. 하지만 보복은 감정의 골을 깊이 파는 결과밖에 낳지 못한다. 이 결과를 기꺼이 받아들이겠는가?

보복 대신 연민과 공감을 선택한다면 이야기는 달라진다. 당신도 상처를 받았지만, 상대방도 당신에게 상처를 받았을지 모른다. 이렇게 생각하면 배려하는 마음이 생길 것이다. 그러면 당신이 받은 마음의 상처를 보여주는 동시에 상대방을 배려하는 대화를 이어갈 수 있을 것이다.

"네가 이러저러한 일을 해서 내 마음이 많이 아팠어. 네 맘도 아팠을 거라고 생각해. 그렇지 않았다면 네가 이런 식으로 나를 대하지는 않았을 거야."

이처럼 보복 대신 연민과 공감을 선택한다면 두 사람 사이 갈등이 해소되는 긍정적인 결과를 낳게 될 것이다.

각 감정의 목적은 파트 7 바로 뒤, 210쪽 〈감정의 목적〉에 아주 자세히 실려 있다. 꼼꼼히 읽기를 바란다. 특히 당신이 다루기 어렵거나 견디기 어려운 감정의 경우, 목적을 암기하기 바란다. 불쾌한 감정이 생길 때, 그것의 목적은 무엇이고, 그 목적을 계속 추구하면 어떤 결과가 생길지 곰곰이 생각하면 좋겠다.

'이 감정을 통해 나는 무엇을 얻고자 하는가? 무슨 일이 생기기를 바라는가? 이 목적이 내게 긍정적인 결과를 불러올 수 있을까?'라고 자신에게 물어본다면, 새로운 감정을 선택할 수 있게 되고 궁극적으로는 내 마음의 주인으로 살 수 있을 것이다.

부정적인 생각을
긍정적으로 바꾸기

긍정적인 감정을 선택하려면 생각을 바꿔야 한다. 과거에 겪은 사건을 새롭게 해석하고 다시 평가해야 한다. 삶에서 겪은 사건에 개인적인 의미를 새롭게 부여해야 한다. '반드시 ~해야 한다' 같은 강박적인 생각이나 '나는 못한다' '그 일은 정말 비참한 일이다' 따위의 부정적인 생각에 젖어 있으면, 감정도 나쁜 영향을 받는다. 이런 생각은 상황에 대한 당신의 관점을 반영한다. 부정적인 생각을 긍정적으로 바꾸는 몇 가지 방법을 소개하려고 한다.

자신의 비합리적인 믿음을 논박하기

자신이 가지고 있는 비합리적인 믿음에 적극적으로 논박해야 한다.

그 믿음이 잘못되었음을 깨달아야 하기 때문이다. 쉬운 이해를 위해, 최근에 일자리를 잃은 컴퓨터 기술자 마크가 어떤 과정을 거쳐서 자신의 감정을 변화시켰는지 살펴보고자 한다. 마크는 노트에 다음과 같이 3가지 질문을 적고 각각의 답을 기록했다.

① 나는 무슨 생각을 하는가?
- 직장을 잃다니 비참하다!
- 더 유능한 사람이어야 했다.
- 실직을 참을 수가 없다.
- 다시는 그렇게 좋은 직장을 얻지 못할 것이다.

② 내 생각에 확실한 증거가 있는가?
- 직장을 잃은 것이 비참하다는 증거가 있는가? 사실은 아무것도 없다. 받아들이기 힘든 일이지만 비참할 정도는 아니다. 자연재해를 겪을 때나 비참하고 끔찍하다는 얘기를 할 수 있다. 실직은 자연재해만큼 끔찍한 일이 아니다.
- 내가 더 유능한 사람이어야 했던 확실한 이유가 있는가? 물론 더 유능했다면 좋았을 것이다. 하지만 꼭 그랬어야 할 이유는 없다. 내가 더 유능하지 못했기 때문에 도덕적으로 잘못됐다는 생각까지 했었지만, 다시 생각해보면 유능함과 도덕성은 전혀 상관이 없다.
- 내가 이 상황을 참을 수 없다는 증거가 있는가? 전혀 없다. 과거에도 어려운 상황을 많이 겪었지만 잘 극복해냈다.
- 내가 다시는 그런 직장을 얻을 수 없으리라는 증거가 있는가? 없

다. 물론 모든 업무를 다 능숙하게 처리하지는 못했다. 하지만 내가 훌륭하게 수행한 일이 얼마나 많은가. 이 밖에도 내가 잘하는 일은 많다. 예전에도 좋은 직장을 구한 적이 있다. 앞으로 더 좋은 직장을 구하지 못한다는 증거는 없다.

③ 자기 생각을 바꾸지 않으면 어떤 결과가 생기는가?
• 이 상황에서 계속 아무 희망도 보지 못하고 더 나은 직장을 구할 수도 없다고 생각하면, 당연히 좋은 직장을 구할 수 없다. 그렇게 되면 평생 내가 싫어하는 일을 하게 될 것이다.

부정적인 생각에 아무런 근거가 없다는 사실을 알면, 자연스럽게 감정이 바뀐다. 마이크 역시 합리적인 생각을 하게 됨으로써 감정을 바꿀 수 있었다. 당신도 할 수 있다.

부정적인 생각 떨쳐내기

자신의 비합리적인 믿음을 논박함으로써 부정적인 생각에 아무런 근거가 없다는 사실을 알았음에도 불구하고 부정적이고 비합리적인 생각이 머릿속에서 떠나지 않을 수 있다. 이럴 때 쓸 수 있는 아주 간단한 방법을 소개한다.

비합리적이고 잘못된 생각에 정신을 집중하고 계속 생각한다. 상상이 절정에 달했을 때, 속으로 "이제 그만!"이라고 여러 번 조용히 외친다. 낡은 믿음이 완전히 머릿속에서 지워질 때까지 반복한다.

이 방법은 잘못된 믿음을 스스로 외치게 함으로써, 잘못된 믿음이 그 누구도 아닌 자기 자신의 책임이라는 사실을 자각하게 돕는다. 그러면 긍정적인 감정을 선택하는 것 역시 오롯이 자신의 몫이라는 점도 깨달을 수 있을 것이다.

이 방법을 쓰려면 우선 자신이 느끼는 불쾌한 감정을 정확히 알고, 그 것이 비합리적이라는 사실 또한 알아야 한다. 불쾌한 사건을 겪으면 다음 질문을 던져본다.

① 나는 어떤 감정을 느끼는가?
② 나는 무슨 생각을 하고 있는가?
③ 이 상황을 바라보는 내 관점은 무엇인가?
④ 이 상황에서 가장 좋은 해결책은 무엇인가?

이 질문에 대답하는 순간, 당신은 긍정적인 감정을 선택하는 단계에 한 발짝 다가설 수 있을 것이다.

부정적인 상황에서 긍정적인 가능성 찾기

앞에서 충분히 설명했듯이 당신은 현재의 사고방식에 묶여 있지 않다. 당신에겐 세상을 전혀 다른 관점에서 바라볼 자유가 있다. 부정적인 상황에서 긍정적인 가능성에 주목하면, 당신은 자신만의 대안적 관점(perceptual alternatives)을 만들어낼 수 있다. 이는 세상을 긍정적으로 보는 태도에서 나온다.

마이크의 사례에서, 당신은 마이크가 여러 가지 관점을 택할 수 있다는 사실을 알았다. 그는 자기가 처한 상황을 비관적으로 바라보고 노숙자 처지로 전락할지 모른다는 두려움에 떨 수도 있다. 그렇게 되면 심한 우울증에 시달릴 가능성이 커진다. 하지만 운이 없다고 자조하는 정도로 인식할 수도 있고, 이 상황을 더 좋은 직장을 얻거나 새로운 회사를 차리는 기회로 볼 수도 있다. 이렇게 대안적 관점을 찾아내면 심한 불안에 시달리지는 않으며, 나아가 새로운 가능성을 자유롭게 추구할 수 있어서 안도감마저 느낄 것이다.

위기를 기회로 여기는 사람은 감정도 밝고 행동도 적극적이다. 부정적인 상황을 인지하고 있더라도 긍정적인 면에 주목하면 진취적으로 나갈 수 있다.

실수를 범한 경우에도 자신을 책망하지만 말고 실수를 통해 얻은 교훈에 주목할 필요가 있다. 훗날 똑같은 실수를 반복하지 않도록 자신이 어떤 실수를 했는지 곰곰이 살펴보아야 한다.

결국 대안적 관점을 얻으려면, 부정적인 상황을 충분히 의식하고 있더라도 긍정적인 가능성과 기회도 같이 보도록 노력해야 한다. 특히 실수를 통해 얻은 교훈에 주목해야 한다. 긍정적인 가능성에 주목하는 일은 빠를수록 좋다.

대안적 관점이 감정에 어떤 영향을 미치는지 잘 보여주는 사례를 소개하고자 한다.

- 상황: 가장 친한 친구가 먼 곳으로 이사를 간다.
- 나의 생각: 마음이 아프다. 많이 보고 싶을 거다. 견디기 힘들다.

- 나의 감정: 우울하다. 어쩌면 화를 내고 있는지도 모른다.
- 대안적 관점: 내가 친구를 찾아갈 수 있다. 새로운 도시로 친구를 찾아가서 재미있게 지낼 수 있다.
- 새로운 감정: 실망은 여전하지만, 친구를 방문할 날을 손꼽아 기다린다. 설레고 즐겁다.

오늘의 감정 수업 6

대안적 관점 만들어보기

부정적인 상황에서 긍정적인 가능성, 즉 대안적 관점을 찾는 연습을 해보자. 최근 내가 겪은 일들 중 기억나는 부정적인 상황을 떠올리고 각 질문에 답을 한다.

1. 어떤 부정적 상황이 있었나?

예 아이가 학교에서 부정행위를 하다가 적발됐다.

....

....

2. 그때 어떤 생각이 들었나?

예 너무 부끄러웠다. 남들이 나를 얼마나 형편없는 부모라고 생각하겠는가! 이 녀석을 혼내줘야겠다!

....

....

3. 나의 감정은 어떠했나?

   예 우울하고 화가 났다.

_____

_____

4. 긍정적 가능성을 찾을 대안적 관점은 무엇일까?

   예 아이가 그 과목에 자신이 없었나 보다. 어쩌면 높은 점수를 받아 날 기쁘게 할 생각이었는지 모른다. 아이와 얘기해서 이유를 알아봐야겠다. 함께 이 문제를 해결할 수 있을 것이다.

_____

_____

5. 새로운 감정이 들었다면 그것은 무엇일까?

   예 아이에게 실망한 마음은 여전하지만, 이 사태를 잘 해결할 수 있다는 자신감이 생겼다.

_____

_____

☺

언어 습관
바꾸기

감정을 스스로 결정하려면 항상 자신의 언어 습관에 주의해야 한다. 몇 가지 주의해야 할 언어 습관에 대해 설명하겠다.

수동적인 말투로 자기를 변명하지 않는다

어떤 말투에는 자기 감정에 책임을 지지 않겠다는 사고방식이 숨어 있다. 이런 말투를 '수동적(passive) 언어'라 부른다. '나는 감정을 수동적으로 받아들이는 존재에 불과하다'라는 인식이 깔려 있기 때문이다. 수동적인 말투를 쓰는 사람은 실제로 '능동적인 힘'을 잃는다. 감정 조절의 능력을 자신이 갖는 대신 다른 사람이나 주변 환경에 돌리기 때문이다. 다음은 수동적 언어의 몇 가지 사례들이다.

그 사람 때문에 이렇게 됐어 | 자기의 감정이 다른 사람이나 주변 환경에 좌우된다고 믿으면 흔히 "그 일 때문에 기분이….."라고 말한다. 이는 다른 사람이나 주변 환경에 자기 감정을 의존하는 경우다. 그렇다면 주변이 변하지 않는 한 새로운 감정을 선택할 수 없다. 또한 이 말에는 자기 감정에 책임지지 않으려는 태도 역시 내포되어 있다. 하지만 감정의 책임은 당사자에게 있으며, 본인의 능동적인 변화 없이는 아무도 그 사람의 감정을 통제할 수 없다. 그런데 많은 상담가가 내담자에게 "그 일이 어떤 기분을 느끼게 했습니까?"라는 질문을 자주 해대는 바람에, 감정의 책임 문제에 혼란을 일으키기도 한다.

침착함을 잃었어 | 이 말에는 침착함이 주머니나 지갑에 넣고 다니는 물건이고 그것을 빠뜨렸다는 뜻이 담겨 있다. 정신과 의사이자 아들러의 제자로 많은 저서를 쓰고 활발한 강연 활동을 벌였던 루돌프 드레이커스(Rudolf Dreikurs) 박사는 이렇게 말하곤 했다.

"우리는 침착함을 잃어버리지 않는다. 힘껏 내던질 뿐이다!"

나를 둘러싼 무언가가 있었어 | 이 말에는 외부의 힘이 자신의 감정과 행동을 통제한다는 뜻이 담겨 있다. 가령 당신이 "두려움이 밀려들었어."라고 말할 때는 감정 선택의 책임을 부인하고 당신이 통제하지 못하는 외부의 힘에 책임을 미루겠다는 의도가 숨어 있다. 물론 홍수나 화재, 지진이 발생한 경우에는 이런 말투가 합당하다. 그렇지 않다면, 감정은 언제나 당신 자신의 책임이다!

오늘 나는 내 정신이 아냐! | 얼마나 매혹적인 변명인가! 내가 내 정신이 아니라면, 나는 누구의 정신으로 살고 있다는 말인가? 당신은 항상 당신의 정신으로 살아간다. 당신이 가진 모든 장점과 단점을 포함해서 당신은 언제나 당신 정신과 마음의 주인으로 살아간다는 것을 잊지 말아야 한다.

노력은 해볼게 | 이 말은 하려는 일을 하지 못할까 봐 두렵거나, 진지하게 해볼 생각이 없는 경우에 주로 쓴다. 물론 이 말을 하는 사람들은 그런 속내를 인정하지 않는다. 그들은 실패가 두려웠을 뿐이고 정작 실패하면 '노력은 해보았다'라고 변명한다. 실행과 시도는 엄연히 다르다. 좀 우스운 얘기지만 의자에서 일어나는 '시도'를 해달라고 부탁을 받으면, 당신은 엉거주춤한 자세로 서 있게 된다. 애써 의자에서 일어나려는 시늉을 하면서 행동은 완결되지 않는다. 하지만 의자에서 일어나기로 마음먹었으면 의자에서 벌떡 일어나야 한다. 의자에서 일어나는 '시도'를 하는 정도로 그쳐서는 안 된다. "노력은 해볼게."라는 말은 실패에 대비한 보험증에 불과하다. 완벽하게 일을 끝내버리든지 그렇지 않으면 아예 처음부터 시작을 하지 말라. '노력은 해볼게'라는 말은 자기를 속이는 짓이다.

그래요, 하지만 | 이 말은 거절 의사를 표시하는 영리한 방법이다. 반드시 해야 하지만 썩 내키지 않는 일을 완곡하게 거절하기 위해 이렇게 말한다. 직설적으로 거절 의사를 나타내면 갈등을 유발할 수 있기 때문이다. 이 말이 쓰이는 상황은 대개 이런 식이다. 누군가 "이렇게 해보는 건 어때?"라고 제안하면 상대는 "그래요, 하지만…" 운운하며 안 되는 이유

를 늘어놓는다. 제안을 수용하는 듯하면서 곧 그 의견을 묵살한다.

이런 취지의 말에는 다양한 표현이 있다. 다른 사람의 의견을 은근슬쩍 거절할 때 '하지만' 외에도 '그러나' '그렇지만' '그럼에도 불구하고' '그래도' '그런데' 등을 쓸 수 있다. 이런 사람들은 책을 읽을 때도 "맞는 말이군, 하지만…" 운운하는 모습을 보인다. 그들은 남들뿐만 아니라 자신에게도 항상 변명거리를 준비한다. "운동을 해야 건강해지겠지. 그런데 어디 시간이 있어야 말이지."

능동적인 말로 스스로의 말에 책임지기

감정의 주인이 되려면 능동적인 언어를 사용하고 자신의 말에 스스로 책임을 져야 한다. 다음과 같이 말하는 습관을 갖도록 하자.

"내가 화를 냈던 거야."

"그 문제로 우울했어."

"좋은 생각이군요. 그렇게 하겠습니다."

"고맙지만 사양하겠습니다. 그렇게 하고 싶지 않군요."

이렇게 말하면 당신은 감정을 직접 결정한다는 느낌을 갖게 되며, 또한 그 결정에 책임이 있다는 자각이 생긴다.

단정적이고 극단적인 말을 피해야

어떤 일이 생기기를 바라는 태도와 그 일이 반드시 이루어지기를 요구하는 태도는 전혀 다르다. 마찬가지로 남을 만족시키기를 바라는 태도와 남을 만족시켜야 한다는 태도도 전혀 다르다. '반드시 ~해야 한다'는 당위나 의무의 뜻이 담긴 표현을 자주 쓰는 사람은 자기나 남에게 지나친 요구를 강요하고, 모든 일이 자기 뜻대로 이루어지기를 고집한다.

'반드시'나 '꼭' 이외에도 자기 자신이나 생활환경, 혹은 다른 사람을 절대적으로 규정하는 어법은 적지 않다. '항상' '결코' '절대로' '전부 다' '아무도'라는 표현이 그 예이며, '나는 우월한 사람이다' 혹은 '나는 희생자다'라는 표현도 마찬가지다.

'사람들은 어쩔 수 없어'와 같은 말도 인간 전체, 혹은 특정한 집단을 한꺼번에 규정하는 어법이다. 어떤 집단이든 개인별 차이가 성원 간의 공통점보다 훨씬 큰 법이다. '그 사람들은 믿을 수 없지, 원래 그 모양이니까'처럼 소수 집단을 폄하하는 발언은 단지 편견에 불과하다. 자신이나 남에 대해, 그리고 일상적인 여러 문제나 자신이 바라는 일에 관해 단언하기 좋아하는 사람들은 자신의 욕망을 반드시 관철시키려고 한다. 자신만의 진리를 만들어놓고, 일이 뜻대로 풀리지 않으면 매우 화를 낸다.

감정을 바꾸는
구체적인 계획 세우기

감정을 바꾸기 위해서는 현실적인 목표를 정하고, 이 목표에 이르는 계획을 분명하게 마련해야 한다. 설계도 없이 건물을 짓는 사람은 없다. 새로운 감정을 선택하는 일도 마찬가지다. 상세한 계획을 세우는 일은 새로운 감정 표현법을 익히는 첫걸음이다.

당신이 바꾸고 싶은 감정, 갖고 싶은 감정이 무엇인지 정리하고, 독서나 기타 여러 경험에서 우러나오는 참신한 아이디어가 없는지 생각해보면 좋겠다. 아이디어를 떠올렸으면 당신이 정한 목적을 이루기 위해 달성해야 할 단계별 과제를 적어보자. 이 책을 공부하는 테스트 기간이 지난 뒤에 당신이 얼마나 발전했는지 다시 평가하기 바란다.

변화의 목표를 설정할 때는 내용을 정확하게 적어야 한다. '불쾌감을 좀 줄이고 싶다'라는 단순한 목표는 아무 도움이 되지 않는다. 너무 쉬운 목표도 의미가 없다. 목표는 도전적이면서 실패해서 낙담하지 않도록 충분히 달성할 수 있는 수준에서, 그리고 얼마나 나아졌는지 측정할 수 있도록 목표를 이룰 시점을 기록하는 게 좋다.

예를 들면 "다음 달까지 분노를 느끼는 횟수와 강도를 25퍼센트 줄이겠다."와 같이 구체적인 목표를 적어라. 여기에 최종 목표를 위한 세부 목표를 세울 수 있다. 가령 "화가 나는 상황에서는 열까지 세겠다."라거나 "언제나 내가 원하는 방식으로 일이 풀려야 한다고 생각해서 스스로 분통을 터뜨리는 일이 많았던 예전의 내 모습을 하루에 3번은 상기하겠다." 등이 있다.

뚜렷한 목표를 세우고 발전 과정을 노트에 규칙적으로 기록해가면, 자신에게 곤란한 감정 유형이 무엇인지 알게 된다. 어떤 감정과 습관에 애를 먹는지 파악할 수 있으므로, 해결방법을 집중적으로 익힐 수 있다.

오늘의 감정 수업 7

감정 변화 계획표 작성하기

감정은 저절로 바뀌지 않는다. 뚜렷한 목표를 세우고 노력해야 가능한 일이다. 이번 감정 수업에서는 감정을 바꾸는 데 도움을 주는 계획표를 만들고자 한다.

먼저 자신이 선택하고자 하는 감정의 최종 목표를 설정한다. 그런 후 그것을 실천하기 위한 하위 목표를 2개 이상 설정한다. 그런 다음 하루 하루 실행 여부를 체크하도록 한다.

(다음 페이지에 계속)

1. 최종 목표   예 잠들기 전 우울한 기분에 빠지지 않고 편안한 감정을 갖는다.

2. 하위 목표 1   예 우울한 기분을 느끼면 바로 기분 좋은 상상을 한다.

3. 하위 목표 2   예 매일 30분씩 걷기 운동을 한다.

4. 하위 목표 3   예 잠들기 전 가족, 친구들과 연락을 주고받는다(최소한 1명 이상).

그리고 다음의 표를 노트에 똑같이 그린다. 이 표는 발전 과정을 규칙적으로 기록하는 것으로, 가장 왼쪽 칸에는 날짜를 적고, 오른쪽의 빈 시트에는 각 하위 목표를 지켰는지 여부를 체크한다. 그 날짜에 목표를 지켰으면 O, 지키지 못했으면 X로 표시한다.

날짜	하위 목표 1	하위 목표 2	하위 목표 3
/			
/			
/			
/			
/			

• 생활양식 탐구하기
내 생활양식이 어떤지 알고, 그것이 내게 도움이 되는지 생각해보자. 도움이 되지 않는다고 생각되면 새로운 생활양식을 선택하자.

• 내 감정을 있는 그대로 받아들이기
부정적 감정은 '나쁜' 감정이 아니다. 어떤 감정이든 편안하게 받아들여야 나를 있는 그대로 인정할 수 있고, 나를 인정하면 새로운 감정을 선택하는 것이 더욱 수월해진다.

• 과거에 얽매이지 않기
과거는 바꿀 수 없다. 이미 지난 일을 아무리 후회해봤자 소용이 없다. 과거에 지배당하지 말고, 오직 현재에 충실하자. 나에게는 과거에 얽매이지 않을 자유가 있다.

• 내가 무슨 생각을 하는지 깨닫기
생각이 감정을 좌우한다. 부정적인 생각을 하면 부정적인 감정이 들고, 반대로 긍정적인 생각을 하면 긍정적인 감정이 다가오는 것을 깨닫자.

• 감정의 목적 인식하기
모든 감정에는 분명한 목적이 있다. 내가 느끼는 감정의 목적이 무엇인지 알고, 그 목적을 계속 추구하면 어떤 결과가 생길지 곰곰이 생각해본다.

• 부정적인 생각을 긍정적으로 바꾸기
원하는 감정을 선택하려면 생각을 긍정적으로 바꿔야 한다. 자신의 비합리적인 믿음을 논박하고, 부정적인 상황에서도 긍정적인 가능성을 찾아보자.

• 언어 습관 바꾸기
수동적인 말을 사용하면 감정의 주인이 될 수 없다. 단정적인 말을 사용하면 편견에 빠지기 쉽다. 수동적·단정적인 말을 피하고, 능동적인 말로 내 감정에 책임지자.

• 감정을 바꾸는 구체적인 계획 세우기
어떤 감정을 바꾸거나 갖고 싶은지 정리하고, 이를 위한 현실적이고 구체적인 계획을 세워 꾸준히 실천해보자.

다양한 감정과
마주하기

PART 3

분노,
권리를 되찾기 위한
위험한 질주

삶이란 분노의
화약고일 수 있다

아침부터 일이 꼬인다. 6살 된 바비가 꾀병을 부린다. 억지로 달래 내보낸다. 10살짜리 페이는 더러운 청바지 주머니에서 꼬깃꼬깃 구겨진 '학부모 모임 통지서'를 찾아 이제야 내민다. 약속 날짜를 모두 바꿀 수밖에 없다.

꽉 막힌 도로에서 시간을 허비하고 나니 10분 지각이다. 상사에게 호된 꾸중을 듣고 있자니, 그녀의 머리카락을 뿌리째 뽑고 싶은 충동을 느낀다. 점심 식사 자리에선 웨이터가 새로 산 양복에 수프를 엎지른다. 이런 녀석은 당장 해고해야 한다고 생각한다. 다시 회사로 돌아오니, 같이 기획 작업을 하던 동료가 제 일이 아니라며 빠지겠다고 한다.

퇴근 시간. 고단한 하루가 이렇게 끝나나 하고 보니, 제길! 천둥이 치고 폭우가 쏟아진다. 무슨 일이냐고? 우산이 없다! 신문지를 머리에 쓰고 주차장으로 뛰어간다. 길을 건너려고 섰는데, 지나던 자동차가 흙탕물을 튀긴다. 양말

속까지 젖는다. 휴대폰으로 수다 떠느라 정신이 없는 운전자를 향해 삿대질을 하고 고함을 친다.

집에 반쯤 왔는데 차가 갑자기 멈춘다. 휘발유를 채워야 한다는 아내의 말이 생각난다. 비명을 지른다! 마침내 집에 들어와 아내에게 끔찍한 하루를 위로받고 싶은데, 아내가 매정하게 뿌리친다. "당신만 힘들었는 줄 알아? 나는 더 끔찍했어. 내 얘기부터 들어봐!" 살인은 불법이라는 사실을 새삼 떠올린다.

저녁 식탁에 앉을 때 전화벨이 울린다. 쓸데없는 광고전화다. 은행에서 신용카드를 보내주겠다고 한다. 더 이상의 신용카드는 필요 없다. 전화기를 던져버리고 후회한다. 새 전화기를 사야 한다.

다시 의자에 앉으니 두 아이가 식탁 밑으로 발길질을 하며 싸운다. 엄하게 야단친 후 둘 다 제 방으로 쫓아버린다. 그러자 아내가 아이들을 너무 가혹하게 다룬다고 잔소리를 늘어놓는다.

살다 보면 차라리 집 안에 틀어박혀 있기를 바랄 만큼 '재수 없는 날'도 있다. 위의 이야기처럼 말이다.

현실을 직시하자. 살아가는 동안, 이 세상엔 화낼 일이 널려 있다. 우리 삶은 분노의 화약고와 같다. 버릇없는 아이, 비협조적인 동료, 게으른 직원, 강압적인 직장 상사, 무뚝뚝한 상점 점원, 부패한 경찰 등 한번 헤아리기 시작하면 끝이 없다.

그런데 이런 일에 화를 내는 게 정말로 가치 있는 일일까? 공연히 에너지를 낭비하고 마음만 상하는 건 아닐까? 화를 낸다고 좋은 일이 생길까? 만약 화를 내서 나쁜 일이 생긴다면 대가를 치러야 하지 않을까? 화를 낼지 참을지, 결정은 바로 나 자신이 해야 한다.

분노에 관한
오해와 진실

분노는 가장 혼란스럽고, 가장 잘못 이해된 감정이다. 심리학자 로버트 알베르티(Robert Alberti)와 마이클 에먼스(Michael Emmons)는《당신의 완전한 권리(Your Perfect Right)》에서 분노의 딜레마를 이렇게 설명했다.

"분노는 분출해서는 안 되는 '사악한' 감정으로 취급되는가 하면, 다른 한편에서는 마음을 '홀가분하게' 하는 감정이므로 참으면 병이 된다고 여겨지기도 한다. 두 극단적인 평가 사이에 다양한 관점이 존재한다."

그렇다. 분노에 대해서 다양한 의견이 존재한다. 많은 사람들이 분노를 어떻게 다루는지 모르는 이유가 바로 여기에 있다.

심리학적으로 봤을 때 분노는 자기 요구가 부정당하거나 저지당하는 것에 대한 저항의 결과로 생기는 감정이다. 분노를 느끼게 되면 입술을 깨물거나 눈꼬리를 치뜨는 등의 신체적 반응이 나타나고 상대에게 등을 돌리거나 공격하는 등의 행동이 수반된다. 사람은 보통 생후 3개월 무렵부터 분노를 느끼기 시작하는데 나이가 들수록 뚜렷한 방향성을 나타내는 분노가 많아진다.

분노 역시 다른 감정과 마찬가지로 인간의 한 부분이다. 인간은 기쁨을 누릴 권리가 있듯 분노를 느낄 권리도 있다. 그런데 분노는 기쁨과 달리 편견 어린 시선 속에 갇혀 있다. 분노에 대한 잘못된 믿음은 다음과 같다.

① 인간의 본성은 공격적이다. 전쟁의 역사가 이를 증명한다.
② 분노는 표출하는 편이 좋다. 화를 참으면 건강에 해롭기 때문이다.
③ 분노를 표출하면 카타르시스를 느끼게 되어 정신건강에 좋다.
④ 분노를 행동에 옮기면, 분노를 해소할 수 있다.

그러나 과연 이것이 맞는 말일까?

분노의 참모습

아들러와 아들러학파 심리학자들의 연구 결과에 따르면 오히려 그 반대의 사실을 알 수 있다.

① 인간은 공격성과 함께 사랑하는 능력도 가지고 있다. 전쟁은 인간의 본성 때문에 일어나는 것이 아니라 정치적, 경제적, 종교적 이유로 발생한다. 인간은 적대와 투쟁이 아니라 조화와 협력을 통해

발전한다.

② 분노의 방향이 안이냐 바깥이냐는 중요하지 않다. 상습적인 분노가 문제다. 상습적인 분노는 심장질환, 고혈압, 소화 장애와 두통을 일으키고, 콜레스테롤 수치를 높이고 면역력을 약화시킨다.

③ 카타르시스는 정신건강에 좋을 수 있다. 하지만 모든 사람이 분노를 카타르시스로 느끼지는 않는다. 화를 내고 죄책감을 느끼는 사람도 있다.

④ 분노를 행동으로 옮기면 화를 더 돋울 뿐이다. 다른 사람이나 물건에 화풀이를 하다 보면, 화내는 게 습관이 된다.

분노에 대한 이러한 주장이 어떤 경우에도 화를 내지 말라는 얘기는 아니다. 자신의 건강과 인간관계를 해치는 상습적인 분노가 문제라는 뜻이다.

이제부터 마음속에 일어나는 분노의 목적을 배우게 될 것이다. 화를 내야 할 때와 그렇지 않을 때를 구분하는 법, 올바르게 화내는 법 등 화를 낼 것인지 아닐지를 내가 결정하고 선택하는 구체적인 방법을 배우게 될 것이다. 그런 과정을 통해 분노에 사로잡히는 패잔병이 아니라 내 감정의 주인, 내 마음의 주인으로 살아갈 수 있을 것이다.

쌓아두면 병이 되는 분노, 어떻게 할까?

꼭 기억해야 할 것이 있다. 분노는 나쁜 감정이 아니다. 화를 내야 할 때가 있고 참아야 할 때가 있을 뿐이다. 다만, 화를 낼 것인지 참을 것인지는 분노에 기반을 둔 행동이 어떤 결과를 낳을지 판단한 후에 결정해야 한다.

그런데 자신이 화가 났다는 사실을 모르거나 화가 났음에도 그 감정을 드러내지 않는 사람들이 있다. 인격이 훌륭해서가 아니다. 그들은 분노에 대한 거부감이 있을 가능성이 크다. 어쩌면 어린 시절에 화를 낼 때마다 나쁜 경험을 했기 때문일지도 모른다.

매리 루는 원인을 알 수 없는 두통에 시달렸다. 그녀가 찾아간 심리치료사는 매리 루에게 숨겨진 분노가 있지 않을까 의심했다. 심리치료사는 그녀의 어린 시절을 검토했다.

그녀의 부모는 매우 엄격한 사람들이었다. 그녀가 화를 내면, 부모는 아연실색하며 불만스런 표정을 지었다. 보통 부모들은 딸이 화가 나면 냉정을 되찾도록 잠깐 무시하곤 하는데, 그녀의 부모는 그게 아니라 몇 시간이고 딸을 무시했다. 그녀는 일부러 자기를 피하는 부모를 보며, 절대로 화를 내서는 안 되겠다고 결심했다.

그녀는 자신의 권리를 보호할 다른 방법을 배우지 못했고, 결국 남들에게 부당한 대접을 받아도 항의 한 번 제대로 못하는 '현관매트'와 같은 사람이 되었다.

심리치료사는 매리가 자신의 분노를 인식할 수 있도록 도와주었다. 나아가 분노를 표현하고 심리적 갈등을 해소하는 적절한 방법을 생각해낼 수 있도록 조언했다.

매리 루와 마찬가지로 자신이 화났다는 것을 알아차리지 못하거나 분노를 표시하는 일에 서툰 사람은, 분노가 가족의 평화를 해친다고 여기는 가정에서 자랐을 가능성이 크다. 이런 환경에서는 가족들도 서로 서먹서먹한 사이가 되기 쉽다. 분노뿐만 아니라 따뜻한 애정 표현도 억압되었을 가능성이 크기 때문이다.

때로 몸이 굳거나 욱신거리고, 경련이나 소화불량, 두통, 신경쇠약 등에 시달린다면, 분노의 감정이 해소되지 않고 켜켜이 쌓여 있는 것은 아닌지 의심해보는 게 좋다. 몸이 보내는 신호는 그 나름의 이유가 있다. 자신이 잘 모르는 심리적 갈등이나 좌절감은 없는지, 강박적인 의무감에 시달리지는 않는지 생각해봐야 한다.

분노는 다양한 목적을
가지고 있다

보통 사람들은 자신이 화를 내는 순간에도 왜 화를 내는지 알지 못한다. 그저 일이 잘못되어 화가 나기 때문에 화를 낸다고 생각하거나, 상대방이 내가 화를 낼 만한 잘못을 했기 때문에 화를 내는 것이라고 생각한다. 그러나 아들러가 말했듯이 모든 감정은 저마다의 목적을 가지고 있으며 사람은 그 목적을 성취하기 위해 그 감정을 선택하고 사용한다. 그렇다면 화 또는 분노라 일컬어지는 감정은 어떠한 목적을 가지고 있는 것일까? 결론부터 말하자면 분노는 통제 욕구 충족, 승리의 열정 고취, 상대에 대한 복수 그리고 자신의 권리 보호 등의 목적을 가지고 있다. 그럼 각각의 목적에 대해 좀 더 자세히 살펴보도록 하자.

타인이나 상황을 통제하려는 목적

화를 낼 때는 주로 타인에게 통제를 가하거나, 타인의 통제를 받지 않으려는 의도가 있다. 즉, 타인에게 자신의 뜻을 강요하기 위해 화를 낸다. 누가 대장인지 보여주겠다는 뜻이다.

화를 내는 것은 다른 사람과 거리를 유지하는 효과가 있다. 거리를 유지하면 타인의 통제에서 벗어날 수 있기 때문에 친밀한 관계를 두려워하는 사람은 자주 화를 내며 다른 사람을 멀리한다. 그들은 다른 사람과 친밀해지면 그걸 협조의 의미로 받아들이지 않고 그에게 굴복했다고 믿는다.

통제에는 3가지 유형이 있다. 첫째, 타인을 통제하기. 하지만 누구나 통제를 받으면 저항하고자 한다. 통제받기를 좋아하는 사람은 거의 없다. 분노가 가장 많이 쓰이는 때가 바로 타인을 통제하고자 하는 때이다. 둘째, 자신을 통제하기(자제). 자기 통제는 긍정적인 면과 부정적인 면을 함께 가진다. 자제력이 지나치게 강해서 감정 자체를 느끼지 않으려는 사람은 분명 정상이 아니다. 반면, 자제력을 적절히 발휘하여 좋은 관계를 유지하는 사람은 긍정적인 목적을 위해 자신을 통제하는 셈이다. 셋째, 상황을 통제하기. 여기서 중요한 것은 상황 통제를 위해 반드시 분노할 필요는 없다는 것이다. 어떤 상황에서 자신이 기꺼이 수용할 수 있는 한계를 정하고, 다른 사람으로 하여금 그 한계 내에서 자유롭게 선택하도록 할 수 있다. 상황을 통제하려는 시도는 저항을 유발할 수도 있지만, 적절한 방법을 쓰면 상호 협력으로 이어지기도 한다.

경기에서 승리의 열정을 고취하려는 목적

분노에는 승리의 목적도 있다. 예를 들어 미식축구 선수들은 승리에 대한 열정에 불을 당기기 위해 분노를 이용한다. 논쟁에서 기선을 제압하거나 다른 사람을 협박할 때도 사람들은 화를 낸다.

그러나 승리에 대한 열망을 충족시키는 수단은 분노나 경쟁만 있는 것이 아니다. 승리자가 있으면 반드시 패배자가 있어야 한다는 생각은 오해다. 양쪽 모두 승리하는 방안을 생각해낼 수 있다. 타협과 양보를 통해 협력이 이루어진다면 패자 없는, 양쪽이 모두 승리하는 게임이 될 수 있다. 이러한 관점에서 갈등 상황을 바라본다면 서로 타협안을 찾을 수 있고, 화를 내야 할 상황은 오지 않을 것이다.

조와 앨런은 작은 회사를 공동으로 운영했다. 회사를 확장할 기회가 찾아왔을 때, 대범한 성격인 조는 단번에 승부를 걸자고 말했지만, 앨런은 신중한 태도를 보였다. 두 사람 사이에 다툼이 생겼다. 다음 날 조가 앨런에게 다가갔다.

"이렇게 싸우기만 하면 좋을 일이 없겠지. 오랫동안 우린 함께 일했고, 나는 너와 싸울 생각이 없어. 우리 모두 만족할 만한 방법이 있을 거야."

앨런은 잠시 동안 말이 없다가 자기 능력에 부치는 일을 벌인다는 생각에 두려움을 느꼈다고 토로했다. 얼마간의 토론을 거쳐서 그들은 위험 부담을 줄이기 위해 새로운 투자자를 찾기로 결정했다.

상대에게 복수하려는 목적

나에게 상처를 주거나 손해를 입힌 사람에게 복수하려는 목적으로 화를 내기도 한다. 그러나 이것이 합리적인 목적일까?

복수에는 언제나 대가가 따르기 마련이다. 인간관계도 틀어지고 자신에게 안 좋은 결과를 가져올 수 있다. 당신에게 상처를 입힌 상대가 원망스럽고 밉겠지만, 그 사람 또한 마음에 상처를 받아 그런 행동을 했을지도 모른다는 마음을 가진다면, 복수하겠다는 생각을 버리고 문제를 해결하기 위한 다른 방법을 찾아볼 수 있을 것이다.

억울한 경우 권리를 보호하려는 목적

권리를 보호하기 위해 화를 낼 수 있다. 누군가 자신의 권리를 침해하면, 자신을 보호하기 위해서라도 분노할 수 있다. 부당한 대우를 그대로 감내할 사람은 아무도 없기 때문이다. 자신이 '현관매트'가 되어야 할 이유는 없다. 이때는 나 자신을 위해 싸워야 한다.

하지만 분노만이 권리를 보호하는 유일한 방법이라고 할 수는 없다. 허용 한계를 정한 뒤, 침착하지만 확고한 태도로 공정한 대우를 요구하면 된다. 나아가 모두가 만족할 만한 타협안을 찾을 수도 있다.

마기의 15살 먹은 아들 매트는 가끔 심술궂은 고집불통이 된다. 어느 토요일, 매트는 친구 집에 가겠다며 자동차로 태워다 달라고 요구했다. 마기는 매트 친구 집의 반대편에서 약속이 있었기 때문에 매트가 갈 때는 데려다줄 수 없지만 집으로 오는 길에는 태워줄 수 있다고 대답했다. 매트는 화를 내며 갈 때 꼭 태워줘야 한다고 고집을 부렸다. 그러자 마기는 침착하고 단호한 태도로 말했다.

"네가 화를 내는 이유는 알겠어. 하지만 엄마한테 그런 식으로 하는 말은 듣기 싫구나. 나한테 도움을 바란다면, 공손히 부탁하고 또 내 사정도 이해해야 하지 않겠니. 그래야 뭐든 들어주든지 말든지 하지."

마기는 화를 내는 매트와 똑같이 언성을 높이고 화를 내는 대신, 단호한 태도로 자신이 용인할 수 있는 한계를 제시함으로써 그 상황을 현명하게 대처했다.

화와 분노는 기본적으로 내는 것보다는 내지 않는 것이 좋다. 그러나 때로는 화를 내서라도 다른 사람, 특히 어린아이 등 사회적 약자의 권리를 보호해야 하는 경우도 있다. 하지만 이 경우에도 역시 분노가 최선의 방법인지, 좀 더 합리적이고 현명한 대안은 없는지 잘 판단해야 한다.

오늘의 감정 수업 8

내가 화를 냈던 목적 알아보기

예전에 화를 냈던 상황을 돌이켜보자. 나는 언제, 왜 화가 났는지, 그 목적은 무엇인지 차분히 짚어본다. 그렇다면 그때 낸 화가 적절한 것인지도 생각해볼 수 있을 것이다. 다음 페이지의 빈칸에 질문에 대한 답을 적어보자.

1. 최근에 화를 낸 일이 있는가? 어떤 상황에서 누구한테 화를 냈나?

....

....

2. 내가 화를 낸 이유는 무엇이라고 생각하는가?

....

....

3. 내가 화를 낸 목적은 위에서 배운 4가지 경우 중 무엇인가?

- 타인이나 상황을 통제하려는 목적 (　　　)
- 경기에서 승리의 열정을 고취하려는 목적 (　　　)
- 상대에게 복수하려는 목적 (　　　)
- 억울한 경우 권리를 보호하려는 목적 (　　　)

4 그때 그 화는 적절했는가? 그 이유는?

....

....

분노의 감정이
만들어지는 과정

화의 목적을 살펴보았으니 이번엔 화를 내는 과정을 살펴보자. 다른 감정과 마찬가지로 분노 역시 생각과 믿음에 따라 생기기도 하고 그렇지 않을 수도 있다. 다음의 과정을 통해 어떤 방식으로 화를 내게 되는지 확인해보자.

다른 사람 때문에 화를 냈던 상황이 아니라 약간 언짢은 정도의 감정이 생겼던 상황을 생각해보자.

눈을 감고, 편안한 마음으로 크게 심호흡을 한다. 당신이 어떤 상황에 처해 있는지 상상한다. 당신과 당신을 자극한 사람을 본다. 둘이 무슨 이야기를 하는지 잘 듣는다. 바로 지금의 당신은 어떤 생각이 드는가? 이 상황에 대해 속으로 무슨 말을 하고 있는가?

이제 심호흡을 하고 눈을 뜬다. 속으로 한 말을 다음 빈칸에 적어보자.

그 장면을 다시 떠올린다. 이번엔 속으로 좀 더 심한 말을 해본다. 더 험악하고 격한 말을 해본다. 정말로 화가 많이 날 때까지 계속 그 장면에 집중한다. 다시 눈을 뜨고, 당신이 속으로 한 말을 다음 빈칸에 적어보자.

어떤 사실을 발견했는가? 언짢았던 순간을 처음 떠올렸을 때는 약간 불편하고 곤혹스러운 정도의 기분이었을 것이다. 그런데 스스로 심한 말을 하니까 저도 모르게 화가 났을 것이다. 아마도 당신은 그의 행동에 대한 불만을 강하게 표출했을 것이다. 당신의 기대에 맞춰 행동하지 않았다고 그를 비난했을 수도 있다. 그의 행동을 '참을 수 없다'며 분통을 터뜨렸을지도 모른다. 그리고 마침내 그 사람을 완전히 매도하고 욕설까지 했을지도 모른다.

화를 내기까지 거치는 과정은 대개 이런 식이다. 처음에는 그저 실망, 언짢음, 두려움 정도에 불과했던 감정이 어느 순간 강렬한 불쾌함으로 변한다. 그에게 나의 뜻을 강요하고, 그의 행동을 참을 수 없어 하며, 불평과 비난을 퍼붓는다. 그리고 화를 낸다. 처음엔 가벼운 불만을 느낀 정도라도 제대로 대응하지 못하면 수습하기 어려운 지경에 이른다. 화를 낼 만한 일이 아닌데도 자기 분을 못 이겨 흥분하는 일이 다반사다. 쓸데없이 화를 내고 싶지 않다면, 가벼운 불만 따위는 잘 다룰 줄 알아야 한다.

화가 날 때 스스로에게 던지면 좋은 질문들

예를 들어 한 친구가 당신의 비밀을 누설했고, 그 사실을 당신이 알았다고 가정해보자.

① 화를 내기 전, 내 기분은 어떠한가?

　"믿었던 친구에 대한 배신감과 비밀이 누설된 것에 대한 창피함 등으로 내 마음은 크게 상처받았다."

② 나는 어떤 과정을 거쳐 화를 내게 되었는가? 혹시 내가 비합리적으로 생각하지는 않는가?

　"세상에 믿을 사람은 하나도 없어! 어떻게 나한테 이런 짓을 할 수가 있지? 도저히 참을 수 없다. 처음부터 알아봤어야 했어. 본때를 보여줄 거야!"

③ 내가 화를 내는 목적은 무엇인가?

　"본때를 보여줘서 복수할 생각이다."

④ 이 상황을 좀 더 합리적으로 바라볼 수는 없을까? 내 뜻만을 고집하고, 여건이 안 되면 참을 수 없어 하며, 불평과 비난을 일삼는 태

도를 보이는 대신 다르게 생각하는 방법은 없을까?

"그 여잔 믿을 만한 사람이 아냐. 그렇다고 모든 사람을 못 믿겠다고 생각하진 말자. 상처를 받았지만, 충분히 견딜 수 있어. 나는 아무 탈 없이 살아갈 수 있어. 처음부터 이럴 줄 알았어야 했는데, 뭐 어쩔 수 없지. 다음엔 좀 더 주의해야겠어. 내가 좋아했던 친군데, 이런 점은 정말 아니란 말이야!"

⑤ 이런 경험을 전혀 새로운 관점에서 바라볼 수는 없을까? 불행한 경험이었지만, 여기에 긍정적인 의미는 없는지, 인생의 교훈으로 새길 만한 내용은 없는지 생각해보자. 약간 익살스럽게 받아들이는 방법도 좋다.

"쳇, 어쩔 수 없지. 하지만 그 친구와 어느 정도까지 사귀는 게 좋은지 알 수는 있게 되었잖아. 친분의 한계 정도는 확인한 셈이야. 좋은 친군데, 터놓고 사귈 정도는 아니지. 아, 그 친구 덕에 나도 이젠 할리우드 스타의 반열에 올랐으니 고마워해야 할지도 모르겠네. 온 도시에서 내 얘기를 하고 있으니 말이야!"

⑥ 내가 화를 내는 목적을 어떻게 바꾸면 될까? 꼭 남을 내 뜻대로 움직여야 하나? 군이 남을 이겨먹어야 하나? 받은 만큼 상대에게 복수한다면, 그 결과가 어찌 될까? 다른 방법으로 내 권리를 보호할 수도 있지 않을까?

"내 감정을 전달하는 것으로 내 인격을 보호할 수 있어. 그거면 충분해. 나는 너를 믿고 한 말인데, 네가 그렇게 소문내고 다닐 줄 몰랐다고, 화가 많이 났고 배신감마저 들었다고 얘기해주자."

　그 친구에게 마음을 터놓지 않는 정도로도 충분히 당신의 인격과 권리를 보호할 수 있다. 그 친구와 어느 정도 사귀는 게 좋을지 친분의 한계를 정할 수도 있다. 이렇게 하면 그 친구로 인해 발생할지도 모르는 나쁜 상황을 예방(통제)하는 셈이 된다. 물론 예화에서처럼 친구로 인해 얼마나 기분이 상했는지 솔직하게 말해도 괜찮다.
　물론 이번만은 화를 내야 하는 상황이라고 생각할 수도 있다. 이 경우 그 친구를 최대한 존중하고 감정적인 비난이나 욕설은 자제한다. 그저 사실만을 얘기해야 한다. 감정을 어떻게 전달하면 좋을지는 레슨 4에서 더욱 자세하게 다룰 것이다.

:(

분노에도
조건이 있다

사회심리학자 캐럴 태브리스(Carol Tavris)는 《분노: 잘못 이해된 감정 (Anger: The Misunderstood Emotion)》이라는 책에서 분노가 효과적이려면 다음 5가지 조건이 충족되어야 한다고 지적한다.

① 화가 난 상대에게 직접 표현해야 효과적이다. 화가 난다고 강아지를 걷어차거나 베개를 집어던지는 사람도 있는데, 아무 소용이 없다.

② 통제력을 되찾고 정당한 권리를 주장하는 데 도움이 되어야 한다. 다른 사람이 자신의 행동을 지나치게 간섭하면, 통제력을 되찾기 위해 화를 낼 수 있다. 부당한 대우를 받으면 화를 내서라도 정당한 권리를 찾아야 한다.

③ 내 감정을 자극한 사람이 왜 그렇게 행동했는지 그 이유와 목적을 찾아내고 그 사람의 행동을 바꿀 수 있어야 한다. 이 점은 분노의 감정을 표현하는 문제에 있어 중요하다.

④ 상대방에게 통하는 방식을 택해야 한다. 직설적인 표현이 효과적인 사람이 있는가 하면, 완곡한 어법을 사용해야 하는 사람도 있다. 전자에 속한 사람에게는 터놓고 솔직하게 말하면 무슨 말인지 충분히 알아듣고, 다시 좋은 사이가 될 수 있다. 반면 후자에 속한 사람에게는 화가 난 마음을 그대로 표현하지 말고 약간 부드러운 단어를 사용하는 게 좋다. 화를 내는 대신 다소 실망스럽다는 마음을 전해주면 된다.

⑤ 분노의 목적은 복수가 아니라 협력과 갈등 해결에 두어야 한다. 자기 뜻만 고집하고 복수한다는 생각에 사로잡혀 있으면, 화를 내지 않는 편이 낫다. 긍정적 결과를 충분히 예상할 수 있을 때만 화를 내야 한다. 만약 상대가 이를 받아들일 생각이 없거나 당신도 복수만을 염두에 두고 있다면, 차라리 다른 방법을 생각하는 편이 좋다.

어느 날 저녁 빌과 조앤은 심하게 말다툼을 했다. 다툼의 원인은 빌의 부모님이었다. 조앤은 시부모님이 두 사람의 결혼 생활을 방해한다고 생각했다. 둘 사이에 감정적인 말들이 오가기 시작했다. 다툼은 조앤의 불평으로 시작되었다.

"아무 때나 들락거리시니 정말 못 견디겠어. 우리 둘만의 시간을 빼앗기잖아. 당신한테 내 기분이 어떤지 벌써 몇 번이나 말했는데, 왜 아무 말씀도 안 드려?"

빌이 발끈해서 소리쳤다.

"무슨 소리야? 장모님은 어떻고? 꼭 저녁 먹을 시간에 전화하시잖아!"

조앤은 빌을 노려보며 맞고함을 질렀다.

"당신이 집에 오는 시간이 들쑥날쑥해서 그래. 제시간에만 와봐. 그럼 저녁 시간을 피해서 전화하실 테니."

빌도 가만히 있지 않았다.

"고객들이 내 시간에 맞춰 찾아온다고 생각해? 말도 안 되는 소리 하지 마. 그리고 이건 내 일이야. 언제 내가 당신 일에 간섭했어?"

이렇게 말꼬리에 말꼬리를 문 다툼이 계속 이어졌다. 결국 그들은 둘 다 기분이 상한 채로 각자 다른 방에서 잠을 잤다. 다음 날까지 불쾌한 기분이 이어졌음은 물론이다.

조앤이 빌에게 다른 방식으로 불만 사항을 전할 수는 없었을까? 시부모에게 직접 말할 경우 오히려 사태를 악화시킬지 모른다고 생각했다면, 빌에게 좀 더 부드러운 방식으로 불만을 표현할 수도 있지 않았을까? "빌, 어머님과 아버님께서 미리 연락도 없이 찾아오셔서 좀 불편해. 우리 둘 다 직장 생활에 바쁜 몸이잖아. 그만큼 당신과 함께 보내는 시간이 나한테는 소중해." "어머님과 아버님께서 아무 때나 들르시는 바람에 화가 많이 났어. 나한테는 우리 둘만의 시간이 소중해."

조앤이 이런 태도로 접근했다면 빌도 순순히 조앤의 말을 들었을지도 모른다. 그래도 꿈쩍하지 않으면 화를 내는 수밖에 달리 도리가 없다.

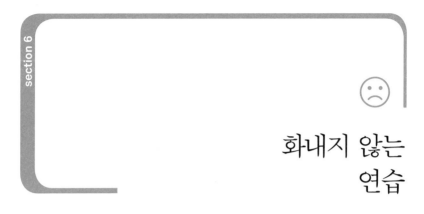

화내지 않는
연습

이제 분노를 다스리는 방법을 몇 가지 소개하겠다. 이를 충분히 연습해본 후 자신에게 가장 적합한 방법을 찾아본다. 어떤 방법이라도 너무 쉽게 포기하지 않기 바란다. 완전히 숙지하기 위해서는 많은 노력이 필요하다.

'자기 모습 그리기'와 '자기 대화'로 분노 다스리기

'자기 모습 그리기(visualization)'와 '자기 대화(self-talk)'를 통해 분노를 다스리는 방법을 소개하려고 한다.

자기 모습 그리기는 말 그대로 자신의 모습을 머릿속에서 시각화하는 것으로, 불쾌한 상황에 놓였을 때 자신이 어떻게 반응할지 미리 연습하는 효과적인 방법이다. 이를 연습하기 전에, 우선 불쾌한 사건을 겪었을 때 흥분한 마음을 다스릴 수 있는 몇 가지 자기 대화를 알아두도록 하자.

흥분한 마음을 다스리기 위한 자기 대화

- 침착하자 · 그만 진정하자 · 기운내자 · 열 받지 말자 · 냉정을 찾자
- 요점만 생각하자 · 깊이 숨을 들이마시자 · 정중하게 대하자
- 윈윈 게임이 될 수 있도록 노력하자 · 긴장을 풀자 · 마음을 가라앉히자
- 서로 존중하자 · 침착한 목소리로 말하자

자기 모습 그리기 실전 연습 | 자기 모습 그리기는 점차 강도를 높이는 방향으로 진행하는 것이 좋다. 처음엔 기분이 약간 언짢았던 상황을 골라서 시작하고, 이 상황을 충분히 다룰 수 있으면, 분노가 좀 더 강했던 상황을 연습하면 좋겠다. 다음은 자기 모습 그리기 연습 방법이다.

① 눈을 감고 심호흡을 해서 긴장을 푼다.
② 화를 냈던 장면이나 최근에 겪은 기분 상한 사건을 떠올린다.
③ 그 장면을 자세히 그려본다.
④ 당신과 상대방은 어떤 모습을 하고 있으며, 무슨 말을 주고받는지 집중한다.
⑤ 화가 나기 시작하면 마음을 가라앉히는 구절(자기 대화)을 떠올린다.

상상 속에서 상대방이 어떤 태도를 보이건 침착함을 유지할 수 있을 때까지 같은 장면을 반복해서 연습해야 한다. 당신이 냉정을 찾으면 상

대방도 결국 침착함을 회복한다. 다툴 상대가 없어지니 맥이 풀릴 수밖에 없다. 마음을 가라앉히는 말을 하기 어려울 때는 억지로라도 분노를 참는다. 속으로 '이제 그만'이라고 외쳐라. 화가 풀릴 때까지 여러 번 외친 후, 마음을 가라앉히는 말을 해보라.

이렇게 과거의 장면으로 연습하다 보면 당신은 앞으로 화가 날 만한 상황이 닥쳐도 그에 대비할 수 있다. 물론 예기치 못한 상황에선 저도 모르게 화를 낼지 모른다. 하지만 이 방법을 꾸준히 연습하면, 예기치 못한 상황에서도 화를 내지 않는 경지에 이를 수 있다. 반복적인 연습은 예기치 못한 상황에 적절히 대응하는 힘을 길러준다.

자기 모습 그리기는 비합리적 생각을 변화시킨다 | 자기 모습 그리기는 10분 정도의 시간을 잡고 하루에 3번 연습하는 게 좋다. 스스로 만족할 만한 성과를 이룰 때까지 계속 연습해야 한다. 이 연습은 비합리적인 생각을 바꾸는 효과도 있다. 분노해야 당연하다는 생각은 이제 가벼운 실망감 정도로 바뀔 것이다. 불쾌했던 장면을 떠올렸을 때 좀 더 합리적으로 생각할 수 있을 것이다. "어떻게 이럴 수가 있지? 화가 나네!"에서 "약간 언짢은 일이군. 하지만 끔찍하지는 않아." 정도로 말이다.

이 방법이 당장 큰 효과를 보지 못한 사람이라도 쉽게 포기하지 말고 꾸준히 연습하길 권한다. 자기 모습 그리기 말고도 자신만의 심리적 안정을 돕는 방법을 찾으면 더욱 좋겠다.

자기 모습 그리기와 자기 대화의 더 많은 활용법은 파트 11에 소개되어 있다.

유머감각 활용하기

마음을 안정시키는 데 유머가 중요하다는 점은 파트 7에서 본격적으로 다룬다. 여기서는 분노를 다스리는 데 필요한 유머에 관해 설명하고자 한다.

조롱과 모욕의 뜻이 없는 건강한 유머에 분통을 터뜨릴 사람은 없다. 웃으면서 화를 낼 수야 없지 않은가? 화가 날 만한 상황에선 가벼운 농담이라도 해보자. 웃음은 공격적인 사람을 '김빠지게' 하는 효과가 있다. 한번 상상해보라. 다툼이 벌어질 만한 상황을 상정하고 유머가 있는 말을 해보자. 이때 조롱하거나 모욕한다는 느낌을 주면 안 된다. 웃음거리가 되고 싶어 하는 사람은 아무도 없기 때문이다. 요컨대 화가 나는 상황에서 웃을 수 있는 여유가 필요하다.

공감 능력 키우기

사람들은 화가 나면 대개 상대방을 비난하고 자기 뜻을 강요하고 자신의 감정만 신경 쓴다. 상대방도 나름의 목적과 감정, 그리고 생각이 있다는 사실을 쉽게 잊는다. 상대방의 목적과 생각, 감정이 더 중요하다는 말이 아니라, 똑같이 중요하다는 얘기다. 상대방의 존재를 잊으면 안 된다. 사이가 더 나빠질 수 있기 때문이다. 만약 당신이 누군가에게 화가 났다면 다음 사항을 주의 깊게 살펴보아야 한다.

① 상대방의 목적은 무엇일까? 통제인가, 복수인가, 승리인가, 아니면

자기 권리 보호인가?

② 그는 무슨 생각을 하고 있는가? 부당한 대우를 받았다고 생각하는
걸까? 아니면 당신이 그를 통제하거나 복수하려 든다고 생각하는
가?

③ 그가 과거에 받은 상처가 현재 그가 느끼는 분노에 영향을 끼쳤는
가? 구체적으로 어떤 상처가 그 원인일까?

④ 어떤 조건이 그의 행동에 영향을 미쳤는가? 다른 사람에게 받은
상처를 당신에게 해소하고 있지는 않은가? 진짜 분노의 대상은 따
로 있지 않은가? 그는 자신의 분노를 정중하게 표현하는 법을 모
르고 있는가? 혹시 건강에 문제가 있지는 않은가? 무언가를 두려
워하고 있지는 않은가?

해리는 신용카드를 잃어버린 사실을 뒤늦게 알았다. 처음엔 어딘가에 카드를
빠뜨렸을지 모른다고 걱정했다. 명세서를 살펴보니, 며칠 전 단골 컴퓨터 매
장에서 마지막으로 사용했음을 알았다. 그는 조금씩 부아가 치밀기 시작했
다. 매장 주인은 해리와 알고 지내는 사이였다. 전화를 안 한 이유가 뭘까? 해
리는 주인에게 전화를 걸었다.

"조지, 나 해리일세. 혹시 내 신용카드 거기 있어?"

"여기 있어, 해리. 자네가 지난 목요일에 놓고 갔지. 그래서 난…."

해리는 성난 목소리로 조지의 말을 끊었다.

"전화하지 그랬어. 걱정돼서 혼났잖아. 엉뚱한 곳에서 잃어버린 줄 알았다
고."

"전화했어. 자네가 받지 않아서 그냥 메시지만 남겼네."

"허튼소리 하지 마! 전화기 녹음기는 늘 켜놓고 있지만 아무 메시지도 없었어."

"이봐 해리, 맹세코 메시지를 남겼네. 마샤한테 물어보게. 내가 전화할 때 이곳에 있었으니까. 혹시 녹음기가 고장 난 게 아닐까?"

"녹음기는 아무 문제 없네."

해리는 조지의 말을 못 믿겠다며 계속 화를 내고 고함을 쳤다. 전화를 끊은 뒤 그는 조지의 말이 맞는지 확인하려고 녹음기를 살펴보았다. 그 결과는? 고장 나 있었다. 해리는 당황하고 죄책감마저 느꼈다. 컴퓨터 매장으로 차를 몰면서 해리는 조지에게 어떻게 사과해야 할지 생각했다.

화를 내기 전에 역지사지! │ 이 이야기의 교훈은 '화내기 전에 미리 확인하라'이다. 상대방의 관점에서 생각해보면 우리는 상대의 심정을 이해할 수 있다. 역지사지, 인지상정의 정신으로 생각해보면 좋겠다. 그의 심정을 이해하면 화가 났던 마음도 가라앉고, 갈등을 해결하기 위해 조용히 대화하려는 마음가짐도 가지게 된다.

그런데 지나친 이해심을 보일 필요는 없다. 상대가 일부러 해를 끼쳤다거나 부주의해서 일을 그르쳤다면 얘기가 달라진다. 이 경우엔 화를 내는 편이 오히려 당연하다. 부당한 대우를 받았을 경우엔 상대의 적대적인 태도에 맞서기 위해서라도 화를 내야 한다. 하지만 이때에도 최소한의 예의는 지킬 필요가 있다. 일방적으로 매도하고 비난하기보다 철저히 사실에 근거하여 핵심만을 지적해야 한다.

"저에게 고함친 일은 참을 수 없습니다! 이 문제를 조용히 얘기하고 싶다면 기꺼이 응하겠습니다. 그렇지 않다면 더 이상 의논할 필요가 없습니다."

이제 최근에 화를 냈던 사람들, 예를 들어 친구나 연인, 혹은 낯선 사람에 대해 생각해보라. 위에서 설명한 여러 질문을 던져보고, 그의 심정을 이해하려고 노력해보기를 권한다.

신체 언어 조율하기

신체 언어에는 2종류가 있다. 스스로에게 어떤 신호를 보내는 경우와 다른 사람에게 간접적으로 의사를 전하는 경우다.

분노가 치밀기 전에 자신의 신체에 어떤 변화가 일어나는지 생각해보자. 몸이 긴장하는가? 속이 메스껍고 구토가 나는가? 호흡이 가빠지고 몸에서 열이 나는가? 얼굴에 경련이 일어나는가? 이런 생리 현상은 모두 분노하기 직전의 심리 상태를 나타낸다. 자신이 화를 내기 직전에 어떤 신체 변화를 보이는지 잘 모르는 사람은 가까운 친구에게 물어보는 것도 좋다. 이미 41쪽에서 〈오늘의 감정 수업 2: 나의 감정 표현법 체크하기〉를 했다면 알고 있을 것이다.

화를 내기 시작하는 표시가 무엇인지 알게 되면, 앞에서 설명한 자기 대화를 통해 분노를 참을 수 있다. 가령, 몸이 긴장 상태임을 느끼면 긴장을 풀고 심호흡을 하면서 마음을 안정시킬 수 있다.

이 밖에 분노를 느낄 때는 얼굴 표정이나 몸짓, 어조 등도 변하는데, 이것도 신체 언어라 할 수 있다. 이 역시 가까운 친구에게 물어보면 더 정확하게 알 수 있다.

- 눈썹을 추켜올린다 · 목소리가 커진다 · 팔짱을 낀다 · 중얼거린다
- 입술을 깨문다 · 목소리가 거칠어진다 · 상대방을 향해 손가락질한다
- 눈을 가늘게 뜨거나 크게 뜬다 · 딱딱한 자세를 취한다
- 강압적인 태도로 상대방의 코앞까지 다가간다

자신의 신체 언어가 무엇을 의미하는지 안다면, 이를 바꿀 수도 있다. 예를 들어, 얼굴 근육이 굳어진다는 느낌이 들면 침착하게 긴장을 풀면 된다. 신체 언어를 바꾸고 동시에 적절한 자기 대화를 하면 흥분하기 쉬운 분위기에서도 침착함을 유지할 수 있다.

사람에 따라 똑같은 신체 언어라도 다른 의미를 가질 수 있으며, 언제나 복합적으로 작용한다. 예를 들어 팔짱을 낀 자세는 대부분의 사람들에게 방어적인 태도를 의미하지만, 단순히 긴장을 풀고 편히 쉬는 상태를 뜻할 수도 있다. 어떤 사람이 팔짱을 낀 자세로 분노의 뜻이 담긴 다른 신체 언어를 표시한다면, 팔짱을 낀 자세는 화날 때의 신체 언어라고 생각해도 무방하다. 다른 사람의 감정을 알아채려면 표정과 몸짓 등 여러 개의 신체 언어를 복합적으로 살펴야 한다. 문화적 차이 역시 고려해야 한다.

과거의 망령 없애기

사람들은 종종 과거에 만난 다른 사람을 연상시킨다는 이유로 죄 없는 사람에게 화를 내기도 한다. 몸짓, 표정, 어조, 말투나 성격 등이 과거

에 자신에게 상처를 입힌 사람을 닮았다는 이유에서다. 지금 자신이 화를 내고 있는 대상을 생각해보라. 혹시 과거에 당신을 괴롭힌 사람을 닮지 않았는가? 어떤 특징이 당신을 화나게 했는가?

그러나 지금 당신을 화나게 하는 사람은 옛날의 그 사람이 아니다. 행동거지나 성격이 비슷한 사람들이 종종 보이지만, 모든 사람은 각기 고유한 존재이다. 화가 나서 눈썹을 추켜올리는 사람도 있지만, 어떤 사람은 그저 놀랐기 때문에 눈썹을 추켜올린다. 모든 사람을 개별적인 인격으로 받아들이는 것이 중요하다.

화났을 때 해야 할 일이나 말 정해두기

마음속에 분노가 치밀어오를 때는 어떻게 말하고 행동할지 미리 내용을 정하고, 필요할 때 참고할 수 있도록 수첩에 적어놓으면 좋다. 화가 나면 물을 한 잔 마셔서 가슴을 진정시킨다든가, 주먹을 쥐었다가 쫙 펴서 긴장을 푸는 등 다양한 방법이 있다.

오늘의 감정 수업 9

화내지 않는 연습 실천해보기

지금까지 분노를 다스리는 방법에 대해 공부했다. 자기 대화와 자기 모습 그리기, 유머감각 활용하기, 공감 능력 키우기, 신체 언어 조율하기, 과거의 망령 없애기, 화났을 때 해야 할 일이나 말 정해두기까지.

1. 이 중에서 지금 당장 실행할 수 있는 방법은 무엇인가? 그 이유는?

....

....

2. 가장 어렵다고 생각이 드는 방법은 무엇인가? 그 이유는?

....

....

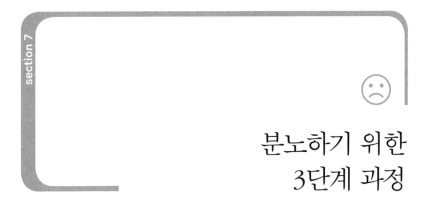

분노하기 위한
3단계 과정

아래에서 설명하는 3단계 과정은 화를 낼지 내지 않을지, 화를 낸다면 어떻게 할지, 그리고 화를 내지 않으면 어떻게 그 상황에 대응할지 결정하는 데 도움이 된다.

1단계 - 상황 판단

이 단계에서는 화를 낼 것인가, 참을 것인가 결정한다.

화를 내면 상황이나 상대방을 변화시킬 수 있는가? | 앞에서도 간략히 언급했지만, '화를 낼 만한 일인가? 그럴 만한 가치가 있는가?'를 판단해야 한다. 화를 내면 그 상황, 혹은 상대방을 변화시킬 수 있을까?

이에 대한 대답은 매우 중요하다. 어떻게 대답하느냐에 따라 행동이 달라지기 때문이다. 통제하지 못하거나 이미 오래전에 발생한 사건에 대해서는 화를 낼 가치가 없다. 가령 난폭 운전이나 은행에 사람들이 길게 늘어선 모습처럼 통제할 수 없는 상황에 대해 화를 낸다면, 단지 혈압이 오르고 심장 박동이 빨라질 뿐이다. 이 경우에는 화를 내지 않는 것이 나 자신을 위해 좋다.

아들러는 인간이 바꿀 수 없는 2가지가 있다고 했다. 그것은 타인과 과거다. 과거란 오래전에 벌어진 일을 의미할 수도, 불과 몇 분 전에 벌어진 일을 뜻할 수도 있다. 언제 그 일이 일어났든, 과거에 벌어진 일에 대해서 지금 할 수 있는 일은 없다. 어렸을 때 어머니에게 구박을 심하게 받았다고 해서 지금 어떻게 할 것인가? 이미 끝난 일이다. 물론 아직도 그런 일이 벌어지면 뭔가 조치를 취해야 한다. 어머니와의 접촉을 최소한으로 줄이거나, 내가 어떤 기분을 느끼는지 어머니에게 전달할 필요가 있다.

하지만 때때로 사람들은 과거에 있었던 일 때문에 자신이 얼마나 화가 났었는지 제3자에게 너무나도 말하고 싶어 한다. 돌이킬 수 없는 상황에 시간과 정력을 낭비할 필요가 있을까? 과거의 상처를 새삼 떠올린다면, 상처와 분노만 커질 뿐이다. 과거의 상처는 잊는 것이 좋다. 물론 쉽지는 않겠지만 나 자신을 위해서는 그 편이 훨씬 좋다.

과거의 상처를 곱씹는 당신에게 좋은 질문 | 과거의 상처를 아직도 곱씹고 있는 사람이라면, 다음과 같은 질문을 던져보라.

"내가 이런 생각에 사로잡힌 목적은 무엇인가?"

대개는 복수가 목적일 것이다.

"이런 생각은 내게 도움이 되는가?"

물론 도움이 되지 않는다. 아무것도 바꿀 수 없기 때문이다. 그렇다면 억지로라도 과거에 대한 집착을 버리고, 뭔가 다른 일에 집중해야 한다.

과거에 대한 생각을 해도 괜찮은 경우가 있기는 하다. 현재에 도움이 되는 경우다. 하지만 여기엔 위험이 뒤따르기 때문에, 이를 감수할 만한 가치가 있는지 생각해봐야 한다.

화를 낼 만한 일과 그렇지 않은 일 구별하기 | 분노를 자극하는 상황에서 화를 낼지 말지를 판단하는 연습을 할 차례다. 아래에 분노를 일으키는 상황이나 사람들을 적어보자. 다 적었으면 다시 읽어보고, '화낼 만한 일' 중에서 '화낼 가치가 없는 일'로 옮겨 적어야 하는 항목이 없는지 확인해보자.

화낼 만한 일	화낼 가치가 없는 일

2단계 - 결정

어떤 방법으로 화를 낼 것인가?

다시 한 번 목록을 살펴보자. '화낼 만한 일' 중에 사례 하나를 골라 어떤 방법으로 분노를 표현할지 생각해보자. 태브리스가 지적했듯이 상대에게 직접 표현해야 효과적이며 그에게 통하는 방식을 택해야 한다. 또한 파트 9에서 배우게 될 'I-메시지'도 큰 도움이 되리라 믿는다.

이제 '화낼 가치가 없는 일'을 살펴보자. 분노의 감정을 어떻게 없앨 것인가? 자기 대화를 시도할 것인가, 유머감각을 활용할 것인가? 앞에서 공부한 '화내지 않는 연습' 중 하나를 선택해서 이 상황들에 적용해보자. 당신의 감정과 마음을 넘어 삶 전반에 큰 도움이 될 것이다.

3단계 - 결과에 대한 예측

화를 낸 후 어떤 일이 벌어질 것인가?

이는 2단계의 확장 단계이다. 선택할 때는 언제나 행동의 결과에 대한 예측을 토대로 판단해야 한다. 앞서 적어둔 '화낼 만한 일' 중 사례 하나를 고른 후, 이렇게 물어보자.

① 상대방은 어떻게 반응할까?
② 내가 바라던 일이 이루어질까?

긍정적인 결과가 예상되면 분노를 표현해서 해결책을 찾는다. 반면 아무것도 바뀌지 않는다는 판단이 서면, 쓸데없이 정력을 낭비하지 않기를 권한다. 건강마저 해칠 수 있다.

오랫동안 습관적으로 분노를 표출해온 사람이라면 이 일을 해결하는 데 분노가 도움이 되지 않는다는 사실을 인정하기 어려울 것이고, '분노보다 더 강력한 조치'가 있을 수도 있다는 사실을 깨닫는 데까지 시간이 걸릴 것이다.

가령, 세금 정책에 불만이 있어서 지역구 의원에게 편지를 보냈지만 아무 조치도 취해지지 않았다고 치자. 당신은 더 화를 낼 필요가 없고 다음 선거일에 투표를 통해 의견을 제시하면 된다. 배우자와 문제가 있는 경우, 아무리 노력해도 아무것도 바꿀 수 없다는 생각이 들면 가정문제 상담소의 문을 두드리는 게 현명할 것이다.

☹

화를 내지 않고
아이를 가르치는 법

부모가 감정을 쉽게 드러내면 교육은 성공하기 어렵다. 아이들의 버릇을 고치기 위해 화를 내는 부모들이 있는데, 이런 부모 밑에서 성장한 아이들은 부모가 화난 모습을 보일 때만 마지못해 말을 듣거나 오히려 반항적인 태도를 취한다. 부모가 자주 화를 내면, 아이는 자기가 무슨 잘못을 해서 부모가 화를 낸다고 생각하는 대신 자기가 원래 '못된' 아이라고 생각하게 된다.

'자연적이고 논리적인 결과 체계(Natural and logical consequence system)'라고 불리는 대안적인 방법이 있다. 화를 내며 꾸짖거나 아이를 상으로 유인하면서 가르치는 방법보다 훨씬 효과적이다. 추운 날 외투를 입지 않는 아이들은 감기에 걸리기 쉽다. 아침 먹기를 거부하는 아이들은 점심시간 전에 배가 고프다. 이는 자연스러운 현상이다. 부모들은 여기에 개입할 필요가 없다. 단지 아이들 스스로 자연스러운 결과에 책임 질 수 있도록 가르치면 된다.

물론 자연적이고 논리적인 결과 체계에만 의존하면 매우 위험한 결과가 초래될 수 있다. 대부분의 사회 환경은 자연적인 결과를 낳지 않는다. 따라서 부모들은 아이들이 자기 행동에 책임감을 느끼도록 논리적인 결과 체계를 직접 마련할 필요가 있다. 논리적인 결과란 사회의 질서, 즉 우리가 이 세상에서 조화롭게 살아가기 위해 지켜야 하는 규칙을 위반했을 때 필연적으로 뒤따르는 결과를 말한다. 가령, 한 달 용돈을 하루 만에 다 써버린 아이는 다음 용돈 타는 날까지 한 푼도 없이 지내야 한다. 집에 늦게 들어오면 다음 날은 외출이 금지된다. 차를 몰고 나갔다가 기름을 다 쓰고 들어오면 운전을 허락하지 않는다. 부모들은 이런 식으로 논리적인 결과 체계를 마련할 수 있다. 아이들은 부모가 정한 한계 내에서 자유롭게 선택할 수 있다. 이 방법을 활용하면, 아이들은 같은 잘못을 반복해서 범하지 않는다.

이 방법은 아이들로 하여금 스스로 결정한 사항에 책임을 지도록 가르치는 효과도 있다. 아이들은 부모가 화를 내며 잔소리를 하고 고함을 지르면서 꾸중할 때보다, 스스로 나쁜 결정을 한 대가가 무엇인지 경험할 때 더 많은 교훈을 얻는다. 아이들은 반항보다 협력을 택했을 때 훨씬 긍정적인 결과가 생긴다는 사실을 깨닫게 된다. 부모의 감정에 좌우되기 쉬운 '처벌'이라는 방법과 달리, 논리적인 결과 체계는 다음과 같은 특징을 가지고 있다.

① 부모의 권위에 의존하지 않고도 사회 질서의 힘을 반영한다.

② 개별적인 행동 하나하나를 문제로 삼는다. 따라서 아이들은 행동의 논리성을 깨닫게 된다.

③ 행위와 사람을 구분한다. 아이들은 자기가 한 행동이 나쁠 뿐이지, 자기 자신이 나쁘다는 생각을 안 해도 된다.

④ 부모는 자신의 어조와 몸짓, 그리고 감정 상태를 주의 깊게 살피면서, 침착하고 단호한 태도로 설명해주는 것이 가능하다.

⑤ 과거의 경험을 염두에 두지 않고 오직 지금, 이곳에서 발생한 일에 대해서만 적용한다.

⑥ 부모와 아이가 서로를 존중할 수 있다.

⑦ 강압적인 복종이 아니라 아이의 자발적인 선택이 가능하다.

이와 같이 자연적이고 논리적인 결과 체계는 아이에게 복종을 강요하겠다는 의도가 없다. 단지 아이가 경험을 통해 스스로 배울 수 있다. 부모에게 강력히 권하고 싶은 효과적인 방법이다.

자기 자신에게
화가 나는 경우

지금까지 다른 사람에게 화가 난 경우를 주로 살펴보았다. 그러나 살다보면 나 자신에게 화가 날 때가 종종 있다. 그럴 경우 어떻게 해야 할까?

완벽주의자일수록 자신에게 화를 내는 경우가 많다. 자신만의 행동방식을 고집할 뿐 아니라 비합리적인 신념체계를 가지고 있기 때문이다. 자기의 기대치에 미치지 못할 때마다 스스로 무력하다고 자학하곤 한다.

자신에게 실망하고 화를 내는 이유가 무엇이라고 생각하는가? 대안적인 관점은 없을까? 예를 들어 같은 실수를 반복한 경우를 생각해보자. 실망하는 대신 적어도 이젠 '하지 말아야 할 일'은 알게 되었으니 다행이라고 생각할 수 있다. 타인에게만 공감할 것이 아니라 자기 자신에게 공감하는 마음이 필요함을 잊지 말았으면 좋겠다.

스스로에게 화가 났던 경험 적어보기

　누구나 한 번쯤은 자신에게 실망하고 화를 낸 적이 있을 것이다. 나에게 화가 났던 기억을 떠올려보자. 오래된 과거도, 최근의 일도 괜찮다.

1. 어떤 상황이었나?

　⟮예⟯ 회사에 지각을 했다.

....

....

2. 나 자신에게 화가 난 이유는 무엇이었나?

　⟮예⟯ 알람을 들었음에도 알람을 끄고 다시 자버렸다. 충분히 일어날 수 있었는데!

....

....

3. 대안적 관점을 적어보자.

　⟮예⟯ 그런 행동을 해서 스스로에게 실망했지만, 이 일을 교훈으로 삼자. 다시는 그런 행동을 하지 않을 것이다!

....

....

PART 4

우울,
마음의 감기

가끔씩 찾아오는 손님,
우울증

최근에 이혼한 마르타는 자신의 삶이 산산조각 났다고 생각했다. 누구와도 만날 생각을 하지 않고 아파트에 홀로 앉아 모든 일이 자기 탓이라며 우울해 했다. 친구들도 자기를 찾을 까닭이 없으며, 그들은 전남편을 편들고 있다고 믿었다. 누군가 전화를 걸어와 만나자고 해도 '한번 생색이나 내겠다는 거지' 하며 그 동기를 의심했다.

그녀는 하던 일도 힘겨워했다. 마지못해 일을 계속했지만 전화로 거절하는 고객의 목소리를 듣고만 있어야 하는 자신이 무능하게 느껴졌다. 직장 상사 는 그녀의 부진이 이상하게 생각되었다. 그녀는 최고의 실적을 올려왔기 때 문이다. 상사는 이혼을 겪은 그녀의 고통을 이해했지만 변변찮은 실적까지 계속 봐줄 수는 없었다. 마르타는 직장을 잃을 위기에 놓이게 되었고 실직의 불안에 우울감만 더해갔다.

거의 모든 사람에게 우울증은 가끔씩 찾아오는 손님과 같다. 실제로 우울증은 널리 퍼져 있는 정신건강의 한 증상이며, 방치하면 심각한 개인적·사회적 문제가 된다.

임상적인 관점에서 우울증은 2가지로 분류된다. 육체적인 병인이 있으며 약물 치료를 요하는 생물학적 우울증(biological depression)과, 감정적 요인으로 발생하는 심리적 우울증(psychological depression)이 있다. 앞으로 설명하겠지만, 증상은 약간씩 달라도 모두 심각한 감정 장애임에는 틀림없다.

너무나도 다양한 우울증의 증상

우울증의 가장 일반적인 증상은 울적하고 가라앉은 기분이다. 기운이 빠지고 낙담하고 슬퍼하며 아무런 희망도 갖지 못한다. 시간이 정지한 듯한 느낌에 사로잡히며 절망, 심리적 고통, 냉담에 시달릴 수 있다. 그들은 매우 슬퍼하고 울기까지 한다. 더러는 눈물조차 흘리지 못하는 사람도 있다. 그리고 '나는 불행하고 언제나 울적하다'라고 생각한다.

자살 충동이나 자살 시도는 우울증의 단골 메뉴이다. 감정과 행동이 극도로 불안해진다. 자신은 무능하고 무가치한 존재이고, 이 세상은 온갖 위험으로 가득 차 있으며, 따라서 삶에는 아무런 희망이 없다는 사고방식이 심각해지면 자살까지 생각하기에 이른다.

우울증이 동반하는 가장 큰 문제는, 도움을 요청하는 것조차 꺼린다는 점이다. 도움을 청하는 데 부끄러움을 느끼고, 거절당할까 봐 두려워한다. 잠시 동안이라도 우울한 기분이 지속되면, 다른 사람이 이 사실을 눈치챌까 신경을 쓰고 우울한 기분을 감추려 한다. 불행하게도 이런 태도로 인해 치유 속도가 더 느려진다.

우울증은 행동과 감정, 사고 및 신체의 생리 작용에 영향을 끼치는 몇 가지 증상을 보인다. 생물학적 우울증의 경우 외부 자극에 대한 반응 저하, 식욕 부진 및 체중 변화, 수면 장애, 섹스를 포함한 일상적 활동에 대한 흥미 상실 등의 신체적 증상을 동반한다.

심리적 우울증에 연관된 증상으로는 절망감, 자신감과 자존감의 결여, 비관적인 생각, 인식 장애, 부정적인 측면 파헤치기, 우유부단, 자살 충동 등이 있다. 슬픔과 냉담, 불안, 그리고 가끔 죄책감을 느끼는 경우도 일반적이다. 이들의 사고방식은 자기 자신과 이 세상, 그리고 타인에 대한 부정적인 관점에 지배된다.

우울증의 목적은 '책임 회피'

우울증을 치료하기 쉽지 않은 이유는 우울증에 걸린 사람에게 우울증이 실제로 유용한 점이 있기 때문이다. 즉, 우울증이 내포하는 목적 때문이다. 그것은 바로 우울증이 자기 행동에 대한 책임을 회피하는 근거가 된다는 점이다. 어떤 사람은 자신의 나약함을 내세워 다른 사람의 기대치를 낮추고, 그럼으로써 일처리에 대한 압박감을 줄이고자 한다. 그리고 다른 사람의 보호와 배려를 은근히 바라기도 한다. 나아가 실패에 대한 변명과 비판에 대한 방어수단으로 우울증을 이용하는 사람도 있다.

건강한 감정이 현실적인 상황 판단을 바탕으로 한다면, 부정적인 감정은 비현실적인 사고방식에 뿌리를 둔다. 당신은 자신이 느끼는 감정의 목적이 무엇인지 알아야 한다. 당신은 모든 감정을 느낄 권리가 있지만, 정말 그런 감정을 원하고 있는지, 그 감정을 표현하면 당신의 삶에 도움이 되는지 정확하게 판단할 필요가 있다. 당신이 놓여 있는 상황에서 최선의 결과를 얻을 수 있는 행동방식을 선택해야 한다. 만약 어떤 감정을 표현했을 때 아무것도 변화시키지 못하고 자신에게도 도움이 되지 않는다면, 당신 스스로 그 감정을 바꿔야 한다.

책임 회피는 결코 긍정적인 목적이 될 수 없다. 언제나 긍정적인 목적에 부응하는 감정을 선택하고 우울증에 맞서 싸워야 한다. 감정의 노예가 돼서는 안 된다는 걸 잊지 말기 바란다!

오늘의 감정 수업 11

우울증 자가 진단

우울증의 가장 큰 문제는, 우울증에 걸린 대부분의 사람들이 자신이 우울감을 느끼거나 우울증에 걸린 것을 인식하지 못해 마음의 병을 키운다는 것이다.

다음 페이지의 〈우울증 자가 진단〉을 통해 내 마음이 얼마나 우울한지, 우울증에 얼마나 근접해 있는지 확인해보자. 단순히 기분이 약간 저조한 시기를 겪고 있는지, 아니면 우울증에 시달리고 있는지 판단할 수 있다.

(다음 페이지에 계속)

우울증 자가 진단

다음의 항목을 잘 읽고, 해당되는 영역에 V 표시를 한다. 우울증에 걸렸는지 여부를 손쉽게 판단할 수 있다.

	전혀	가끔	자주
1. 슬프다.	——	——	——
2. 불안하다.	——	——	——
3. 예전만큼 기쁨과 만족감을 못 느낀다.	——	——	——
4. 평소보다 화를 자주 낸다.	——	——	——
5. 결정하기가 어렵다.	——	——	——
6. 일을 끝내기가 더 어려워졌다.	——	——	——
7. 수면 장애가 있다. (평소보다 수면 시간이 늘었거나 줄었다).	——	——	——
8. 평소에 비해 식욕이 줄었다.	——	——	——

* 결과

4개 이상의 항목이 '자주' 칸에 해당되는 사람, 혹은 자살 충동에 시달리는 사람은 지금 당장 의사나 심리치료사 등 정신건강 전문가의 도움을 구해야 한다.

우울증에 잘 걸리는 4가지 유형

살아가면서 가끔씩 찾아오는 손님처럼, 인간이라면 누구나 종종 또는 때때로 우울한 감정을 느끼며 살아간다. 그런데 유독 우울증에 잘 걸리는 유형의 사람들이 있다. 우울증은 반복되는 특징을 가지고 있기 때문에 자신의 유형을 알고, 자신에게 맞는 방법으로 치료를 받는 것이 중요하다. 다음에서 설명하는 우울증에 잘 걸리는 사람들의 특징을 살펴면서 당신이 혹시 이런 유형의 사람은 아닌지 돌아보길 바란다.

부정적인 사고방식의 소유자

우울증에 시달리는 사람은 자신과 자신의 삶을 부정적이고 비관적인 관점에서 바라보는 경향이 있다. 부정적인 사고방식은 실제로 우울증과 불안을 심화시킨다. 어떤 문제를 비관적으로 생각하는 사람은 계속 기분이 가라앉을 수밖에 없다. 생각과 믿음은 감정에 커다란 영향을 미치기 때문이다. 긍정적이고 현실적인 사고방식을 갖게 되면, 우울한 기분에서 벗어나고 자존감을 높일 수 있다.

앞에서 소개한 마르타의 경우 이혼을 겪은 뒤 부정적인 생각에 물들어 있다. '모든 일이 자기 탓'이고 '다른 사람들은 전남편을 편들고 있고 나에게는 그저 생색이나 낸다'라고 생각하기에 그녀는 심각한 우울증에 시달리고 의기소침해 있다. 이런 감정 상태가 일을 할 때도 그대로 이어진다면 결국 직장을 잃고 말 것이다. 그러면 '나는 패배자다'라는 생각이 더욱 굳어질 것이다.

하지만 마르타가 자신이 처한 상황을 다른 관점에서 보고자 한다면, 이혼이란 결혼과 마찬가지로 두 사람의 책임이라는 사실을 깨달을 수 있다. 예를 들어 이혼한 사람들의 모임 같은 곳에 참여하면 자신이 혼자가 아님을 알 수 있다. 사람들과 어울리기 위해서도 만나자는 친구들의 동기를 의심하지 말고 그 선의를 믿을 필요가 있다.

이렇게 해서 기분이 좀 나아지면 직장 생활 역시 순탄하게 해나갈 수 있다. 이혼하기 전에 최고의 세일즈맨이 될 수 있었던 요인이 무엇인지 기억해서 그 능력을 되찾는다면 분명 실직하는 일은 없을 것이다.

자신에 대한 기대치가 너무 높은 사람

자신에 대한 기대치가 너무 높은 사람도 감정 장애에 시달릴 수 있다. 이런 사람들은 자신의 비현실적인 기대치를 만족시키지 못해 좌절감과 우울증에 빠지는 경우가 많다. 다음은 비현실적인 기대의 일반적인 사례들이다.

① 내가 무언가를 원한다면 나는 반드시 그것을 손에 넣어야 한다.
② 내가 어떤 일에 전념한다면 나는 반드시 성공해야 한다.
③ 다른 사람들은 내가 정한 기준을 받아들여야 하고, 내가 정한 목표를 달성하기 위해 노력해야 한다. 그렇지 않다면 부당한 일이다.
④ 내가 훌륭한 업무 성과를 보인다면 상사는 당연히 내게 보상해야 한다.
⑤ 다른 사람들은 반드시 내 뜻에 따라 움직이고 생각해야 한다.
⑥ 나는 완벽해야 한다. 내가 내 기대치에 따라 살지 못한다면 나는 패배자에 불과하다.

이 글을 읽고 "난 저런 생각들이 당연하다고 생각해!"라는 사람이 있을 것이다. 만약 당신이 그러하다면, 미안하지만 당신의 생각은 비현실적인 것이니 그 생각을 접으라는 말을 하지 않을 수 없다. 내가 원하면 무엇이든 손에 넣을 수 있다는 생각은 매우 위험하다. 어떤 일에 전념을 했음에도 불구하고 때로는 실패하기도 하는 것이 인생이다. 다른 사람이 내 요구를 그대로 수용해야 한다는 생각은 폭력적이다. 당신이 완벽하지 않아도, 불완전하더라도 그 존재 자체로 의미 있고 소중함을 잊지 말아야 한다.

인생은 비현실적인 기대와는 무관하게 흘러간다. 기대치가 너무 높을수록 자신과 인생에 대해 낙담하고 실망하게 될 것이다.

타인에게 인정받으려는 욕구가 큰 사람

인간은 누구나 다른 사람에게 인정받고 싶은 욕구를 가지고 있다. 그러나 그것이 지나치게 큰 사람은 그의 욕구가 좌절되었을 때 곧잘 우울감에 빠진다. 다른 사람의 신임을 잃었을 때 견디기 어려운 고통을 느끼고 자존감과 자신감을 잃기도 한다.

그런데 타인의 인정이 그렇게 중요할까? 먼저 그렇지 않음을 분명히 밝히고 싶다. 자신감과 자기 존중은 자기 자신의 생각과 믿음에 따라 좌우된다. 당신이 다른 사람의 평가와 판단을 맹목적으로 믿지 않는다면, 그들의 인정 여부는 당신의 자아상에 별다른 영향을 미치지 못한다.

인정받지 못했다 해도 우울해할 필요는 없다. 누군가 당신을 인정하지 않으면, 이는 단지 그들의 견해일 뿐이며 어쩌면 그들의 비합리적인 믿음에서 나온 결론일 수 있다는 점을 알아야 한다. 다른 사람의 인정 여부에 흔들릴 필요는 없다.

화를 잘 내는 사람

분노와 우울증은 깊은 관련이 있다. 사람들은 보통 주변 환경과 다른 사람들 때문에 화를 낸다고 생각하지만, 이미 살펴본 대로 분노의 주된 요인은 바로 자신의 생각과 믿음에 있다. 자신의 감정은 자신이 겪은 사건에 어떤 의미를 부여하는가에 달려 있다.

분노와 우울은 서로를 강화시키는 작용을 한다. 우울할 때는 자기 뜻대로 이루어지는 일이 별로 없기 때문에 화를 내기도 쉽다. 또한 상황을 통제하거나 바꿀 수 없기 때문에 분노를 느낀다. 화가 나면 생각이 비뚤어지기 십상이며, 이런 왜곡된 생각이 분노의 감정을 격화시켜 이유 없이 다른 사람에게 적대감을 보이는 경우도 많다. 이렇게 속에 쌓인 분노는 무력감을 유발하고, 이는 다시 우울증을 심화시킨다.

앞에서 여러 차례 강조했듯이, 분노 역시 스스로 결정한 감정이라는 사실을 깨달을 때 비로소 다른 감정을 선택할 수 있다.

분노와 적대감을 느낄 때면 마음속에 어떤 생각이 있는지 깨달아야 한다. 그러고 나서 이 생각들을 좀 더 객관적으로, 덜 자극적으로 변화시켜야 한다. 상황을 긍정적인 시각으로 바라보면 분노는 자연스레 진정된다.

인간은 자신의 삶을 통제하고 싶어 한다. 가끔 대인관계, 교통문제, 날씨 등 자신의 힘으로는 어찌할 수 없는 상황이 있다는 사실조차 인정하지 않으려 한다. 하지만 다른 선택도 분명히 존재한다. 부정적인 감정에 매몰되는 대신 다른 대안을 선택하면 된다. 계속 화를 내지만 아무것도 변하지 않는다면 우울증에 걸릴 수밖에 없다. 선택은 자신에게 달려 있다.

오늘의 감정 수업 12

나는 어떤 유형의 사람인지 체크하기

우울증에 잘 걸리는 4가지 유형 중 나에게 해당되는 것이 있다면 골라보자. 딱 1개만 고를 필요는 없고, 2개 이상 골라도 무방하다. 나는 이런 사람이 아니라고 생각하면 고르지 않아도 된다. 내가 어떤 유형의 사람인지 아는 것은 우울증을 극복하는 방법을 찾는 시발점이 될 것이다.

(다음 페이지에 계속)

1. 나는 부정적 사고의 소유자다. (   )

2. 나는 자신에 대한 기대치가 높다. (   )

3. 나는 타인에게 인정받고 싶은 욕구가 많다. (   )

4. 나는 화를 잘 내는 사람이다. (   )

우울증 극복을 위한
5가지 마음가짐

앞에서 살펴봤듯이 우울증의 원인은 크게 부정적인 사고방식, 자신에 대한 높은 기대치, 타인에게 인정받고 싶은 욕구, 그리고 습관적인 분노이다. 이것들을 어떻게 조절하고 극복할 것인지 하나하나 살펴보자.

우울한 내 마음 인정하기

우울증을 극복하기 위해 가장 중요한 것은 스스로 우울증에 걸렸음을 인정하는 것이다. 삶에 대한 열정과 긍정적인 사고방식, 삶의 기쁨을 잃어버렸다면 그건 우울증에 빠졌다는 얘기다. 이런 상황을 있는 그대로 인정해야 변화의 시동을 거는 것이 가능해진다.

즉, 부정적인 사고방식들을 고쳐나가고, 자신에 대한 기대치를 낮추고, 타인에게 인정받고 싶은 마음을 내려놓고, 적당한 운동과 균형 잡힌 식사 및 휴식을 통해 신체 건강을 회복하고, 전문가의 도움을 받으면 우울증에서 벗어나는 것은 가능하다. 기분이 좀 나아지고 행동방식도 달라지면, 변할 수 있다는 희망과 용기가 생긴다. 인생의 즐거움을 다시 누릴 수 있다는 믿음과 용기야말로 우울증을 극복하는 원천이다.

이런 얘기는 모두 자신이 우울증으로 고생한다는 사실을 인정한 후에나 해당된다. 그렇지 않은 사람에겐 전혀 해당되지 않는 이야기다. 자신의 처지를 아예 인정하지 않고 아무 문제가 없는 듯 행동하는 사람들은, 다른 사람과 똑같아 보이고 싶어 하며 우울증에 걸린 내색을 전혀 하지 않는다. 그러나 속으로는 자신을 희생자로 생각하며 굉장히 우울해한다. 자기 연민이 고질이 된다. 내가 잘못한 일이라곤 전혀 없기 때문에 자신은 억울한 희생자라고 생각한다. 기분은 계속 가라앉는다.

이 상황을 극복하려면 무엇보다 자기를 희생자로 여기는 태도를 없애야 한다. 지금 당장은 쉬운 일이 아닐지도 모른다. 하지만 '내가 우울증의 희생양이다'라는 태도 대신 모든 일에 책임감을 갖고 능동적이고 적극적인 자세로 나간다면, 우울증을 떨쳐낼 수 있다. 가까운 친구에게 당신의 상황을 솔직하게 털어놓고 조언을 구하라.

몸과 마음의 변화에 주목하면 자신이 우울증에 걸렸는지 여부를 좀 더 쉽게 알 수 있다. 불안감이 엄습하거나 온몸이 무겁게 늘어진다면 우울증의 전조라고 생각해도 된다. 평소 즐기던 일에 흥미를 잃거나 집중력이 떨어지고, 무엇인가를 결단하고 결정하는 일이 어려워진다면 우울증에 걸렸음을 의심해봐야 한다. 어쩌면 '정말 끔찍해. 견딜 수가 없어. 어쩔 수 없지. 포기할 거야' 등의 부정적인 생각이 엄습할 수도 있다. 이러한 증상들이 당신에게 나타난다면 우울증에 걸렸음을 인정해야 한다. 그러면 우울증 극복을 위한 한 발짝을 뗀 것이다.

부정적인 사고방식 고치기

비관적이고 부정적인 태도야말로 우울증의 온상이다. 부정적인 사고방식은 자멸로 이끌고 가는 감정의 뿌리이며, 무력감과 열등감도 여기에서 연유한다. 이런 부정적인 생각과 우울증이 밀접한 관계가 있다는 사실은 종종 간과되어왔다.

자기 파괴적이고 비합리적인 믿음은 대개 어릴 때 학습된 것이다. 다른 사람들에게 받아들여지려면 항상 협력해야 하고 상냥한 태도를 보여야 하며 칭찬받는 행동을 해야 한다고 배워왔을 것이다. 이 중 무언가가 자기를 해치는 잘못된 믿음으로 변했을 것이다. 이를 명확히 의식하지 못하면 부정적인 사고방식을 다스리기가 힘겨워진다.

아트는 3형제 중 맏이였고, 늘 맏형 노릇을 잘하리라는 기대를 안고 자랐다. 하지만 완벽주의 성향이 있는 부모의 눈에는 언제나 부족하게만 보였다. 아트는 끊임없이 꾸지람을 들었고, 결국 자기는 무능하고 열등하다는 생각에 사로잡혔다.

아트는 스스로를 과거의 희생자라고 생각했다. 부모는 영원히 그에게 영향을 미치고 상처를 준다고 믿었다. 따라서 자신의 운명은 이미 결정되었으며, 삶을 변화시키기 위해 할 수 있는 건 아무것도 없다고 생각했다. 아트는 '나는 못난 사람이다. 남에게 이용이나 당하고, 아무짝에도 쓸모없는 존재다. 나는 패배자다!'라고 믿었다.

이런 믿음 덕분에 아트는 자신의 잠재력을 완전히 발휘할 수 없었다. 변변찮은 직업에 종사하다가도 자신의 우울증과 무능함을 드러내 직업을 바꾸기 일쑤였다.

아트가 심리치료사를 찾아갔을 때, 치료사는 스스로에 대한 잘못된 믿음으로 인해 아트가 스스로를 망치고 있다는 사실을 자각하도록 도와주었다. 아트는 그러한 잘못된 믿음은 본인이 스스로 만들어냈다는 사실을 깨달았다. 그는 이제 잘못된 믿음을 바꿀 수 있다고 생각했다. 몇 달이 지난 뒤에 아트는 자신을 긍정적으로 생각하기에 이르렀고, 새로운 직업도 얻었다. 그의 능력에 더욱 알맞은 직업이었다.

우울하다는 느낌이 들면, 혹시 부정적인 생각에 사로잡혀 있는 건 아닌지 확인해보는 것이 좋다. 그 생각이 결국 우울증에 시달리도록 한 원인이었음을 알게 될 것이다. 계속 말하지만, 생각을 바꾸면 감정도 바꿀 수 있다. 감정은 사고방식의 직접적인 결과물이다. 사람들은 어떤 사건을 실제로 겪기도 전에, 이미 머릿속에서 이에 관한 태도를 결정하고 거기에 의미를 부여한다. 인지 작용과 의미 부여가 감정에 선행한다는 얘기다. 따라서 그런 의미를 부여하도록 한 인지 방식과 믿음을 바꾼다면, 당연히 감정을 바꿀 수 있다.

육체적인 병인이 없는 우울증은 대개 부정적이고 비합리적인 사고방식에서 연유한다. 따라서 자신이 가진 어떤 사고방식과 믿음에 우울증이 도사리고 있는지 주의 깊게 살펴보아야 한다. 일단 자신의 비합리적인 믿음이 무엇인지 알게 되었다면, 그것이 당신의 행동방식을 지배하도록 방치하지 말아야 한다.

감정에 부정적인 영향과 긍정적인 영향을 미치는 대표적인 믿음은 다음과 같다.

부정적인 믿음	긍정적인 믿음
다른 사람에게 인정받지 못하면 행복하지 않다.	인정받으면 좋겠지만, 굳이 바라지는 않는다.
누가 나를 사랑할 때만 행복감을 느낀다.	누가 나를 사랑하면 행복하지만, 그것만이 행복의 유일한 조건은 아니다.
다른 사람만큼 유능하지 못하다면 나는 열등한 사람이다.	다른 사람과 나를 비교해서 내 가치를 결정할 수는 없다.
완벽한 사람이 되어야만 친구들의 호감을 살 수 있다.	진짜 친구라면 내가 실수를 해도 나를 좋아할 것이다.

부정적인 믿음에 도전하고 긍정적인 사고방식을 갖도록 노력해보자. 누구나 생각과 믿음, 그리고 감정을 선택할 수 있는 힘이 있다. 더 이상 반사적인 생각이나 감정에 끌려다니지 않아야 한다.

타인에게 인정받으려 하지 말기

앞에서도 언급했듯이, 인정 욕구가 큰 사람의 경우 인정받지 못하면 자존감이 낮아지고 상처를 받고 우울증에 빠지게 된다. 하지만 타인의 의견은 당신의 존재 가치가 아닌 행동을 평가한 것이다. 그렇기 때문에 다른 사람의 인정 여부에 크게 휘둘릴 필요 없다. 타인의 의견과 인정에 좌우된다는 것은 당신의 감정은 물론 마음과 삶의 주인 자리를 타인에게 내어주는 것과 같다.

사람이기에 잘못할 수도 있고 실수할 수도 있다. 그래서 인정받지 못할 수 있다. 하지만 실수를 몇 번 했다고 해서 자기 자신의 가치가 깎이는 법은 없으며 항상 실수만 한다고 단정할 필요도 없다. 자신의 실수와 잘못을 알고 그것을 반복하지 않으려 노력한다면 당신은 그 시점부터 변화, 발전하게 될 것이다.

다른 사람에게 인정받고자 하는 지나친 열망은 우리의 어린 시절로 거슬러 올라간다. 부모님과 선생님께 인정받는 일은 우리에게 매우 중요한 의미가 있었다. 잘못한 행동으로 인해 벌을 받거나 혼이 나면, 우리는 자신이 가치 없는 존재가 아닐까 의심했다. 하지만 이제 당신은 더 이상 어린아이가 아닌 어른이다. 감정을 선택하는 힘을 가지고 있으며, 자신의 가치를 스스로 결정할 수 있음을 다시 한 번 기억했으면 좋겠다.

자신에 대한 기대치 낮추기

자신이 불완전하다는 것을 받아들일 용기가 필요하다. 자신에 대한 기대치를 현실적으로 낮추되, 긍정적인 눈으로 자신을 살피는 자세를 갖춰야 한다. 또한 일이 내 뜻대로 흘러가지 않아도 '주변인과 상황이 완벽해야 하는 나를 일부러 망가뜨리는' 것이 전혀 아님을 알아차려야 한다. '우울한 잿빛 안경'을 지금 당장 벗어던지고, 적극적으로 대안을 찾는 긍정적이고 현실적인 자세를 갖추자.

마티는 억울하다. 직장에서 상사에게 잘 보이고 승진에 도움이 될 만한 일은 무엇이든 열심히 했다. 하지만 아무 소용이 없었다. 그는 억울함을 느꼈다. 아내인 샤론 역시 부당하긴 마찬가지다. 마티는 샤론의 비위를 맞추기 위해 꽤 노력했다고 생각했지만, 아내는 이런 노력을 전혀 인정하지 않고 그가 좋아하는 활동에 함께하기를 거절하곤 했다. 게다가 딸 콜린은 오랫동안 갖은 고생을 다해서 대학에 보냈더니 전혀 고마워하는 기색이 없다. 대학에 들어가자 콜린은 용돈이나 바라고 말문도 닫은 채 친구들과 어울려 돌아다닐 뿐이다. 참으로 불공평한 인생이다.

마티에게 불평거리가 많다는 사실에는 의문의 여지가 없다. 문제는 이렇게 불평한다고 해서 상황이 호전되지는 않는다는 점이다. 억울하다는 생각에 사로잡혀 있으면 기분만 나빠진다.

일단 마티는 문제 발생의 원인이 자신에게 있음을 깨달을 필요가 있다. 첫째, 아무 보람 없이 죽을힘을 다해 상사의 비위를 맞추려고 노력한 이는 다름 아닌 그 자신이다. 둘째, 그는 쓸데없이 샤론과 주도권 다툼을 벌였다. 셋째, 그는 딸에게 이용당하기를 자청한 셈이었다.

우선 마티는 직장 문제에 다른 방식으로 접근할 수 있다. 가령, 상사에게 아무리 잘 보여도 소용이 없다면 그렇게 자기를 닦달할 필요는 없다. 상사에 대한 기대는 모두 접고 오직 자신의 개인적인 만족을 위해 열심히 일하겠다고 다짐할 수도 있으며 자신의 재능을 십분 발휘할 수 있는 다른 직업을 찾아볼 수도 있다.

집에서도 자기가 좋아하는 일에 흥미를 보이지 않는다고 불평하는 대신, 샤론의 주장에 귀를 기울이고 조금씩 양보하는 자세를 보일 수 있다.

두 사람이 적절한 타협점을 마련하지 못한다면, 각자 좋아하는 활동을 따로 하기로 결정하는 수밖에 도리가 없다. 딸에게는 자기의 기분이 어떤지를 말해줄 필요가 있는데, 이때 비난하는 태도를 보이면 안 되고 단지 딸이 자기를 이용하고 무시한다는 느낌이 들어 상처를 받았다는 사실을 알려주면 된다. 어쩌면 콜린에게도 아버지와 어울리기 싫었던 이유가 있을 수 있고, 그렇다면 이런 점을 함께 터놓고 얘기할 수 있을 것이다.

강박적인 의무감 벗어던지기

'반드시 ~해야 한다'라는 의무감에 기초한 사고방식은 자신을 망칠 수 있다. 의무 사항을 선택한 사람은 바로 우리 자신이며, 그것을 그대로 따라야 할 필요는 없다. 의무감에 강박적으로 매달리면 건강과 행복을 잃을 수 있기 때문이다. 요컨대, 자신을 의무감의 굴레에 묶을 필요는 없다.

우울증 극복을 위한
일상의 노력

우울증을 극복하기 위해서는 마음가짐을 바꿔야 한다. 하지만 이는 생각보다 쉽지 않은 일이다. 이제부터 부정적인 마음가짐을 버리고, 긍정적인 마음가짐으로 우울증을 극복하는 데 도움이 되는 실천적인 방법들을 소개하겠다.

불행한 기분과 싸우기 위한 기본 원칙

심리학자 엘리스는 불행한 감정에 맞서 싸우는 데 도움이 되는 몇 가지 기본 원칙을 제시했다. 마음에 깊이 새기길 바란다.

① 혼란스러운 생각과 감정은 내가 직접 만들어낸 것이므로 내 힘으

로 바꿀 수 있다.

② 나를 짓누르고 불행하게 만드는 믿음과 의무감은 비합리적이다.

③ 내가 불행한 이유는 과거의 경험이 아니라 그 경험에 대한 나의 해석 때문이다. 비합리적인 믿음이 불행한 과거를 만들어낸다. 이런 믿음을 없애지 못하면 나는 계속 불행할 수밖에 없다.

④ 나의 비합리적인 믿음을 이해하고자 노력할 때는 불안이나 우울증 같은 감정 장애가 없는지 주의 깊게 살펴야 한다. 감정 장애가 있다면, 그 장애를 낳는 사고방식을 없애기 위해 능동적으로 나서야 한다.

⑤ 내가 어떻게 감정 장애에 이르게 되는지 알았다면, 곧 나의 사고방식과 감정을 바꾸도록 노력해야 한다. 자신의 부정적인 생각이 무엇인지 아는 정도로는 충분치 않다. 확고한 실천만이 부정적인 생각을 바꿀 수 있다.

우울증 극복을 위한 3단계 실천방법

심리학자 게리 에머리(Gary Emery)는 생각을 바꾸기가 쉽지는 않지만 비교적 간단한 일이라고 지적한다. 그는 '자기를 해치는 생각이 무엇인지 자각한 후, 이를 좀 더 현실적인 생각으로 바꾸고, 새로운 생각에 따라 행동할 것'을 제안했다. 이것을 우울증에 대입하면 우울증 극복 3단계 실천법으로 활용할 수 있다. 자세히 알아보자.

1단계-자각 | 당신의 감정과 생각을 오해하거나 무시하지 말고 정확히

인식한다. 우울은 물론 슬픔이나 권태 등 모든 종류의 감정 변화를 민감하게 인식한다. 지금 당신의 마음속에서 일어나는 변화에 집중하라. 이것들은 당신의 생각을 알 수 있는 단서이다. 자기의 감정을 자꾸 말하다 보면, 그 감정을 정확히 인식할 수 있다.

2단계 – 현실적인 생각 | 일단 당신이 부정적인 생각에 빠져 있음을 알게 되면, 좀 더 현실적인 생각으로 이를 대체할 수 있다. '포기하겠다'거나 '참을 수 없는 일이다' 대신 '쉽지 않은 일이지만 최선을 다해 노력하겠다'라고 말하는 것이다. 어떤 상황이든 다양한 관점으로 해석할 수 있지만 더 현실적인 관점이 있음을 잊지 마라. 상황에 적극적으로 대처할 수 있는 방법을 찾아라. '이렇게만 생각하라는 법이 있을까?'라고 왜곡된 생각에 의문을 제기하기 시작하면, 부정적인 상황을 헤쳐나갈 수 있는 길이 열린다. 모든 가능성을 열어두고, 어떤 방법이 가장 효과적인지 스스로에게 물어봐야 한다.

부정적인 생각을 떨쳐내기 위해 스스로에게 던질 유용한 질문들 중 특히 중요한 몇 가지 질문들을 소개한다.

① 나는 사실과 생각(관점)을 혼동하고 있는가?
② 모든 상황이 똑같다고 가정하는가?
③ 내 능력을 과소평가하지는 않는가?
④ 나는 무엇을 원하는가?
⑤ 우울하지 않다면 나는 이 상황을 어떻게 볼 것인가?
⑥ '내 과거를 되돌릴 방법이 없을까?'와 같이 해답이 없는 문제에 계

속 골몰하고 있지는 않은가?

⑦ 1주일, 1년, 혹은 10년간 이 상태가 지속되면 어떻게 되겠는가?

이 밖에도 '내가 스스로 우울증을 자초하는 면은 없는가? 스스로 슬픔에 겨운 소리를 하고 있는 것은 아닌가?'라고 자문해본다. 이런 질문에 관해 곰곰이 생각해보고 노트에 적어보면, 잘못된 생각을 고쳐나갈 수 있을 것이다.

3단계 – 행동 | 부정적인 생각을 바꾸는 마지막 단계는 실천이다. 생각만 바꾸는 것은 부정적인 생각을 극복하는 데 별 도움이 되지 않는다. 이젠 다르게 행동해야 한다. 지금까지 자신을 패배자로 생각했다면, 이제 적극적인 행동에 나설 때다.

우선 예전에 성공적으로 수행했던 일이 무엇인지 생각하고, 바로 그 일을 다시 시작하는 것이 첫걸음이다. 신나고 기운 나는 일, 잘 해낼 수 있다고 확신하는 일을 꾸준하게 실행하는 것만으로도 긍정적인 사고방식을 갖는 데 큰 도움이 된다. 나보다 심각한 문제를 안고 있는 사람에게 도움을 주는 것도 좋다. 삶이 행복하고 만족스러웠던 시기를 기억하고 마음속에 그려보는 것도 좋은 방법이다.

마음이 평온하고 긍정적인 자세를 가진 '척'을 해보라. 이는 '역할 연기'와도 같은 것으로, 현재 마음이 그렇지 않더라도 이 세상과 자신을 긍정적인 관점에서 보려고 노력하는 것이다. 어떤 역할을 오랫동안 연기하면, 자신을 그 역할과 동일시하게 된다. 긍정적인 사람의 '역할'을 맡아 연기해보라. 결국 사고방식 자체가 바뀐다.

몸을 움직이기

이는 복잡하면서도 간단한 일이다. 단지 침대에서 빠져나와 약간의 음식을 먹고 다시 침대에 들어가는 것만큼 간단한 일이다. 쉽게 말해서 무기력을 걷어내고 움직이란 뜻이다. 자전거 타기나 산책 등 예전에 즐기던 운동을 다시 시작하라. 활동적인 삶에 한 발짝 한 발짝 다가서는 것이다. 조금씩 운동량을 늘린다면, 기존의 부정적인 생각과 두려움은 눈 녹듯 사라진다. 사소해 보이지만 즉각적인 효과를 누릴 수 있다. 자신에 대한 믿음이 생기고 스스로 변하는 계기가 마련된다. 움츠린 태도와 자멸적인 행동은 더 이상 족쇄가 되지 못한다.

주변의 도움받기

현명하면서도 친절한 친구에게 감정을 솔직하게 털어놓고 조언을 구해보자. 물론 전문가와 함께 해결책을 찾아보면 더욱 좋다.

우울증은 신체적인 문제로 발생하기도 한다. 앞에서 설명한 여러 방법을 동원했음에도 우울증이 지속된다면, 우울증의 원인이 다른 데 있는 건 아닌지 진찰을 받는 것이 좋다. 전문의에게 건강진단을 받아보라. 초기에 육체적 병인을 발견할 수 있다면 상당한 도움이 된다. 우울증은 생리 작용의 불균형이나 두뇌 신경세포의 이상에서 연유할 수도 있다. 이 경우는 약물 치료가 상당한 도움이 되지만, 역시 완전 치유는 사고방식과 목적, 그리고 행동을 바꿔야 가능하다.

분노 조절하기

분노와 우울증은 밀접한 관련이 있음을 앞에서 배웠다. 분노는 우울증을 심화시키고, 심화된 우울증은 다시 분노를 불러일으키기 때문이다.

파트 3의 99쪽, 〈화내지 않는 연습〉을 참고한다. 자기 모습 그리기와 긍정적인 자기 대화는 우울증을 불러오는 비합리적인 분노를 조절할 수 있도록 도와준다. 그 외에도 유머감각 활용하기, 공감 능력 키우기, 신체 언어 조율하기, 과거의 망령 없애기, 화났을 때 해야 할 일이나 말 정해두기까지 많은 것들을 할 수 있다.

화를 내고 있는 사람은 화를 내서 얻고자 하는 것이 무엇인지 알 필요가 있다. 대개 다른 사람이나 살아가며 겪는 여러 사건 때문에 화를 낸다고 생각하지만, 사실 화는 스스로 만드는 감정임을 알아야 한다. 혹은 완벽하지 못했고 통제력을 잃었다는 이유로 화를 낸다. 하지만 완벽함과 통제력에 대한 욕구를 포기하고 좀 더 폭넓은 시야로 자신과 타인을 보면 분노의 감정을 줄일 수 있을 것이다.

오늘의 감정 수업 13

우울증을 극복하는 방법 골라보기

우울증 극복을 위한 여러 가지 방법에 대해 배웠다. 하지만 이 모든 방법을 한꺼번에 해볼 수는 없는 노릇이다. 다음 중 내게 잘 맞거나, 당장 할 수 있거나, 필요하다고 판단되는 방법은 무엇인지 골라보자. 딱 1개만 고를 필요는 없고, 2개 이상 골라도 무방하다.

1. 우울한 내 마음 인정하기 (   )

2. 부정적인 사고방식 고치기 (   )

3. 타인에게 인정받으려 하지 말기 (   )

4. 자신에 대한 높은 기대치 낮추기 (   )

5. 강박적인 의무감 벗어던지기 (   )

6. 몸을 움직이기 (   )

7. 주변의 도움받기 (   )

8. 분노 조절하기 (   )

PART 5

죄책감,
완벽주의의 그림자

후회·자책보다
더 고약한 죄책감

팸은 성미가 급하다. 7살 난 아들 프랭크가 조금 거슬리는 짓을 하면 아들에게 고함을 치곤 한다. 그녀는 곧 죄책감을 느끼고, "화를 내지 말아야 했어. 참을성이 있어야 좋은 엄마인데. 나는 엄마 노릇 하나 제대로 못하는구나!"라고 되뇌며 자기를 비난한다. 그러고는 아들에게 용서를 구한다.

"프랭크, 엄마가 소리 질러서 미안해. 가끔 엄마가 제정신이 아니야."

사과를 한 뒤에는 팸의 기분이 좀 나아진다. 하지만 죄책감을 느끼고 사과를 해도 자기의 태도를 바꿀 생각은 하지 않는다. 팸은 얼마 안 가 또다시 프랭크에게 고함을 치고 용서 구하기를 반복한다.

후회와 자책은 잘못을 저지르거나 다른 사람에게 해를 끼쳤을 때 느끼는 감정이다. 이런 감정을 느낀 사람은 자기의 행실을 바꾸겠다고 결심하는 경우가 많다. 하지만 죄책감은 후회와 자책보다 심각한 감정이다. 심리학자 월터 오코넬(Walter O'Connell)과 엘리자베스 후커(Elizabeth Hooker)는 죄책감에 대해 다음과 같이 말한다.

"죄책감은 인간에 대한 가치평가와 행동에 대한 가치평가를 혼동하는데서 오는 감정이다. 인간은 단순히 그 행동으로만 평가될 수 없다. 모든 인간은 그의 행동 이상의 가치를 가진다."

이들의 설명에 따르면, 죄책감은 우리가 한 행동에 대해 느끼는 불편한 감정이 문제가 아니라, 자기가 저지른 행위 때문에 스스로를 '못난' 사람이라고 단정하는 태도의 문제이다.

팸은 아들에게 고함을 친다. 그런 후 반사적으로 죄책감을 느끼는데, 자신의 행동이 잘못되어서가 아니라 자신을 '나쁜' 엄마라고 생각하기 때문이다. 팸의 사례는 많은 사람들에게 해당되는 얘기다. 약간 부적절한 행동을 했다는 이유로 자신을 나쁜 사람으로 단정짓고 죄책감을 느낀 경험이 있을 것이다.

그런데 팸의 예화에서 보듯, 죄책감을 느낀 사람은 자기의 행동을 바꾸는 대신, 원치 않는 감정을 느끼고 괴로워할 뿐이다. 실제로 죄책감은 잘못된 행동과 습관을 바꾸지 않는 스스로에게 부여하는 면죄부의 성격이 짙다. 가령, 당신이 노숙자들에게 연민과 죄책감을 느낀다면 그건 단지 당신에겐 직업이 있고 비바람을 막아주는 집에서 살고 있다는 이유에서다. 그들에게 실질적인 도움을 주는 대신, 연민과 죄책감을 느낌으로써 할 일을 다 했다고 생각하는 것이다.

죄책감이 특정한 행동으로 이어질 때도 있다. 그런데 이 행동은 본인 마음을 좀 더 편하게 하는 데 목적이 있고 실제로 효과적인 반면, 자신이 잘못을 범한 상대방에게는 아무런 보탬도 되지 않을 가능성이 크다. 만약 팸이 화를 낸 보상으로 프랭크에게 장난감을 사주거나 늦게까지 자지 않아도 좋다는 말을 했다면 어땠을까? 아이에게 엄마의 죄책감을 유리하게 이용하는 법을 가르친 셈이 될 것이다. 프랭크에겐 허술한 교육이고, 팸에게는 딱한 해결책이다.

죄책감에 숨어 있는
다양한 목적들

모든 감정에는 목적이 있다고 이미 말한 바 있다. 복습 차원에서 중요한 감정인 분노의 목적을 다시 정리해보자. 우리는 타인이나 상황을 통제할 때, 경기에서 승리의 열정을 고취할 때, 상대에게 복수하고 싶을 때, 권리를 보호하고 싶을 때 분노라는 감정을 사용한다.

그렇다면 죄책감에 내포된 진짜 목적은 무엇일까? 죄책감은 그 어떤 감정보다 더 많은 목적을 가지고 있다. 그만큼 복잡한 감정의 문제를 일으킬 수 있는 조심스런 감정이란 뜻이다. 그럼 죄책감의 목적을 공부함으로써 그것을 다스릴 수 있는 마음의 자유를 느껴보자.

본인을 처벌해 심리적 자유를 얻으려는 목적

적절치 못한 행동을 한 사람은 죄책감을 느낌으로써 스스로를 처벌한다고 생각한다. 죄책감을 느끼는 일은 고통스럽기 때문에 자신의 잘못된 행동을 마음에서 떨치기 위한 매우 훌륭한 처벌 방법이다. 그러나 처벌이 최종 목적이 되어서는 안 된다. 왜냐하면 죄책감을 느낌으로써 잘못된 행동에 대해 대가를 치른 후에는 '또 다른 잘못'을 저지르기가 더 쉬워지고 자유로워지기 때문이다.

의무를 저버리려는 목적

앨은 장인 장모의 방문을 앞두고 있었다. 앨은 장인과 사이가 좋지 않았는데, 앨의 아내는 제발 아버지께 공손히 대하고 기분 상하게 하는 행동을 하지 말아달라고 부탁했다. 앨은 아내의 요구를 존중해서 얌전히 있겠다고 약속했다. 끊임없이 허점을 꼬집는 장인의 태도는 '참기 어려운' 일이었지만 약속을 했으니 할 수 없었다.

장인은 앨이 새로 구입한 자동차를 흠잡는 일로 포문을 열었다.

"쓸데없이 비싸기만 한 차를 샀구만."

속이 부글부글 끓었지만 앨은 입을 다물었다. 그러나 카펫 색깔부터 식당 선택에 이르기까지 장인의 공격이 계속되자 앨은 더 이상 참지 못하고 장인에게 모진 말을 퍼부었다.

앨은 아내의 얼굴을 보고 곧 죄책감을 느꼈다. 그는 화를 내지 않아야 옳았지만 자기로서도 '어쩔 수 없는' 일이었다고 생각했다.

앨의 죄책감은 어디서 비롯된 것일까? 해야 할 일을 하지 않았다는 데서 온 것이다. 앨은 해야 할 일(아내의 요구를 들어주기)과 하고 싶은 일(장인의 비난을 참지 않기) 사이에서 갈등을 느꼈지만, 결국 하고 싶은 일을 참지 못했고 이에 대한 죄책감을 느꼈다. 그는 아내의 요구를 존중하겠다고 약속했지만 실제로는 그럴 의사가 없었음을 알고 있었다.

스스로를 변명하려는 목적

죄책감은 고통스러운 감정이다. 하지만 스스로 변하는 일은 더 어렵고 고통스럽다. 해야 할 일을 하지 않았거나, 자신이나 다른 사람의 기대를 배반한 경험이 누구에게나 있을 것이다. 그럴 경우 죄책감을 느낀다. 내가 왜 그 일을 안 했는지, 혹은 왜 그런 일을 저질렀는지 후회막급한 심정이 된다. 하지만 곧 '너무 바빠서' '잊어버려서' 혹은 '나한테 너무 많은 걸 기대한다' 등 자기와 자기의 잘못에 대해 구차한 변명을 늘어놓는다. 죄책감도 일종의 변명에 속한다. 잘못을 인정하면 죄책감을 느끼고, 죄책감은 스스로의 잘못을 '변명'해준다. 하지만 죄책감은 잘못된 행동에 대한 대가로서 충분치 않다.

타인에 대한 우월감을 표시하려는 목적

당신이 회사에 지각을 했다고 가정해보자. 헐레벌떡 뛰어 들어가니 누군가 당신이 할 일을 대신 하고 있었다. 당신의 마음은 동료에 대한 미안함과 죄책감으로 가득할 것이다.

그런데 만약 당신의 직장 동료가 지각을 해서 그 사람의 일을 당신이 대신 하고 있었는데, 정작 그 사람은 당신에게 미안해하지 않는다면? 당신은 이렇게 생각할 것이다.

"이 친구 뭐 잘못 먹은 거 아냐. 전혀 미안해하는 구석이 없군. 적어도 난 미안한 마음은 있는데 말이야."

같은 상황에서 당신은 죄책감을 느꼈으므로 그렇지 않은 동료보다 우월함을 느낄 것이다. 심지어 죄책감을 느끼지 않는 사람은 인격적인 결함이 있다고 판단할 수도 있다.

분노를 감추려는 목적

야나는 분노를 금기시하는 가정에서 자랐다. 화를 내면 엄한 꾸지람을 들었다. 반면 죄책감은 자연스러운 감정으로 여겨졌다. 야나에게는 죄책감이 훨씬 익숙하고 편했다. 당연히 야나는 분노를 표시하는 일에 서툴렀다. 누군가에게 잘못을 지적당하면 언제나 자기 행위에 죄책감을 느꼈다. 그가 가한 비판이 정당한가, 그렇지 않은가는 문제가 되지 않았다. 그녀는 단지 상대에게 분노를 표시하기가 두려웠다.

야나는 분명 불행한 사람이다. 어쩌면 비판의 주된 표적인지도 모른다. 그녀는 분노를 금기시하는 가정에서 자랐지만, 어른이 된 지금은 그렇지 않다. 그녀는 이제 정당하지 않은 비판에 대해서는 화를 내는 편이 오히려 마음이 홀가분하고 사람들과도 쉽게 어울리는 길임을 깨달아야 한다. 정당한 분노의 표시는 자존심을 높이고 죄책감에서 벗어나게 해준다.

자신의 선의를 입증하려는 목적

죄책감을 느끼는 일이 남에게 좋은 인상을 주거나 다른 사람의 비난을 중단시키는 효과를 발휘할 때가 있다. 단지 죄책감을 느낀다는 사실이 자신의 선의를 입증하는 증거라고 생각하기도 한다. 물론 이런 생각은 허위이다. 정말 좋은 의도를 가지고 있다면, 행동을 바꿔야 한다. 죄책감을 느끼는 대신 정말 필요하고 올바른 일을 행하면 된다.

죄책감은 때로 긍정적인 변화의 동기가 된다

죄책감은 긍정적인 영향을 미치기도 한다. 죄책감을 느꼈을 때 이를 변화가 필요하다는 신호로 받아들이고 변화를 위해 노력하는 경우가 그러하다. 물론 그가 사고방식을 긍정적으로 바꿨다는 전제를 두고 하는 말이다. 문제는 대부분의 사람들이 죄책감을 느끼는 데서 멈춘다는 점이다. 이 경우 죄책감은 변화를 위한 꾸준한 노력을 방해하는 요인이 된다.

죄책감에
빠져들기 쉬운 유형

우울증에 잘 걸리는 유형이 있는 것처럼, 죄책감에 잘 빠져드는 사람들에게도 공통된 특징이 있다. 앞으로 설명하겠지만, 비합리적인 사고를 하는 사람들이 죄책감에 잘 빠진다.

나는 완벽해야 한다

완벽주의는 죄책감에 이르는 지름길이다. 지나치게 완벽함을 추구하는 사람은 작은 잘못도 용납하지 못한다. 하지만 우리 인간은 신이 아니기 때문에 실수와 잘못을 안 하고 살 수는 없다. 그러니 완벽주의자는 매번 죄책감을 느낄 수밖에 없다. 한편 이들은 다른 사람의 비판에도 예민하게 반응하기 때문에 쉽게 죄책감에 빠진다.

나는 항상 다른 사람을 만족시켜야 한다

이런 생각은 실현 자체가 불가능하다. 언제나 모든 사람을 만족시킬 수는 없기 때문이다. 게다가 이런 믿음을 가진 사람은 남들에게 이용당하기도 쉽다. 단숨에 '안 돼'라고 말하지 못하기 때문이다. 하지만 '안 돼'라고 말하지 못하면, 결국 지나친 부담을 지게 된다. 게다가 남을 만족시키지 못할 때마다 죄의식에 시달릴 것이다.

나는 항상 옳아야 한다

누구든 항상 옳을 수는 없다. 그러려면 모든 일을 알아야 하고 다른 사람이 왜 틀렸는지 설득할 수 있어야 하는데, 이는 불가능한 일이다. 그렇기 때문에 이런 생각을 가진 사람은 죄책감에 시달리기 쉽다.

나는 자제심이 강해야 한다

대인관계에서 항상 자제력을 발휘하려면 막대한 에너지가 필요하다. 살다 보면 자기 힘으로 수습하기 어려운 상황을 많이 접하게 되는데, 자제심이 강해야 한다고 생각하는 사람들은 이런 현실을 견디지 못한다. 그리고 아무리 자제심이 강한 사람이라도 가끔은 허점을 보이는 법이므로 그때마다 죄책감을 느낀다.

나는 언제나 남에게 도움이 되어야 한다

상담 전문가, 심리치료사, 간호사 등을 포함해서 남을 도와주기 좋아하는 사람들은 상대방의 뜻과 상관없이 도움을 제공하곤 한다. 그런데 가끔 상대방의 부탁 없이 도움을 준 일로 인해 갈등이 생기기도 하는데, 그럴 경우 죄책감에 시달린다. 또한 상대가 자신의 도움을 거절하면, 이들은 자기 자신이 거절당했다는 느낌에 사로잡힌다. 물론 부탁에 따라 도와줬는데도 거절당하는 경우도 있다. 상대가 원치 않는 방식으로 도와주었을 때다. 이런 경우에도 죄책감을 느낀다.

누군가 내게 화를 내면 견디기 어렵다

이 세상에 살고 있는 수많은 사람들은 누군가 자신한테 화를 내면 그게 자기 탓이 아닐까 두려워한다. 분통을 터뜨린 당사자가 그 감정에 책임지도록 내버려두지 않는 것이다.

나는 열등하다

열등감과 죄책감은 쉽게 짝을 이룬다. 열등감을 느끼는 사람은 자신이 다른 사람보다 가치가 없다는 생각에 죄책감마저 느낀다. 열등감의 이면에는 '가치 있는 사람이 되기 위해서는 남들보다 우월해야 한다'는 믿음이 깔려 있다. 이들은 자신의 '자격' 여부를 측정하는 잣대를 가지고 있다. 그리고 종종 그 기준에 모자라는 자신을 보고 실망한다.

☹

죄책감을
극복하는 방법

죄책감에 시달릴 때 어떤 방법으로 자신의 감정과 마음을 보듬어줄 수 있을까? 다음의 4단계 방법을 활용하여 마음속에서 죄책감을 지우는 법을 배워보자.

1단계 - 죄책감의 목적 파악하기

내가 느끼고 있는 죄책감의 목적이 무엇인지 생각하고 찾아낸다. 앞에서 언급했지만 다시 한 번 죄책감의 목적을 언급하겠다. 자기 처벌, 의무의 방기, 자기 변명, 우월감의 표시, 분노 감추기, 선의의 가장, 긍정적 변화의 동기. 이 중에서 내 마음속 죄책감의 진짜 목적은 무엇인지 파악해보자. 죄책감으로부터 자유로워지는 첫걸음이다.

2단계-나의 생각과 믿음 파악하기

자신의 사고방식을 살펴보면 어떻게 죄책감에 빠져드는지 알 수 있다. 가령, 당신은 자신이 완벽해야 하고, 항상 옳아야 하며, 늘 남을 도와주어야 한다고 생각하는가? 당신의 평소 믿음은 어떻게 죄책감으로 이어지는가? 당신은 무슨 생각을 하고 있는가? 노트에 한번 적어보라. '반드시' '꼭' '끔찍하다' '언제나' '절대로' 등의 어휘가 얼마나 있는지 헤아려보자.

죄책감을 자주 느끼는 사람들은 상황이 아닌 자신의 개인적인 가치 자체에 관해 말하는 버릇이 있고, 극단적이고 단정적인 어휘를 자주 사용한다. 이런 표현은 앞에서 설명한 비합리적인 믿음을 반영한다.

- 나는 실수를 범했다. 실수 따위는 반드시 피해야 했다. 비참한 기분이다. 실수를 하다니 참을 수 없다(나는 완벽해야 한다). 나는 쓸모없는 사람이다.

- 보이드는 나한테 화가 나 있다. 그가 원하는 일을 해주지 못했기 때문이다(나는 항상 다른 사람을 만족시켜야 한다 / 누군가 내게 화를 내면 견디기 어렵다). 그를 실망시킨 일을 참을 수 없다. 기분이 엉망이다! 나는 형편없는 인간이다.

- 좀 더 잘 알고 있어야 했다(나는 완벽해야 한다 / 나는 항상 옳아야 한다). 그 여자는 나를 바보로 만들었고, 나는 이 점을 참을 수 없다! 정말 바보 같은 짓이었다!

- 그렇게 심한 말은 하지 말았어야 했다. 나는 그에게 상처를 주었고(나는 자제심이 강해야 한다 / 나는 언제나 남에게 도움이 되어야 한다), 이는 용서받을

수 없는 일이다. 입을 다물어야 할 때를 전혀 모르다니, 나는 끔찍한 인간
이다.

3단계 – 사고방식 바꾸기

죄책감 대신 단순한 후회의 감정이 담긴 언어로 당신의 생각을 적어
보자. '~했으면 좋았을 텐데' '안타깝다' '나는 괜찮은 사람이다' 등 좀 더
부드러운 방법으로 표현해보자. 죄책감이 사라질 때까지 새로운 생각을
노트에 적어보자.

다음은 앞에서 예로 든 발언을 새롭게 고친 것이다. 감정의 밀도가 상
당히 줄어들었음을 알 수 있다.

- 나는 실수를 범했다. 불행한 일이지만 비참하지는 않다. 실수를 하지 않았
  다면 얼마나 좋았을까. 실수가 좋을 리야 없지만, 끔찍하게 여기지는 말
  자. 이런 실수를 했다고 내가 가치 없는 인간이 되는 건 아니니까. 앞으로
  고쳐나갈 수 있다. 잘해보자.
- 보이드는 나한테 화가 나 있다. 그가 원하는 일을 해주지 못했기 때문이
  다. 그를 실망시켜서 미안한 기분이다. 하지만 언제나 그를 기쁘게 해줄
  수는 없다. 여전히 난 괜찮은 사람이다. 보이드를 기쁘게 하는 일이 적절
  한 행동인지, 그의 기대치가 비현실적인 수준은 아닌지 곰곰이 생각해봐
  야겠다.
- 좀 더 잘 알고 있었다면 내게도 좋았겠지만, 사실은 그러지 못했다. 하지
  만 좀 못나 보인다고 큰 문제가 되겠는가. 탐탁지는 않지만 충분히 참을

만한 일이다. 좀 바보같이 굴었어도 그 여자가 나를 바보로 보면 곤란하다. 따라서 다음엔 제대로 준비할 생각이지만, 모든 내용을 알아야겠다는 생각은 없다.

- 그런 말은 하지 않았으면 좋았을 텐데, 이미 해버리고 말았다. 그가 상처를 입어서 안타까운 마음이다. 그렇다고 용서받지 못할 만큼 커다란 죄를 지은 것도 아니다. 가끔 입을 다물어야 할 때를 잊어먹곤 하지만, 늘 그렇지는 않다. 그리고 심한 말을 했기로, 나를 끔찍한 사람이라고 생각할 필요는 없다. 하지만 앞으로 주의하자.

위 예문에서 보듯 좀 더 공정하고 부드러운 언어로 말하면, 죄책감의 덫에서 빠져나올 수 있다. 잘못한 행동에 대해 후회하고 자책할 수는 있어도, 죄책감이라는 짐까지 짊어질 필요는 없다.

자신의 잘못된 행위가 아니라 자신의 성격과 가치 자체를 비난할 때 죄책감에 빠져든다. 반면 잘못한 행위만을 주목하면 죄책감을 느끼는 대신 후회하는 정도로 그칠 수 있다. 그리고 후회는 죄책감과 달리, 변화의 동기가 될 수 있다. 죄책감을 없애려면 말투를 바꿔야 한다. 단언이나 비난의 말투를 피해야 한다.

4단계 - 최종 선택하기

당신에게는 2가지 선택권이 있다. 하나, 계속 죄책감을 느낀다. 둘, 행동방식을 바꿔서 새로운 삶을 위해 노력한다. 어떤 모습으로 바꾸고 싶은가? 구체적인 계획을 세워보자.

변화의 목표는 완벽함이 아니다. 완벽해지기 위한 노력은 인간성마저 포기하도록 강요한다. 완벽함을 포기할 용기가 있을 때, 비로소 성공의 참된 의미를 알고 잘못한 일을 고쳐나갈 수 있다.

성실하게 노력하고 조금씩 발전하는 일이 중요하다. 아직 못다 한 일을 아쉬워하기보다 이미 해낸 일을 자랑스럽게 생각하라. 실수와 잘못은 당신이 새로운 교훈을 얻을 수 있는 기회이다. 위대한 발명품은 대부분 실패를 딛고 태어났다. 오래전에 3M사의 한 기술자는 완전히 붙지 않는 '실패한' 접착제를 개발했다. 몇 해가 지난 뒤에야 이 회사에서 일하던 다른 사람이 그 접착제의 알맞은 용도를 알아냈고, 그 결과 포스트잇 메모지가 탄생하게 되었다.

오늘의 감정 수업 14

죄책감 극복하기

과거에 죄책감을 느꼈던 상황을 떠올려보자.

1. 어떤 상황이었나?

....

....

....

....

2. 내 죄책감의 목적은 무엇이었나? 해당되는 번호를 써보자. (   )

   ① 본인을 처벌해 심리적 자유를 얻으려는 목적

   ② 의무를 저버리려는 목적

   ③ 스스로를 변명하려는 목적

   ④ 타인에 대한 우월감을 표시하려는 목적

   ⑤ 분노를 감추려는 목적

   ⑥ 자신의 선의를 입증하려는 목적

   ⑦ 긍정적인 변화의 동기로 삼으려는 목적

3. 나는 어떤 유형의 사람이고, 어떤 생각을 바꿔야 죄책감을 극복할 수
   있을까? 죄책감에 잘 빠지는 유형을 참고해 아래에 적어보자.

   ....

   ....

   ....

4. 죄책감을 느꼈던 상황에 대해 좀 더 공정하고 부드러운 언어로 말해
   보자.

   ....

   ....

   ....

PART 6

불안,
두려운 상황에 대한
과장된 감정

불안하지 않은 사람은 아무도 없다

당신은 지금 폭이 좁고 구불구불한 산악도로를 시속 80km의 속도로 달린다. 아슬아슬하게 커브길을 돌아나갈 때마다 손에 땀이 차며 불안감이 온몸에 엄습한다. 여러 번 가슴이 철렁 내려앉는다….

생각만 해도 두렵지 않은가? 직접 이런 길을 달려보지 않은 사람도 영화에서는 많이 보았을 것이다. 벼랑길을 질주하는 상황에서 불안과 공포를 느끼는 일은 정상이다. 정말로 위험하기 때문이다.

불안(anxiety)과 공포(fear)는 그 자체로는 병적인 감정이 아니다. 다만 긴급 상황에 대비하는 마음가짐을 갖추도록 할 때는 득이 되지만, 마음에 끈덕지게 달라붙어 일상생활을 방해하고 고통을 유발할 때는 해가 된다.

아마도 원시 사회에서는 불안이 일종의 경고시스템으로 작용했을 것이다. 하지만 상황은 변했고, 이 시대에는 무의식적인 생존 기제가 크게 필요하지 않다. 깎아지른 듯한 벼랑길을 내달릴 때가 아니라면, 불안은 비현실적인 상황 판단에 기인하는 경우가 많다.

심리학자 에머리와 제임스 캠벨(James Cambell)은 이렇게 말한다.

"위험 요소는 과대평가하고, 그것을 해결할 수 있는 능력은 과소평가하면 불안에 빠진다. 불안은 무언가 나쁜 일이 벌어진다는 가정하에 행동할 때 생긴다."

두려운 상황이 닥치면 속수무책으로 당할 수밖에 없다는 예감에서 불안이 싹튼다. 대개는 과장된 감정일 뿐이지만, 우리는 모두 불안과 공포를 느낀다. 얼마나 자주 느끼면 이와 비슷한 감정을 '두렵다' '조마조마하다' '걱정된다' '염려된다' '골치 아프다' '허둥댄다' '안달복달한다' '소름 끼친다' 등의 다양한 단어로 표현하겠는가.

상사가 말을 건네지 않으면 불안한 이유

불안과 공포는 비슷한 용어로 서로 바꿔 사용하기도 한다. 아마도 사람들은 명확한 '공포'의 대상은 없지만 예기치 못한 상황이 닥칠까 봐 '불안'하다고 말할 것이다. 불안과 공포의 중요한 차이 중 하나는 그 원인에 있다. 가령, 고속도로를 내달리고 있는데 갑자기 다른 차가 끼어들어 급히 브레이크를 밟아야 한다고 가정하자. 이때 당신은 공포를 느낄 것이다. 공포는 외부에 원인이 있는 경우가 많다.

반면 불안은 위험 요소를 명확히 알지 못한 상황에서 막연히 느끼는 내적인 감정이다. 상사가 말을 건네지 않으면, 많은 사람들이 해고의 전조가 아닐까 불안해한다. 침묵의 의미를 과장한 탓이다. 불안은 불쾌한 정신적 긴장 상태뿐 아니라 신체적 증상까지 동반하는데, 불안한 사람은 대개 육체적·정신적으로 탈진하고 긴장하게 된다.

공포를 겪는 시간은 짧게 끝나는 데 비해, 불안은 오래 지속되는 경향이 있다. 공포를 겪는 일이 빈번하면 만성적인 불안에 시달리게 되고, 이는 수면 장애나 식욕 부진, 피부 발진, 고혈압, 심장질환을 야기할 수 있다.

불안은 자신을 보호하고 위험에 대비하게 한다

폭이 좁고 구불구불한 산악도로에서 운전할 때 공포와 불안을 느끼지 않는다면 오히려 이상한 일이다. 압도당하지만 않으면 불안은 오히려 자신에게 도움이 된다. 이 경우라면 더 조심해서 운전하는 계기가 될 것이다. 사람들 앞에서 말하는 일, 즉 연설도 통상적인 불안의 원천이다. 하지만 철저한 준비와 사전 연습을 통해 불안감을 줄이고 능숙한 모습을 보일 수 있다. 즉, 불안에 압도당하지만 않고 잘 활용한다면 자기 자신을 보호하도록 해주며, 위험에 대비할 수 있는 조치를 취하도록 하는 등 긍정적인 측면이 많다.

불안한 상황을 회피하면 새로운 불안이 다가온다

그러나 많은 사람들이 불안한 일에 직면하면, 아예 그 상황을 회피하고자 한다. 겉보기엔 이보다 쉬운 해결책이 없다. 대중 앞에서 연설해야 하는 상황을 피하기만 하면, 불안에 시달릴 일은 없으니 말이다. 하지만 '쉬운 해결책'이 언제나 그렇듯, 사실은 그렇게 쉽지만은 않다. 살다 보면 불가피하게 사람들 앞에서 말해야 할 일이 생기기도 한다.

게다가 불안한 상황을 피하는 태도는 불안을 가중시킨다는 연구 결과도 있다. 예를 들어 당신이 극단적으로 회피하는 태도를 보이며 집 안에만 틀어박혀 있다면 어찌 되겠는가? 이런 행동을 광장공포증(agoraphobia)이라 부른다. 이렇게 불안을 '회피'하면 당신은 인생의 또 다른 묘미를 잃어버리는 셈이 된다.

불안하고 힘든 일에 도전하고 한 걸음 한 걸음 나아가는 자세를 견지해야 한다. 시간이 흐르면 용기가 생기고 불안감은 줄어들 것이다.

마셜은 사람들이 많이 모이는 장소에 가기를 꺼렸다. 그는 사람들의 눈을 지나치게 의식하고 그들이 자기를 어떻게 생각할지 신경이 쓰였다. 이런 걱정은 심한 불안으로 이어졌다.

어느 날 마셜의 상사가 그를 파티에 초대했다. 그 자리에는 꼭 가야만 했는데, 그는 행사가 있기 사흘 전부터 공황 상태가 되었다. 마셜은 그를 잘 아는 친구에게 속마음을 털어놓았다. 친구는 파티에 모인 사람들 전부가 아니라 한두 사람만 만나는 자리에 나간다고 생각하라고 조언했다. 친구의 말을 듣기로 한 마셜은 그제야 불안감에서 벗어날 수 있었다. 그는 일대일 대면에는 익숙한 편이었다.

불안에서 완전히 자유롭기는 불가능한 일이다. 살아가면서 불안한 상황을 겪어야 할 일이 얼마나 많은가. 그리고 불안이 모두 심리적 요인에서 생기는 것은 아니다. 생리작용의 불균형에 원인이 있는 경우도 있다.

그렇다면 어떻게 해야 할까? 불안감을 느끼면 일단 영양을 충분히 섭취하고 적절한 운동과 휴식으로 건강을 관리해야 한다. 상태가 더 나빠지면 도움을 청해야 하고, 약물 치료까지 필요한 경우도 있다. 상세한 조언은 다음 꼭지에 실려 있다.

오늘의 감정 수업 15

불안한 감정의 목적 체크하기

불안은 나를 보호하고 위험에 대비하게 해주지만, 지나치면 나를 힘들게 한다. 불안했던 상황을 떠올려보자. 아주 과거의 일이든, 아니면 비교적 최근의 일이든 괜찮다. 그때의 기분과 목적을 체크해보자.

1. 어떤 상황이었나? 구체적으로 적어보자.

....

....

....

....

2. 왜 불안했나? 그 이유를 차분히 생각해보고, 아래에 적어보자.

....

....

....

....

3. 내가 느낀 불안의 목적은 무엇이었나? 위험에 대비하고 스스로를 보
   호하기 위한 목적인가, 아니면 아무런 근거가 없는 잘못된 믿음에서
   비롯된 것이었나? 아래에 적어보자.

....

....

....

....

불안을 대하는
지혜로운 방법

불안한 느낌이 들면 보통 외부 환경이나 다른 사람 탓을 하기 쉽다. 상상한 위험이 정말 일어날 것이라고 믿고 이를 막을 힘이 없다고 생각한다. 하지만 이 책에서 누누이 강조한 대로 내 감정은 내가 결정한다. 외부의 어떤 힘이 자신을 불안하게 하지는 않는다. 당신은 당신이 느끼는 감정에 책임이 있다. 불안한 이유가 다른 사람이나 외부 환경 탓이 아니라고 생각하는 순간 이 감정을 바꿀 수 있다.

불안은 자신의 내부에서 시작된다

외부 요인도 불안의 원인이 될 수 있지만, 결국 불안의 크기를 결정하는 건 자신의 사고방식과 상황 판단력이다. 가령, 엘리베이터에 탈 때면 불안과 긴장을 느끼는 사람이 많다. 이들은 엘리베이터 안에서 선택의 여지가 없는 상황이 올까 봐 스스로 불안해한다. 이런 기분은 불안의 부정적인 측면만을 도드라지게 하고 의식의 범위도 좁힌다. 아직 상상에 불과한 위험이 실제로 닥친 것처럼 행동하면, 실제로 그 위험을 자초하게 된다. 그리고 실제로 위급한 상황이 닥치면 무엇을 해야 할지 몰라 허둥대기 쉽다.

상상은 상상일 뿐 아직 현실이 아니다. 현실에 충실할 때 불안을 극복할 수 있다. 불안이나 공포 대신 당신이 할 수 있는 일에 집중하라. 당신의 능력과 장점을 되새기고, 감정에 책임을 지겠다는 자세를 가지는 게 중요하다. 현실을 정확히 바라보고 어려운 상황을 극복할 수 있다는 자신감을 가져야 한다.

자신이 불안하다는 사실을 인정한다

자신이 불안에 빠졌다는 사실을 인정하지 않으면 불안이 가중될 위험이 있다. 자신의 신체와 신체 반응을 통제하려고 할수록 통제력을 잃게 된다. 이 덫에서 빠져나오기 위해서는 자신의 신체 반응을 완벽히 통제하겠다는 생각을 버려야 한다.

손바닥에 땀이 나고 입이 마르고 근육이 긴장하는 생리적 반응을 그대로 인정하고, 통제력을 상실한 사실까지 인정해야 한다. 자신이 불안하다는 사실을 인정했을 때 비로소 불안의 악순환에서 벗어날 수 있다. 불안하고 초조하다는 사실을 숨기지 말아야 한다.

자신의 생각과 감정, 행동을 의식하면, 자기 자신을 객관적으로 볼 수 있고 현실에 대한 통제력을 발휘할 수 있다. 원하는 감정을 느끼기 위해서는 어떻게 해야 할지 자기 대화를 통해 자신에게 물어보자.

불안을 완전히 없앨 수는 없다. 조금씩 줄여나간다고 생각해야 한다. 인내심을 갖고 때로는 하루 동안이라도 불안한 마음을 지켜보고, 조금이라도 불안이 줄어드는 기미가 보이면 노트에 그 경과를 적어본다.

불안감을 다른 사람에게 털어놓는다

이해심이 풍부하고 감정이 섬세한 사람에게 속마음을 터놓고 얘기하라. 자신의 경험을 함께 나누면 불안감에 휘둘리지 않을 수 있다. 지지 집단(support group)은 경험과 불안감을 함께 나누는 안전한 공간이 될 것이다.

불안하지 않은 척 연기한다

파트 4에서 우울증을 극복하기 위한 여러 방법 중 '역할 연기'에 대해 설명한 적이 있다. 자신이 원하는 사람이 된 것처럼 행동하는 방법으로, 불안을 다루는 데도 굉장히 효과적이다. 실제로는 변하지 않으면서 그저 연기일 뿐이라고 생각하기 쉽다. 하지만 그렇지 않다. 옷가게에서 새 옷을 한번 입어보듯, 원하는 역할을 한번 수행해본다. 옷은 사람을 바꿀 수 없지만, 역할 연기는 사람을 바꿀 수 있다.

일단 다르게 행동하면, 다르게 느끼기 시작한다. 그리고 점차 용기 있는 사람이 될 것이다.

도트는 피트와의 결혼이 임박하여 피트의 부모님을 만나야 할 때가 왔다. 그녀는 불안해졌다. 피트의 아버지는 의사이고 도트의 부모는 노동자 출신이었다. 피트의 부모가 자기를 무시하지나 않을까 걱정됐다. 피트가 자신의 가족들은 이해심이 많고 도트의 부모님 직업에 신경 쓰지 않을 거라며 아무리 안심시켜도 도트의 불안은 가시지 않았다.

도트는 자기 교회의 목사에게 두려운 마음을 토로했다. 목사는 귀 기울여 들은 뒤에 만약 피트의 부모님이 이해심이 많고 관대한 분이라고 믿는다면 기분이 어떻겠냐고 물어보았다. 도트는 훨씬 마음이 편해질 것이라고 대답했다. 그러자 목사는 일종의 역할 연기를 제안했다. 그러니까 피트의 부모님은 이 세상에서 가장 관대하고 이해심이 많은 사람들이며 도트를 보자마자 그녀를 좋아하게 될 것이라 믿고 행동하라고 권유했다. 도트는 별다른 확신이 들지 않았지만, 실패한다고 해도 잃을 것은 없지 않느냐는 목사의 말에 마음이 움직였다.

도트는 목사의 충고에 따르기로 했다. 그녀는 침착하고 편안하게 행동하는 법도 연습했다. 마침내 부모님을 만나는 날이 왔고, 그녀는 대성공을 거두었다. 도트는 당당하고 매력적인 모습을 보여주었고 피트 부모님에게 결혼을 허락받았다.

이 방식을 활용할 때는 자신이 조금이라도 변할 수 있다는 기대를 갖는 편이 좋다. 만약 변하지 못했다면, 잘한 점과 잘못한 점을 면밀히 살펴서 교훈으로 삼는다. 중요한 것은 상상이 아니라 현실이다.

두려운 상황을 자꾸 피하기만 하면 일시적으로 불안을 줄일 수는 있지만, 마음 깊이 잠재된 불안은 계속 커진다. 반면 그 상황에 정면으로 대응하고자 하면, 두렵다는 생각이 점점 사라질 것이다. 이때 중요한 것은, 모든 일을 완벽하게 처리하려고 하는 대신, 불안한 마음에도 불구하고 그저 자신이 할 일을 하는 것이다. 실수를 하고 죄의식에 시달리며 서툰 모습을 보일 수도 있지만, 묵묵히 나아가는 것이다.

현실에 집중한다

어떤 상황에서나 현재에 집중할 필요가 있다. 머릿속 현실이 아니라 실제로 벌어지고 있는 현실 말이다. 상황 판단이 현실적일수록 불안한 감정을 줄일 수 있다. 현실을 보지 못하고 불안에 사로잡힌 사람은 올바른 판단을 내릴 수 없다. 무엇을 해야 할지 망설이거나 허둥대면 결국 불안한 마음에서 해방되지 못한다. 하지만 지금 해야 하고 할 수 있는 일에 집중하면, 긍정적인 가능성과 해결책을 찾을 수 있다.

앞에서 언급했던 '산악도로 운전'의 경우도 심호흡을 하며 오직 운전에만 집중한다면 긴장을 줄일 수 있다. 자신이 처한 상황을 스스로 책임지는 자세는 불안을 없애고 자신감을 회복하는 데 필수적이다.

오늘의 감정 수업 16

불안을 극복하는 문장 필사하기

불안을 대하는 지혜로운 방법에 대해 공부했다. 이것을 잊지 않고 마음에 담아두는 데 필사가 효과적이다. 다음 빈칸에 다음의 문장을 필사하고 암기한다. 노트와 펜을 준비해 5번 이상 반복해서 써내려가면 더욱 좋다.

필사하고 암기할 문장

• 내 감정은 내가 결정한다. 불안한 마음도 내 마음에서 비롯된 것이다.
어렵고 힘겨운 상황에서 느껴지는 불안도, 내가 현실에 집중하고 나
의 능력과 장점을 되새기며 자신감을 가지면 극복할 수 있다고 나는
믿는다. 나는 불안이란 감정에 지지 않을 것이다. 불안은 내가 만들어
낸 불행한 상상일 뿐 현실은 아니기 때문이다.

불안한 상황에 대비하는
4가지 방법

다른 감정과 마찬가지로 불안감 역시 생각과 태도로 인해 생겨난다. 어떤 일을 하기도 전에 자신이 무능하거나 사교성이 전혀 없다고 생각하면, 처음부터 패배한 것이나 마찬가지다. 이런 마음가짐으로는 주위 사람들의 칭찬과 격려조차 듣지 못한다. 부정적인 태도는 자신과 현실 사이를 가로막는 장벽이 된다.

심리학자 에드워드 찰스워스(Edward Chalsworth)와 로널드 네이선(Ronald Nathan)은 다음 4가지 상황을 점검함으로써 긴장되고 부담되는 상황에 무리 없이 대처할 수 있는 방법을 제안한 바 있다. 그들은 두려운 상황을 4부분으로 나눠서 각각의 부분에 대처하는 방법을 익히면 좀 더 능동적이고 적극적인 자세를 취할 수 있다고 주장한다.

긴장된 상황에 대비할 때

'내가 해야 할 일은 무엇인가'라고 스스로에게 묻고, 두렵다는 생각보다는 해야 할 임무에만 정신을 집중한다. 잠시 심호흡을 하고 온몸의 긴장을 푼다. 훨씬 마음이 편안해지고 여유가 생길 것이다. 스스로가 처한 상황을 객관적으로 바라보고, 마음의 준비를 단단히 한다.

미리 부정적인 생각을 할 필요가 전혀 없다. '나는 할 수 있어!'라고 말하며 스스로 기운을 내라. 당신은 충분히 대비했고 당당하게 대처하면 된다.

불안감이 생기기 시작할 때

불안한 마음이 서서히 고개를 들면 마음을 어떻게 잡아야 할까? 이제 불안감이 생겼으니 곧 공황 상태에 이른다고 생각하겠는가? 이런 생각 자체가 불안을 가중시킨다. 이른바 자기실현적 예언이다.

불안한 마음을 느끼면, 자기 능력에 확신을 갖고 해야 할 일에 집중하라는 신호로 받아들이면 된다. 한편 심호흡을 하고 긴장을 풀어야겠다고 생각한다.

"몸이 조금씩 긴장하는군. 좀 여유를 갖자."

긍정적인 생각을 떠올리는 것도 좋다.

"이미 충분히 대비했잖아. 자, 떨지 말고 잘해보자고. 난 할 수 있어."

불안감에 휩쓸리기 시작할 때

점점 더 불안해지면 심호흡을 하고 긍정적인 자기 대화를 시도하자.

"조금 불안해도 괜찮아. 전에도 이런 적이 있잖아. 잘 견딜 수 있을 거야."

불안한 마음을 모두 없애려고 하지 말고, 그저 불안한 마음에 휩쓸리지 않도록 자신을 추스르는 게 중요하다. 당장 직면한 상황을 주시하며 차근차근 문제를 풀어가면 된다.

불안한 마음이 가셨을 때

기운을 내자. 당신은 이제 불안을 이겨냈다. 축하할 일이다. 당신이 구체적으로 어떤 노력을 했고 어떤 성과를 보였는지 확인해보자. 그리고 스스로에게 이렇게 이야기한다.

"이제 불안쯤은 무섭지 않아. 불안한 마음을 어떻게 다뤄야 할지 알았으니까."

불안할 때 도움이 되는
효과적인 방법

누구나 불안을 느낄 수 있으며, 이 감정은 영원히 지속되지도 않는다. 불안은 삶의 조건이며, 정상적인 감정이다. 그렇다면 어떻게 해야 '정상적인 감정'인 불안을 잘 다룰 수 있을까?

불안한 상황과 긍정적인 대화를 나눈다

문제 상황에 직면하면 해결 방식에 집중하자. 어떤 상황에서도 긍정적인 태도를 잃지 않는 것이 중요하다. 끈기 있게 생각하면 해결책을 찾을 수 있다. 두려움이나 불안을 걷어내고 좀 더 용기 있게 맞서길 바란다.

부정적인 사고방식은 경험과 행동에 안 좋은 영향을 미친다. 항상 스스로 행동방식을 선택할 수 있다는 점을 명심하자.

이 책에서 줄곧 강조한 대로 자기 대화는 감정과 생각에 커다란 영향을 미친다. 언제고 불안한 마음이 들면 스스로에게 용기를 주는 말로 자신감을 찾자. 자기 전이나 깨어난 직후에 다음과 같은 자기 대화를 한다. 자기 확신을 갖는 데 도움이 될 것이다.

"내가 스스로 결정한 일이다."

"내가 책임을 지겠다."

"어떤 상황이 닥치든 긍정적인 자세를 잃지 말자."

"나는 충분히 해낼 수 있어."

불안을 느낄 때 중요한 것은, 자신이 속으로 어떤 자기 대화를 하고 있는지 깨닫는 일이다. 다음과 같이 말하고 있다면 이미 패배한 셈이다.

"몸이 긴장했어. 두렵다. 해낼 수 없을 거야."

반대로 다음과 같이 말하고 있다면? 이미 반은 성공한 셈이다.

"좀 더 여유 있게 생각하자."

"지금 필요한 일이 뭔지 생각하자."

"나는 잘해낼 수 있어."

부정적인 생각을 버리고 유머를 활용한다

조금만 문제가 생겨도 불안에 시달리는 사람이 있다. 이런 사람들은 자기가 처한 상황이 얼마나 위험하고 두려운지 속으로 중얼거리며 심한 불안에 사로잡힌다. 일단 불안한 말이 마음속을 차지하면 긍정적인 전망을 모두 잃어버리고 자신이 처한 상황을 몹시 '비관적으로' 바라본다. 불안한 생각에 사로잡히면 혈압이 오르고 심장박동이 빨라지며, 손바닥에는 땀이 고이고 숨이 가빠온다.

이때 유머감각이 필요하다. 물론 세상일이란 언제나 좋을 수만은 없고, 내 뜻대로 풀리지 않는 경우가 부지기수다. 하지만 도대체 그 일이 그렇게 중요한 이유가 무엇인지, 여유를 갖고 바라볼 수는 있다. 마음을 편하게 갖고 현실적으로 생각하자.

버니는 음주 문제를 갖고 있다. 뭔가 조치를 취해야 한다고 생각했지만, 오랜 친구인 술 없이는 어떻게 살아야 할지 막막했다. 술을 끊으면 스트레스는 어떻게 해소하라는 말인가? 술을 끊는다는 생각만 해도 온몸에서 힘이 빠졌다. 버니는 재활치료 기관에 나가기로 결심했다. 거기에서 그는 다른 사람 역시 술을 끊는다는 생각에 두려움을 느낀다는 사실을 알았고, 술 없이 스트레스를 해소하는 방법도 배웠다. 이제 그는 새로운 삶을 선택할 수 있게 된 셈인데, 건실한 생활을 하면서 술을 마시지 않고 스트레스를 관리하는 법을 배웠기 때문이다. 함께 재활치료를 받던 동료의 권유로 스트레스 해소법을 가르치는 과정에 참가했던 것이다. 여기에서 그는 스스로를 망치는 생각이 얼마나 나쁜 사고방식이며, '이 상황을 못 견디겠어. 내겐 술이 필요해. 딱 한 잔만 마시면 기분이 좋아질 거야. 한 잔이면 충분해.'와 같은 생각이 얼마나 비현실적인 판단인지 알게 되었다.

버니는 우선 부정적인 생각을 없애야 한다고 배웠다.

"내가 이 상황을 견디지 못할 이유가 뭐란 말인가? 이봐, 너는 그 잔만 마신다고 하지만, 또 한 잔, 또 한 잔 하는 식으로 계속 마실 테고, 그럼 다시 원래 상태로 돌아가는 거야!"

유머감각을 활용하는 법을 배우기도 했다. 불안한 생각이 들면 우스꽝스러운 장면을 생각하기 시작했다. 버니는 TV쇼 〈새터데이 나이트 라이브(Saturday Night Live)〉를 즐겨 보았는데, 이 쇼에서 귀담아 들은 촌철살인식 농담으로 기분을 풀 수 있었다. 부정적인 생각을 버리고 유머감각을 활용하기 시작하자 술에 대한 갈망이 줄기 시작했다.

불안에서 벗어나기 위한 운동요법

스트레칭 │ 몸의 근육을 풀어주는 스트레칭은 불안에서 벗어나는 데 큰 도움이 된다. 얼굴이나 어깨, 손, 발 등 몸의 근육을 긴장시켰다가 이완시키는 훈련을 자주 하면 좋다.

긴장과 이완 훈련은 몸의 모든 근육에 적용할 수 있다. 이런 식으로 뭉친 근육을 풀어주는 훈련은 불안감을 없애는 데 효과가 있다. 앞서 언급했듯이 몸과 마음이 이완된 상태에서는 불안감이 스며들 여지가 없기 때문이다. 파트 8의 〈스트레스에 강한 몸 만들기〉 중 '순차적인 근육 이완' 부분을 참조해 실행해본다.

바디 스캐닝 │ 자기 몸을 간단히 검사하는 절차로, 스트레스와 긴장을 줄이는 데 효과가 있다. 감정적으로 힘든 순간에 신속하게 몸과 마음의 이상 유무를 판단하는 데도 효과적이다. 파트 8의 〈스트레스에 강한 몸 만들기〉 중 '바디 스캐닝' 부분을 참조해 한번 해본다. 불안감을 줄이는 데 큰 도움이 될 것이다.

복식호흡 │ 여기서 소개하는 내용은 모든 사람에게 필요한 방법은 아니다. 혹시 몹시 긴장되는 상황이 닥치면 숨이 막히는 경험을 하지 않는가? 이때 심호흡을 하고 긍정적인 자기 대화를 시도하면 긴장과 부담을 줄일 수 있다. 불안한 마음이 들 때도 심호흡을 하면 불안감이 줄어들 것이다.

하버드대학교 심리학자 조앤 보리센코(Joan Borysenko) 교수는 심호흡이야말로 불안에서 벗어나는 가장 효과적인 방법이라고 했다. 몸과 마음이 숨쉬기에 집중할 때는 불안한 생각이 들 여지가 없기 때문이다. 긴장된 상황에서 자신의 호흡 방식을 깨닫고, 이를 여유 있고 편안하게 바꾸는 것은 몸과 마음을 안정시키는 가장 기본적인 기술이다.

오늘의 감정 수업 17

복식호흡 해보기

복식호흡은 배의 근육을 움직여 횡격막을 신축시키는 호흡법이다. 아무도 방해하지 않는 조용한 장소에서, 아래와 같은 순서로 복식호흡을 해본다.

1. 편안한 자세로 앉는다.
2. 눈을 감고 손을 배꼽 부근에 올려놓는다.
3. 호흡법을 바꾸지 말고, 숨을 들이마실 때 배가 팽창하는지 수축하는지 살펴본다. 들이마실 때 배가 수축하면 흉식호흡을 하고 있는 것이다.
4. 호흡법을 바꾸어 복식호흡을 시작한다. 규칙적으로 배 깊숙이 공기를 들이마시고, 내쉴 때는 한숨을 쉬듯 숨을 내쉰다. 들이마실 때 배를 부

풀리고, 내쉴 때 배를 수축시킨다.

호흡의 속도를 늦추고 더 깊이 숨을 쉴수록 몸과 마음은 더 편안해진다. 더 편안하게 숨을 쉴수록 불안은 사라지고 몸과 마음은 안정된다.

PART 7

기쁨과 행복,
자신에 대한 믿음에서
생기는 감정

무엇이 나를 기쁘고
행복하게 하는가?

베스와 덕은 돈 문제나 친척 문제, 가사 부담 문제 때문에 '잦은 다툼'을 벌였다. 둘은 다툼을 줄여볼 생각으로 부부 상담실을 찾았다.

상담 과정에서 치료사는 두 사람이 함께 즐기는 일이 거의 없는 듯하다고 지적했다. 두 사람은 동의했다. 그들은 지난 2년간 휴가를 떠난 적이 없었고 함께 외출하는 일도 드물었다. 치료사는 '데이트하는 날'을 정해놓으면 어떻겠냐고 제안했다. 1주일에 한 번 정도 함께 즐길 수 있는 일을 찾아보라는 얘기였다. 덕과 베스는 모두 춤추기를 좋아했지만 오랫동안 함께 춤을 추러 나간적이 없었다. 자연스럽게 첫 번째 데이트 주제는 춤추기로 정해졌다.

처음엔 조금 어색했다. 춤을 춘 지도 오래되었지만 함께 어울리는 것도 이미예전 일이 되었기 때문이다. 하지만 함께 재미있게 어울리면서 즐거운 대화를 나누자 얼었던 몸과 마음이 풀렸다.

다음 상담에서 그들이 좋은 시간을 보냈다고 말했음은 물론이다. 이미 그들은 두 번째 데이트 계획까지 마련한 상태였다. 덕과 베스의 치료사가 그들에게 기쁨을 가져다주는 무슨 마술을 부린 것이 아니었다. 두 사람이 스스로 기쁨을 창조해냈던 것이다.

기쁨(joy)은 행복, 쾌활함, 명랑함, 유쾌함, 즐거움 등 뭐라고 부르든 들뜨고 만족스러운 감정이다. 그렇기에 사람들은 항상 기쁨을 얻고 싶어 하지만 그 방법을 제대로 아는 사람은 많지 않다.

무엇이 나를 기쁘고 행복하게 하는 것일까? 완벽한 직장이나 연인? 번쩍번쩍 빛나는 새 자동차? 꿈만 같은 집?

하지만 기쁘게 하는 요인에도 단점은 있다. '완벽한' 직장에도 우리가 싫어하는 일이 기다리고 있다. 완벽한 연인이라도 매일 마주보고 살다 보면 결점이 보인다. 새 자동차와 아름다운 집을 가지려면 비용이 만만찮다.

다시 한 번 물어보자.

"무엇이 나를 기쁘고 행복하게 하는가?"

답은 간단하다. 바로 자기 자신이다. 다른 감정과 마찬가지로 기쁨은 외부 사건에서 오는 것이 아니라 자신의 내부에서 나온다. 기쁨은 자신의 삶에 대한 믿음과 태도에서 생기는 감정이다. 목적과 믿음, 생각에 따라 감정이 좌우되며, 따라서 스스로 기쁨을 만들어낼 수 있다.

늘 행복한 사람은 존재하지 않는다

행복한 사람이라 해도 언제나 행복하지는 않다. 심리학자 오코넬이 "아무도 방해하지 못하는 조용하고 안전한 장소를 찾으려면 근처의 정신병원으로 가라."라고 얘기했듯이 말이다. 행복이란 언제나 생긋생긋 웃으며 산다는 뜻이 아니다. 계획은 항상 틀어지기 마련이고 누구에게나 울적한 날이 있으며 나와 가까운 사람들은 어느 날 갑자기 다치거나 죽는다.

기쁘고 행복하다는 말의 진짜 뜻은, 스스로의 행복감에 책임을 진다는 뜻이다. 기쁘게 살아가는 사람들은 자신의 삶과 주변 사람들에게 기본적으로 만족하고 스스로 기쁨을 많이 느낀다. 인생의 즐거움을 만끽하되, 삶에는 오르막이 있으면 내리막이 있다는 사실을 그대로 받아들인다. 작가인 토마스 라 맨스(Thomas La Mance)는 이렇게 말한다.

"예기치 못한 일이 벌어지는 게 바로 인생이다."

행복해지기 위해서는 우선 기쁜 사람처럼 행동하고, 그렇게 생각하는 것부터 시작해야 한다. 일단 시작하면 자연스럽게 해낼 수 있게 될 것이다.

오늘의 감정 수업 18

기쁨의 조건 적어보기

기쁨은 내 삶에 대한 믿음과 태도에서 생기는 감정이다. 그럼에도 불구하고 더 행복해지려면 무엇인가가 더 채워져야 한다는 기대를 아직 가지고 있는가?

1. 내가 생각하는 기쁨의 조건은 무엇인지 적어보자. 그것들이 채워지고
   이루어지면 정말 행복해질 수 있을까? 그 근거도 함께 적는다.

   ....

   ....

2. 이런 조건들을 충족시키지 못하면 내 기분은 어떻게 될까? 생각하고
   적어본다.

   ....

   ....

3. 1에서 원하고 기대하는 것들을 적어봤지만, 이것들이 내 뜻대로 다 이
   루어지는 것은 아니다. 그렇다면 나는 지금 어떻게 생각을 고쳐야 할
   까?

   ....

   ....

기쁨이 주는
이점

누구나 기쁘고 행복하게 살기를 바란다. 기쁘고 행복한 감정이 구체적으로 삶에 어떠한 긍정적 영향을 미치는지 살펴보도록 하자.

자신감과 사고성을 높인다

기쁨은 즐겁고 열정적인 삶을 살아가는 데 필요한 활력소이다. 기쁘고 행복한 사람은 자신감이 높고 자제력이 강하다. 세상을 낙관적으로 바라보고 항상 희망을 안고 살아간다. 언제나 결과가 좋을 것이라고 믿으며, 설령 부정적인 사건이 일어나도 그 안에서 긍정적인 가능성을 볼 줄 안다. 또한 자기 인생을 스스로 책임진다는 태도로 살아가므로, 항상 건강하고 활기찬 모습을 보인다.

기쁨은 자신에 대한 만족감을 높이기 때문에 대인관계에 적극적으로 나서게 한다. 사람들을 만날 때 적극적이고 긍정적으로 대하고, 즐거운 일이 생기리라 기대한다. 다른 사람들에게 '기분 좋은 일이 생기기를 바란다'라는 말을 들을 필요도 없다. 이미 자신의 선택에 따라 기분 좋은 날이 되었기 때문이다.

신나고 활기찬 생각은 삶을 더욱 풍요롭게 한다. 감정은 믿음에 좌우되며, 행동을 추진하는 '연료'와 같다고 설명했다. 즐겁게 살아가고 싶다면, 즐겁고 기쁜 생각을 많이 해야 한다.

몸을 건강하게 해준다

기분이 좋고 행복할 때 두뇌에서는 엔도르핀(Endorphin)이 많이 분비된다. 엔도르핀은 자연스러운 도취감을 자아낼 뿐 아니라 긍정적인 감정을 자극한다. 또한 엔도르핀은 면역체계와도 밀접한 관련이 있는데, 신체의 면역성과 치유력을 강화한다. 다시 말해 기쁨이 커지는 만큼 엔도르핀의 분비가 촉진되고, 면역력도 강해지는 것이다.

미시간대학교의 심리학자 폴 피어솔(Paul Pearsall)은 "쾌활한 사람은 우울한 사람에 비해 병에 걸리는 일이 드물고 병에 걸리더라도 일찍 치유된다."라고 말한다. 이런 결과는 이미 여러 연구에서 입증된 바 있으며, 특히 《새터데이 리뷰(Saturday Review)》의 편집장이던 노먼 커즌스(Norman Cousins)의 실제 경험을 통해 사실임이 밝혀졌다. 커즌스는 유머를 통해 치명적인 질병을 치유하고 수명을 연장할 수 있었다.

커즌스의 책 《질병의 해부(Anatomy of an Illness)》에 따르면, 비타민 C의

다량 복용과 웃음을 통해 심각한 교원병*을 치료할 수 있었다고 한다. 커즈스는 "한 10분 정도 실컷 웃고 나면 마취 효과가 생겨서 적어도 2시간은 고통 없이 잘 수 있었다."라고 밝혔다. 그는 만약 부정적인 감정이 질병의 악화에 영향을 미친다면 반대로 긍정적인 감정은 건강 회복에 도움이 될 거라고 생각했다. 그는 하루에 재미있는 영화를 몇 편씩 보는 걸 일과로 삼았다. 그것이 그의 건강 회복에 크게 도움 되었음은 물론이다.

유머가 건강에 도움이 된다는 생각은 그다지 새로운 것이 아니다. 성경의 잠언 17장 22절에는 '마음의 즐거움은 양약(良藥)'이라는 구절이 나온다. 커즈스의 경험은 감정과 건강의 상관관계를 밝히는 데 중요한 공헌을 했다. 웃음과 유머는 그의 삶을 변하게 했을 뿐 아니라 과학계로 하여금 유머의 중요성을 깨닫게 했다.

만약 웃음이 몸과 마음의 건강에 이토록 중요하다면, 지금까지 웃음의 치료 효과에 주목한 학자들이 드물었던 이유는 무엇일까? 아마도 의약품이 훨씬 더 과학적이고 의학적이라는 선입견 때문일 것이다. 다시 말해 의사들이 비과학적인 방법을 그다지 신뢰하지 않았기 때문이라는 얘기다. 의사의 진료실은 대개 웃음과 유머를 즐기기에 부적합한 장소로 여겨진다. 게다가 대놓고 얘기하면, 어떤 증상에 얼마만큼의 유머를 처방해야 할지 곤란하기도 했을 것이다. 필자들은 '많을수록 좋다'고 생각한다.

---

* 교원병(膠原病): 혈관의 결합조직에 팽화(膨化)나 괴사(壞死) 따위의 변화가 발견되는 모든 급성·만성 질환을 통틀어 일컫는다. 류머티즘열, 피부근염, 루푸스 등의 질환이 포함된다.

☺

기쁨과 행복도
연습이 필요하다

기쁨은 하나의 선택이다. 텔레비전을 보면서 스포츠방송에서 음악방송이나 공중파방송으로 채널을 바꿀 수 있듯이, 당신은 두려움이나 공포에 사로잡힌 상태에서 삶의 아름다움에 경탄하는 상태로 '감정의 채널'을 바꿀 수 있다. 기쁨을 느끼기 위해서는 활기차고 열정적인 생각과 믿음을 가져야 한다. 그렇게 하기 위해서는 어떻게 해야 하는지 차근차근 알아보자.

긍정적인 사고방식을 갖고 타인을 배려하자

두뇌가 불안에 휩싸여 있을 때 어떤 일이 일어날까? 불안이 두뇌를 자극하면 스트레스 호르몬이 다량으로 분비되고, 스트레스 호르몬이 많이 분비될수록 스트레스는 더 많이 쌓인다. 스트레스가 많이 쌓일수록 스트레스가 유발하는 화학물질이 많이 생겨나고, 그러면 몸은 그만큼 더 긴장 상태에 돌입한다. 그 결과 두뇌는 점점 더 많은 자극을 받게 된다. 이제 어떤 상황인지 알았을 것이다. 스트레스의 악순환을 중단시키려면 긍정적인 행동을 취해야 한다.

회사에서는 직원 3명 중 1명을 승진시킬 예정이었는데, 찰리는 경쟁에 대한 부담감으로 몹시 힘들어했다. 그는 속으로 이렇게 생각했다.
"승진하지 못하면 어떻게 하지? 나이는 점점 들어가고, 이번에도 승진 못하면 평생 말단으로 썩어야 하는데 말이야!"
혼자 이런 말을 계속 할수록 더욱 심한 불안에 시달렸다. 그는 밤잠을 못 이룰 정도로 초조해했고, 직무를 서툴게 수행했으며, 결국 누구나 짐작하듯 승진 심사에서 탈락했다!

긍정적인 마음가짐을 갖고 건강한 목적을 추구할 때는 엔도르핀이 분비되어 스트레스가 줄어들고 기쁨이 커진다. 간단히 말해서 잘못된 믿음과 생각을 바꾸면 저절로 기쁜 마음이 생긴다.

특히 타인을 배려하는 마음을 가지는 게 중요하다. 아들러는 "타인을 위한 공헌은 자신에게 행복감을 안겨준다. 결국 타인을 위한 공헌은 자신의 행복을 위한 최고의 선물이다."라고 말했다. 피어솔 역시 자기중심적인 생각을 버리고 다른 사람을 더욱 배려하는 마음을 가질 때 더욱 즐겁게 살아갈 수 있다고 한다. 이기심을 버리고 이타심을 가지는 것이야말로 기쁨의 비법이라는 뜻이다.

유머감각을 활용하여 기쁨을 배가시키자

사람들은 농담과 익살스러운 행동, 코미디언의 토크쇼, 시트콤이나 드라마, 다른 사람의 실수 등을 보고 웃음을 터뜨린다. 하지만 자신의 행동에서는 유머를 발견하지 못하고 당황하거나 낙담하곤 한다. 그리고 당황한 나머지 또 다른 실수를 반복한다.

이때 유머가 필요하다. 유머는 낙담이나 절망, 공포와 불안의 감정을 딛고 일어설 수 있게 해준다. 시야를 넓히고 인식을 전환하는 계기를 제공함으로써 사태를 다른 방식으로 바라볼 수 있게 돕는다. 그럼으로써 고통 속에서 기쁨을 찾을 수 있고, 그렇지 못하더라도 적어도 인내할 수 있다는 자신감을 얻을 수 있다.

유머는 농담 이상의 무엇이다. 삶에 대한 비관적인 전망에서 오는 의기소침, 우울증, 고독감 등에서 벗어난 상태이다. 삶이라는 여행은 유머감각 없이도 떠날 수 있지만, 유머가 없다면 이 여행을 제대로 즐기지 못할 것이다. 오코넬은 "인생은 심각하게 받아들이기엔 너무 중요하다."라고 말한 바 있다. 배우인 에설 배리모어(Ethel Barrymore)는 "자기 자신을 진정으로 비웃을 수 있을 때 비로소 어른이 된다."라고 말했다. 예전에 겪은 우스꽝스러운 일을 기억해보라. 생각만 해도 입가에 미소가 생기지 않는가? 유머감각을 활용하면 기분과 감정을 바꿀 수 있다.

삶을 바꾸는 유머의 힘

앞에서 유머가 엔도르핀을 분비시켜 신체 건강을 증진시킨다는 사실을 이야기했다. 구체적으로 심리상태에는 어떤 영향을 주는지 그 작용에 대해 알아보자.

유머를 활용해 목숨을 건진 남자 ⏐ 유머감각이 있는 사람들은 불운한 일을 겪더라도 쉽사리 고통과 좌절감에 빠지지 않는다. 레바논에서 인질로 억류된 적이 있는 데이비드 제이컵슨(David Jacobson)은 유머감각의 위력을 이렇게 웅변한다.

내 삶에서 가장 암울했던 순간은 레바논에서 억류당했을 때였다. 물론 가장 유머 넘치는 순간이기도 했다. 유머가 없었다면 우리는 완전히 정신을 잃어버렸을 것이다. 납치범이 총구를 내 뒤통수에 겨누고 "넌 이제 죽었다."라고 했을 때 나는 갑자기 쾌활한 목소리로 대꾸했다. "지금은 화요일 밤이죠. 할 일이 산더미같이 쌓여 있어요. 내일도 일정이 꽉 차 있답니다. 목요일까지 좀 기다려주시면 안 되겠어요?" 그는 심한 욕설을 퍼붓더니 총구를 거두어들였다. 이 사건은 내게 유머로써 두려움을 극복할 수 있다는 교훈이 되었다.

힘든 상황에 대처하는 힘을 준다 ⏐ 유머는 상황을 반전시킬 수 있으며 힘든 일에 대처하는 힘을 준다. 게일 시히(Gail Sheehy)의 베스트셀러 《개척자(Pathfinder)》에서도 유머감각과 애정이 풍부한 사람들이 어떻게 어려운 상황을 극복했는지 소개한다.

스티브는 암에 걸려서 항암치료를 받아야 했다. 친구인 조지가 스티브의 곱슬머리를 보더니 한마디 했다. "자네도 곧 대머리가 되겠군. 나처럼 말이야." 이 말을 들은 스티브는 "그래도 내 머리카락은 다시 자랄걸세." 하며 빙긋 웃었다.

분노를 바꾸는 데 효과적이다 ㅣ 유머는 심란한 상황에서 주의를 돌리고 다른 식으로 생각할 여지를 마련해준다. 특히 공포나 분노 같은 강렬한 감정을 바꾸는 데 효과적이다. 공포·분노와 유머는 모순된 감정으로서 이들을 동시에 느낄 수는 없다. 따라서 유머가 우세할 때는 공포와 분노의 감정은 가라앉을 수밖에 없다.

제이슨과 샤론 부부는 말다툼을 하게 되었다. 싸움이 점점 격렬해지며 서로 심한 말을 주고받았다. 생활비에서 성생활에 이르기까지 모든 문제가 터져 나왔다. 아무런 해결책이 보이지 않았다. 그러자 제이슨이 주먹으로 부엌의 조리대를 내리치면서 샤론에게 고함을 질렀다.
"이제 됐어. 당신하곤 끝이야!"
그 야단법석이 벌어지는 와중에도 집에서 기르던 고양이는 계속 잠을 자고 있었다. 그런데 내리치는 소리에 깜짝 놀란 고양이가 공중으로 뛰어오르면서 요리가 담긴 접시를 엎고 말았다. 안에 있던 스파게티 소스가 고양이의 머리 한가운데로 정확히 쏟아졌다. 제이슨이 "이런⋯." 하고 탄식을 내뱉는 사이 샤론이 웃음을 터뜨렸다. 제이슨도 샤론을 보고 웃기 시작했다. 얼마 후에 두 사람은 서로를 꼭 안고 울음을 터뜨렸다.

자신의 불완전함을 인정하도록 돕는다 | 유머감각은 두려운 상황이건 평범한 상황이건 웃을 수 있는 여지를 마련해준다. 유머는 자신이 약하고 불완전하다는 사실에 압도당하지 않으면서 그것을 그대로 인정할 수 있는 여유를 준다. 자신이 완전치 못한 존재이며 실수를 할 수 있다는 사실을 인정하면, 더 정직하게 그리고 긴장감 없이 살아갈 수 있다.

한 유명한 강연자가 '자신을 받아들이는 태도'를 주제로 강연을 하고 있었다. 완벽함을 포기할 용기가 있어야 한다는 게 그의 신조였다. 이런 태도에 관해 설명하던 도중에 갑자기 그는 말을 더듬었고 원래 하고자 했던 뜻과는 정반대의 취지로 이야기를 하고 말았다. 청중들이 웅성거리기 시작했다. 그는 실수를 깨닫고 빙긋 웃으면서 이렇게 말했다.

"이런, 제가 그만 실수를 하고 말았군요. 하지만 제 말뜻은 찰떡같이 잘 알아들으셨죠?"

그제야 청중들은 웃음을 터뜨렸고 강연자는 계속 진행할 수 있었다.

고집을 줄여준다 | 유머는 자기 고집을 해방시킨다. 자신에게나 남에게나 완벽함을 요구하지 않고, 어려운 상황에 직면했을 때 활기찬 자세로 도전하는 모습을 보이자. 완벽해야 한다는 강박증을 벗고 고집을 내려놓고 자신을 조롱하는 여유를 가질 수 있으면 당신 자신이나 주위 사람들이 더욱 유쾌한 삶을 살 수 있다.

루크는 부하 선원들을 엄격하게 관리하는 해군의 보급장교이다. 그는 항상 완벽한 일처리를 강조하여 군에서 명성이 자자했으나 집에서는 그렇지 못했다. 이제 14살이 된 루크의 딸 보니는 아버지를 가끔 '미쳐버리게' 할 만큼 게으른 딸이었다. 루크가 모든 물건은 제자리에 놓아야 한다고 강조할수록 보니는 집을 더 어지럽혔다.

하루는 늦잠을 잔 루크가 허겁지겁 아침을 먹고 접시를 싱크대에 넣은 뒤에 곧장 출근한 일이 벌어졌다. 부대에서 집으로 돌아와 씻지 않은 접시 생각이 나자 그는 곧장 설거지할 생각으로 부엌으로 갔다. 식기세척기에 막 접시를 넣으려는 순간 보니가 빙긋 웃으며 자기를 보고 있는 게 아닌가. 루크는 좀 당황했다.

"뭐가 그렇게 웃겨?"

"아빠도 참, 접시를 그냥 놔두고 가시면 어떡해요. 정말 부끄러운 줄 아세요!"

"애야, 그런 얘기라면 너한테 할 말이 많단다. 이 집을 매일 엉망으로 어지럽히는 게 바로 너잖아. 나는 겨우 오늘 한 번⋯."

말을 하다가 딸의 표정이 점점 더 짓궂은 미소로 변하는 걸 보고 루크도 그만 웃음을 터뜨렸다.

"좋아, 네 말이 맞다. 나도 완벽한 사람이 아냐. 내가 졌구나!"

두 사람은 함께 웃고 말았다.

유머감각을 높이기 위한 실전 연습

선천적으로 유머감각을 타고나는 사람도 있지만, 당신이 그렇지 않은 경우라면 연습을 통해 유머감각을 기를 수 있다. 물론 쉽지 않을 수도 있다. 그러나 배우겠다고 마음먹은 자체가 중요하다. 모든 배움은 마음가짐에서 출발한다는 것을 잊지 말고 하나씩 차근차근 공부해보자.

부정적인 생각 버리기

유머감각을 연습하려면 무엇보다도 부정적인 믿음부터 바꿔야 한다. 낙담한 상태에서는 유머감각을 발휘할 수 없다. 오코넬과 엘리스는 부정적인 사고방식을 자아내는 잘못된 믿음을 소개한 바 있는데, 다음은 그 예이다.

① 나는 언제나 모든 사람에게 사랑받고 인정받아야 한다.

② 나는 모든 방면에서 유능해야 하고 훌륭한 성과를 내야만 한다.

③ 내가 원하는 대로 일이 풀리지 않으면 비참하고 끔찍한 기분이 든다.

④ 내가 무언가를 책임지는 상황은 피해야 한다. 도저히 견딜 수 없는 짐이다.

⑤ 나나 다른 사람에게 문제가 생기면, 나는 당황할 수밖에 없다.

⑥ 이 세상은 공정해야 하고 반드시 정의가 승리해야 한다.

이 중에 하나라도 당신의 생각과 일치한다면, 당신은 현실을 제대로 반영하지 못하는 사고와 믿음을 가졌다고 봐도 무방하다. 이런 믿음은 언젠가는 문제가 될 것이다. 다시 말하지만 감정과 행동방식을 결정하는 것은 믿음이다.

이제부터라도 부정적인 생각과 고집을 버리도록 하자. 스스로가 좀 못나고 우스꽝스럽게 보여도 불편하게 보지 말고, 뜻대로 일이 풀리지 않아도 깊이 좌절하기보다 약간 실망하는 정도에 그친다. 남을 비난하고 싶은 마음이 들 때는 우선 자신이 얼마나 거기에 책임이 있는지 깨달을 필요가 있다. 삶이 항상 내 계획대로 이루어져야 한다고 고집하는 대신, 좀 더 폭넓은 시야와 넓은 마음으로 어떤 일이건 그대로 받아들일 수 있는 용기를 가져야 한다.

버려야 할 잘못된 생각 적어보기

유머감각을 배우기 위해서는 부정적인 생각과 믿음부터 버려야 한다. 그렇다면 내가 버려야 할 잘못된 믿음은 무엇일까? 아래는 오코넬과 엘리스가 소개한 잘못된 믿음들이다. 내가 가지고 있는 믿음에 O표를 해본다. 그리고 빈칸에는, 나만이 가지고 있는 잘못된 믿음을 써보자.

1. 나는 언제나 모든 사람에게 사랑받고 인정받아야 한다. (　　)
2. 나는 모든 방면에서 유능해야 하고 훌륭한 성과를 내야 한다. (　　)
3. 내가 원하는 대로 일이 풀리지 않으면 비참하고 끔찍한 기분이 든다. (　　)
4. 내가 무언가를 책임지는 상황은 피해야 한다. 도저히 견딜 수 없는 짐이다. (　　)
5. 나나 다른 사람에게 문제가 생기면, 나는 당황할 수밖에 없다. (　　)
6. 이 세상은 공정해야 하고 반드시 정의가 승리해야 한다. (　　)
7. 그 외에 내가 가지고 있는 잘못된 믿음

....

....

....

....

과거의 일을 유머로 돌이켜보기

예전 일을 돌이켜보며 유머로 풀어보는 것도 유머감각을 연습하는 좋은 방법이다. 아이가 빨래를 거든다고 나섰는데 빨랫감에 크레용을 넣었다. 화를 내겠는가 아니면 그냥 웃고 말겠는가? 접시가 바닥에 떨어져 깨졌다. 끔찍한 일인가, 아니면 그저 웃어넘길 만한 일상의 작은 파격인가?

기억 속의 우스꽝스러운 장면에 대해서는 쉽게 웃음을 터뜨리면서, 왜 그 당시에는 심각하기만 했던 것일까? 결국 관점에 달린 문제가 아닐 수 없다.

오늘의 감정 수업 20

과거의 사건 유머러스하게 해석하기

그때는 너무나 힘들고 고통스러웠던 그 일, 정말 그 정도로 힘들고 부정적인 감정을 느껴야만 했던 사건이었을까? 유머러스한 관점으로 바라보면 내 감정은 어떻게 될까? 천천히 적어보며 생각을 전환해보자.

1. 과거에 힘겨웠던 상황을 떠올려본다. 그리고 그 당시에 느꼈던 감정은 어땠는지 적는다.

....

....

2. 그 상황을 유머러스한 관점에서 바라본다. 그리고 지금 느끼는 감정을 적어본다. 감정이 어떻게 달라졌는가?

....

....

긍정적인 마음 가지기

부정적인 생각을 버리고 과거의 좋지 않았던 일을 유머러스하게 다시 바라보는 일은 유머감각을 위해서 필요하다. 그런데 무엇보다 정말 필요한 것이 있으니, 바로 긍정적인 마음과 생각을 가지는 것이다. 아래에서 언급되는 것들을 마음에 깊이 새기기를 바란다.

① 쾌활하고 장난기 있는 사람이 되자. 좀 어리석게 보이기도 하고, 농담도 던지고, 장난도 치며 자주 웃어라.

② 삶의 다양한 역설을 이해하자. 이타심은 종종 이기심의 위장일 수 있다. 인간은 완전한 존재가 아니다. 다른 사람에게 허점도 보이면서 그들을 웃게 하라.

③ 자신을 비웃을 줄 아는 여유를 가지자. 좀 더 여유 있게 자신을 바라보고 약점을 보이거나 실수를 해도 흥분할 필요는 없다.

④ 다른 사람과 함께 재미있는 일을 즐기자. 영화를 보고 외식을 하고 놀이를 즐기고 함께 웃어라. 코믹 피아니스트인 빅터 보르게(Victor Borge)는 "웃음은 두 사람을 하나로 묶는다."라고 말했다.

⑤ 어떤 상황에서도 유머를 잊지 마라. 유머감각을 능숙하게 발휘한다면 감정을 스스로 결정하고 기쁨을 더 자주 느낄 수 있다. 과연 유머보다 더 재미있고도 유익한 도구가 있겠는가?

운동으로 엔도르핀 분비를 증가시키기

긍정적인 마음과 기쁨을 강화시키고 혈압과 스트레스는 감소시키는 엔도르핀은 활발한 신체활동과 유산소 운동을 할 때 많이 분비된다.

브렌다는 기분이 저조하고 만성피로에 시달린다고 하소연했다. 몇 가지 검사를 마치고 아무 이상이 없음을 발견한 담당의사는 운동을 하는 게 어떻겠냐고 제안했다. "나한테 무슨 도움이 되겠어요? 이미 피곤해 죽을 지경인데요." 브렌다는 계속 불평했다. "운동을 하면 몸에 새로운 활력이 생깁니다. 그리고 심리적 건강 문제도 걱정이 되고요." 그러면서 의사는 브렌다에게 엔도르핀에 관해 설명해주었다.

의사는 좋아하는 운동이 있냐고 물어보았다. "글쎄요, 예전엔 자전거 타기를 좋아했는데 자전거를 타지 않은 지 꽤 오래됐네요." 의사는 자전거 동호회라도 가입하라고 제안했다. 동호회에 가입하면 자전거도 타고 사람들과도 자주 어울릴 수 있다는 것이었다. 브렌다는 그다지 내키지 않았으나, 계속 우울하고 기진맥진한 상태로 지내는 것보다는 나을 거라고 생각했다. 그녀는 의사의 충고를 받아들였다. 몇 주 후에 브렌다는 다시 즐겁고 활기찬 기분을 느낄 수 있었다.

기쁨과 행복은
내가 창조하는 것

이제 근심과 스트레스, 불안과 우울증을 떨쳐내고 더욱 즐겁고 행복하게 살아갈 준비가 되었는가?

기쁨은 모든 사람에게 허용된 선물이다. 아이들은 자주 방긋방긋 웃고, 사소한 일에도 즐거워하며 기쁜 감정을 표시한다. 그런데 어째서 어른들은 자주 기뻐하지 않는 것일까? 언제부터 기뻐하는 능력을 잃어버린 것일까? 물론 어른이 된다는 건 심각한 일이다. 왜 아니겠는가? 어린 시절에는 생각할 필요도 없었던 책임이 따른다. 하지만 즐거운 일이기도 하다! 심각하기만 하고 즐거움에 무감한 사람은 '틀에 박힌' 어른이 될 뿐이다.

어린 시절에 기쁨을 누릴 수 있었다면 지금도 가능하다. 하지만 이미 심각한 어른이 되었기에 스트레스와 우울, 불안 등의 감정을 줄이기 위해 특별히 노력해야 한다. 더 많은 기쁨을 누리기 위해서는 기뻐하는 연습을 해야 한다. 스스로 기뻐할 수 있는 방법에 주목해야 한다. 부정적인 감정에서 관심을 돌려 더욱 열정적이고 활기차게 살아가는 방법에 집중해야 한다는 얘기다.

기쁨은 부정적인 감정에서 해방된 마음 상태 이상이다. 기쁨은 건강보다 상위에 있다. 그리고 당신은 삶을 완전히 새로운 태도로, 즉 기쁜 마음으로 바라볼 능력을 가지고 있다. 당신의 마음과 관점을 스스로 결정할 수 있다면, 기쁨도 '창조'할 수 있다. 불안하고 우울하게 살아가느냐, 아니면 즐겁고 신나게 살아가느냐 하는 문제는 바로 나 자신에게 달려 있다. 이제 시작해보자.

오늘의 감정 수업 21

행복해지는 방법 실천하기

호프대학교의 심리학자 데이브 마이어스(Dave Meyers) 교수는 누구나 실천할 수 있는 '행복해지는 방법' 5가지를 제안했다. 아래에서 지금 당장 내가 실천할 수 있는 것은 무엇일까? 한번 체크해보자.

- 적절한 운동과 식사로 건강을 유지하기 (   )
- 스트레스를 줄이고 심신의 안정을 위해 자주 휴식을 취하기 (   )
- 충분한 수면을 취하기 (   )
- 다른 사람들과 친밀한 관계를 맺기 (   )
- 나의 신념을 확인하고 신념에 따라 행동하기 (   )

복습 **감정의 목적**

모든 감정에는 목적이 있다. 감정이 올라올 때마다 이 감정의 목적이 무엇인지 스스로 확인하고, 그 목적이 정당한가 생각해보기 바란다. 여기에는 앞에서 다루지 않았던 감정들도 설명하고 있어 더욱 유용할 것이다.

감정	목적	설명
화 anger	• 통제 • 승리 • 앙갚음 • 권리 보호	통제력을 되찾고 싶거나, 논쟁 따위에서 승리하고 싶거나, 상대에게 앙갚음하고 싶은 마음의 표현이다. 원하는 바를 얻지 못했을 때 억지로 그것을 얻기 위해 화를 낸다. 권리를 보호하고 싶을 때도 화를 낸다. 다시 말해 상대방을 '물러서게' 하고 싶을 때 주로 화를 낸다. 자신에게 화를 낼 때는 스스로를 처벌하거나 억지로 어떤 일을 해야 할 때이다.
언짢음 annoyance	• 동의하지 않음 • 방해 제지 • 조치를 취함	언짢음은 분노가 다소 완화된 표현이다. 주로 다른 사람이 자신을 방해하는 행동을 할 때 언짢음을 표시한다. 상대에게 반대의 뜻을 표하거나, 방해를 물리치거나, 혹은 뭔가 조치를 취하겠다는 뜻이다. 모두 통제력을 갖겠다는 의미이지만, 억지로 순종을 강요하는 분노보다는 약한 감정 표현이다.
냉담함 apathy	• 은근한 거부감	냉담함은 종종 잘못 이해된다. 이 감정은 단순히 다른 사람을 배려하지 않는 것이 아니다. 냉담함은 거침없이 혐오감을 표시할 만큼 대범하지 않은 사람들이 은근히 거부감을 표현하는 방법이다.

감정	목적	설명
지루함 boredom	• 누군가 자신을 즐겁게 해주기 바라는 마음 • 어떤 것을 좋아하지 않는다는 뜻을 표시	지루함은 즐거움을 느낄 책임이 스스로에게 있다는 사실을 부인할 때 느끼는 감정이다. 현재 상황을 좋아하지 않지만, 아무것도 적극적으로 할 생각이 없을 때 누군가 자신을 즐겁게 해주기를 바라며 지루함을 느낀다.
혼란 confusion	• 이해력 부족 • 우유부단 • 다른 사람의 기대감 회피	혼란스러움은 무언가를 이해하지 못할 때 느끼는 감정으로, 주로 결정을 피하고 다른 사람의 기대치에 맞추기를 거부할 때 이런 감정을 보인다. 열심히 어떤 것을 설명해줘도 '아직 혼란스러워'라고 말하는 사람이 있는데, 그러면 상대는 화가 나고 결국 포기하게 된다. 결국 혼란스러운 감정의 목적은 임무를 회피하는 것임을 알 수 있다. 혼란스러운 감정은 상대로 하여금 좌절하게 만든다.
절망 despair	• 자포자기에 대한 면죄부	절망감은 이미 여러 번 시도했지만 실패했을 때 느끼는 감정이다. 낙담한 사람이 한층 좌절하면 절망감을 느끼는데, 이는 스스로 포기할 것을 종용하는 심리 상태이다.
낙담 discouragement	• 늑장을 부리거나 자포자기해도 좋다고 변명하는 구실	늑장을 부리거나 포기하고 싶은 마음을 드러낸다. 자신이나 다른 사람의 행위가 만족스럽지 못할 때 낙담한다. 쉽게 낙담하는 사람은 매우 경쟁적인 성격으로 자신의 지위에 지나치게 관심이 많은데, 한편으로는 용기가 부족해 위험을 감수하지 못하며, 안전한 보장을 원하고 실패를 두려워한다.

감정	목적	설명
우울증 depression	• 분노 표출 • 통제 • 시간 벌기 • 도움 요청 • 슬픔의 표현	'우울한' 감정은 우울증에 걸린 심리 상태와 반드시 같다고는 할 수 없다. 모든 사람은 때때로 우울한 기분에 빠지지만, 우울증은 좀 더 복잡한 심리적·신체적 현상이다. 여기서는 우울한 감정의 목적에 대해서만 설명하겠다. 우울한 감정은 강한 슬픔의 표현이다. 우울한 감정은 소리 없이 울화통을 터뜨리는 심리 상태일 수 있는데, 그 표적이 된 당사자는 죄책감까지 느낄 수 있다. 우울한 사람은 이런 식으로 상대방을 통제하려 든다. 우울한 감정을 통해 시간을 벌기도 한다. 다른 사람에게 자신의 책임을 떠넘기고 자신에게는 아무것도 기대하지 말라는 뜻을 표명할 때도 쓰인다. 하지만 몹시 슬픈 일을 겪었을 때는 우울한 감정이 오히려 자연스러운 치유 과정이라고 보아야 한다.
실망 disappointment	• 불만족의 표현 • 동의하지 않음	원하는 것을 얻지 못했을 때 만족스럽지 못한 심정을 표현한다. 때로는 실망감이 언짢음과 결합하여 반대의 뜻을 표시한다.
당황 embarrassment	• 곤경에서 벗어나고 싶은 마음 • 우월감 표시 • 앞으로 다른 사람의 행동을 통제하겠다는 뜻	상대의 마음에 들지 않는 행동을 했을 때 당황하는 이유는, 그 당황한 모습으로 상대의 용서를 구하기 위함이다. 거꾸로 다른 사람의 행동으로 인해 당황할 때는 그 사람이 멍청한 짓을 저질렀다고 생각하는 경우가 많다. 즉, 우월감의 표출이다. 또는 상대의 행동을 통제하려는 의도로 당황한 모습을 보이기도 한다. 가령, "네가 그렇게 하면 내가 곤혹스러울 거야."라는 말로 상대의 행동을 미리 통제하려 한다.

감정	목적	설명
공포와 불안 fear and anxiety	• 자기보호 • 흥분 • 조치를 취함	공포와 불안은 둘 다 긴급 상황에 대비하는 마음가짐을 갖추고, 그에 대응하는 행동을 하도록 돕는다. 즉, 자신을 보호하는 감정이다. 하지만 감정이 심하게 고조되면 일 처리를 그르칠 수 있다. 실패에 대한 두려움이 실패 자체보다 파괴적인 영향을 미친다.
연민 pity	• 회피 • 우월감 표시	자기 연민에 빠진 사람은 자신의 가치를 깎아내리고 적극적인 행동에 나서지 않는다. "나같이 불쌍한 사람한테 누가 기대하겠어?" 한편 다른 사람에게 연민을 느끼는 것은 우월감의 표시이다. 그 사람의 가치를 깎아내리거나 그를 위해 무언가를 해주려고 하거나, 아무 것도 기대하지 않는다. 참고로 공감은 상대방의 자존심을 건드리지 않으면서 진심으로 배려하는 태도로, 연민과 확연히 다르다.
걱정 worry	• 관심의 표현 • 두려움의 표현 • 어떤 일이 일어나지 않기를 바라는 마음	어떤 일에 대한 관심이나 두려움을 표현하기 위해 사용된다. 때로 걱정은 '주술적인 사고방식'을 내포한다. 마치 어떤 일을 충분히 걱정하면 그 일이 일어나지 않고, 걱정하지 않으면 그 일이 닥칠 것이라고 믿는 식이다.
상처 hurt	• 당한 만큼 갚아준다는 생각	우선 자신이 형편없는 사람이라고 생각하며 자신의 가치를 깎아내리거나, 상대방이 나를 그렇게 대하지 말았어야 했다고 생각한다. 자기를 비난하다가 갑자기 상대방을 비난하기도 한다. 그런 후에 받은 만큼 되돌려주겠다며 화를 낸다. 즉, 상처는 자기가 자기에게 주는 것이다.

감정	목적	설명

죄책감
guilty
	• 자기 처벌
	• 의무 방기
	• 자기 변명
	• 우월감 표시
	• 분노를 느껴야
	  할 때
	• 선의를 가장할
	  때
		잘못을 저질렀을 때는 죄책감을 느껴야 한다고 배웠을 것이다. 즉, 죄책감은 자기 자신을 처벌하는 감정이다.
		공개적으로 거부감을 표시하지 않은 채 해야 할 일(의무)을 방기하고 싶을 때도 죄책감을 빌미로 삼는다. 해야 할 일을 알고 있지만 하지 않을 때, 그저 죄책감을 느낌으로써 마음의 부담을 없애고자 한다.
		잘못된 행동을 했을 때도 죄책감을 이용해 자신을 변명한다. 잘못된 행동을 고치거나 변화하려는 노력은 하지 않고, 그 대신 죄책감으로 사태를 무마하려고 한다.
		때로는 죄책감이 우월감을 표시하는 수단이 되기도 한다. 잘못을 저질렀을 때 '적어도 잘못했다는 점은 알 정도로 경우가 바른' 사람임을 자부하는 식이다. 따라서 잘못하고도 아무런 생각이 없는 사람을 무시하기까지 한다. 그런 사람은 잘못으로 인해 고통을 느끼는 자신만큼 올바르지 않다는 뜻이다.
		분노의 감정을 피하고 싶을 때도 죄책감을 이용한다. 화가 난 사실을 인정하는 대신 죄책감을 느끼고, 화가 난 상대에게 화를 내기보다는 차라리 혼자 괴로워하는 편이 낫다고 생각한다.
		대체로 자신이 착한 사람처럼 보이고 싶을 때 죄책감을 느낀다. 그렇다면 처음부터 행동을 바르게 해야 한다. 죄책감을 느낀다면 곧 변화가 필요하다는 신호로 받아들여야 한다. 스스로 변화할 수만 있다면 죄책감은 건강한 감정이다.

감정	목적	설명
슬픔 sadness	• 실망의 표현 • 다른 사람에게 책임 떠넘기기 • 공감 표시	자기 자신, 타인, 혹은 상황에 실망했을 때 슬픔을 느낀다. 이때 슬픔과 자기 연민이 결합하면 책임을 다른 사람에게 떠넘기는 수단이 된다. 슬픔을 통해 타인에 대한 공감을 표시할 수도 있다. 어떤 사람에게 안 좋은 일이 생겼을 때 느끼는 슬픔은 유감의 뜻을 표명하는 감정이다. 앞에서도 설명했지만 공감과 연민은 다르다. 연민은 상대가 혼자 힘으로 문제를 해결할 수 없다는 뜻을 내포하지만, 공감은 그가 고난을 헤쳐나갈 힘이 있음을 인정한다.

스트레스 조절과
긍정적인
자기 발견

PART 8

스트레스,
평생 함께 가야 할 친구

적당한 스트레스는 동기를 부여한다

시간은 없고 할 일은 많다. 내 비위를 상하게 하는 사람은 도처에 널려 있다. 범죄 걱정, 납치 공포, 아이들 문제, 실직, 만성적인 교통 체증과 사고에 대한 시시비비, 가족 간의 불화, 저녁 메뉴를 선택하는 문제까지 복잡한 일이 너무도 많다. 잠도 오지 않는다…. '누가 나 좀 살려줘!'라고 외치고 싶다.

요즘 세상에 스트레스 없이 사는 사람이 있을까? 스트레스는 육체적으로나 심리적으로나 많은 대가를 치르게 하지만, 반드시 짊어지고 가야 하는 삶의 구성요소이기도 하다.

스트레스 하면 무엇이 떠오르는가? 어떤 사람은 해고, 부부싸움, 시험 등을 떠올릴 수 있다. 반면 두통, 구토, 두근거림, 불안, 긴장 등을 떠올리는 사람도 있을 것이다.

심리학에서는 스트레스를 '스트레스 요인'과 '스트레스 반응'으로 구별하여 이야기한다. 해고나 부부싸움은 스트레스 요인, 두통과 구토는 스트레스 반응이다. 보통 스트레스 하면 스트레스 반응을 일컬으며, 이 책에서도 스트레스 요인이라고 밝히지 않는 이상 '스트레스'는 스트레스 반응을 말한다.

스트레스 연구의 아버지라 불리는 의학자 한스 셀리에(Hans Selye)는 "스트레스로 인해 우리 몸의 구조와 화학 구성이 변한다."라고 지적한 바 있다. 스트레스를 받으면 소화 속도가 빨라지고 심장박동수가 증가하며 혈압이 급격히 오른다. 진땀을 흘리며 얼굴과 목 등이 뻣뻣해진다. 이런 증상은 신경체계의 반사적인 반응이다. 한편 감정적으로는 불안, 분노, 우울, 무기력감, 우울감 등이 나타나고 심해지면 심리적으로 탈진하게 된다.

연구에 따르면 스트레스를 무조건 나쁘다고만 볼 수 없다고 한다. 적당한 스트레스는 최선의 노력을 다하게 하는 동기가 되기도 한다. 하지만 과도한 스트레스는 저항력과 면역체계를 약화시키고 일상생활의 사소한 요구조차 버겁게 한다. 주변 사람과 어울리거나 함께 일하기 힘겹게 만들기도 한다. 이런 것들은 나쁜 스트레스라고 할 수 있다.

스트레스에서 중요한 것은 그것을 억제하는 것뿐만 아니라, 스트레스를 자신에게 유리한 방향으로 조절하는 것이다.

스트레스를
일으키는 요인들

스트레스의 원인은 다양하다. 일상생활의 사건, 화학적·환경적 영향, 긍정적인 사건(결혼식이나 축제 등), 생활양식, 감정적 요인, 대인관계 등이 모두 스트레스의 요인이다. 이 밖에 잘 알려지지 않은 한 가지 중요한 스트레스 요인이 있는데, 그것은 바로 사적 논리, 즉 왜곡된 생각이다. 하나하나 살펴보겠다.

일상생활의 사건

앞에서 언급했듯이, 우리가 살아가는 이 세상에는 스트레스를 받을 일이 수없이 많다. 교통 체증, 적대적인 사람들, 과중한 요구와 지나치게 높은 기대치는 모두 스트레스를 일으킬 수 있다. 배우자나 아이들, 친한 친구와의 관계에서 요구되는 사항도 스트레스의 잠재 요인이다.

지금은 다소 낡은 느낌이 들지만, 1970년대에 워싱턴대학교의 정신과 의사 토마스 H. 홈스(Thomas H. Holmes)와 리처드 라헤(Richard Rahe)는 스트레스를 일으키는 생활 속 요인에 관해 흥미로운 견해를 제시한 바 있다. 이들은 일상생활에서 스트레스를 주는 요인 43가지를 지적했는데, 그중 가장 강한 스트레스 요인 10가지는 다음과 같다.

강한 스트레스 요인 10가지

① 배우자의 죽음 ② 이혼 ③ 별거 ④ 법적 구속 ⑤ 가족의 죽음
⑥ 질병이나 부상 ⑦ 결혼 ⑧ 해고 ⑨ 부부 화해 ⑩ 은퇴

요즘 많은 사람들이 국제 정세의 불안이나 테러의 위협과 같이 간접적인 사건에 스트레스를 받고 있지만, 최근에 갱신된 목록에서도 위에 소개한 10가지 요인은 변하지 않았다.

화학 물질 및 환경

스트레스를 유발하는 화학 물질로는 알코올과 카페인, 니코틴, 기타 약물 등이 있다. 소음, 비좁은 작업장, 담배 연기, 잡동사니, 마구 어질러진 공간, 극심한 추위와 더위 등은 스트레스를 늘리는 환경에 속한다. 이 요인들을 모두 없앨 수는 없지만, 그렇다고 무력하게 당하고 있으란 법은 없다. 화학 물질은 제거하거나 피하고, 환경은 개선하면 된다.

긍정적인 사건

보통 긍정적인 사건은 스트레스를 줄이고 부정적인 사건은 스트레스를 유발한다고 생각하기 쉽지만 생일이나 결혼식, 출산, 휴가 등 긍정적인 사건도 스트레스의 원인이 된다. 흥미롭게도 똑같은 사건이 스트레스를 줄이기도 하고, 스트레스를 늘리기도 한다는 얘기다.

사적 논리

우리의 지각(知覺)은 사건과 상황을 해석하는 방식에 영향을 미친다. 지각은 우리의 '사적 논리'에 근거를 두고 있다. 이는 상식적인 논리와 달리 자기중심적이고 편향적이며 개인적이다. 사적 논리에 의존하면, 일반적인 견해와는 전혀 다른 관점으로 상황과 사건을 해석하게 되고 그에 대한 경험에도 영향을 미친다.

예를 들어, 좋은 친구가 10명쯤은 있어야 훌륭한 사람이라는 사적 논리를 가진 사람이 있다고 치자. 그는 친구가 10명이 안 되면 무시당하고 따돌림을 받는다고 느낄 것이다. 그런데 친한 친구가 한두 명 정도면 충분하다는 사적 논리를 가진 사람이라면 친구가 10명이 되지 않아도 스트레스를 받는 일이 없다.

사적 논리는 자신뿐만 아니라 다른 사람과의 관계에도 커다란 영향을 미친다. 만약 두 사람의 사적 논리가 충돌한다면 관계는 악화될 것이고 이것은 두 사람 모두에게 스트레스 요인으로 작용할 수밖에 없다.

프레드는 큰 업체의 관리자로 자신만만하고 공격적인 성격을 가진 남자다. 그는 매일 사장을 대신해 수많은 결정을 내리는데, 이 결정에는 그의 지도력과 조직력이 잘 드러났고 직원들의 반응 역시 좋다. 그는 서서히 이렇게 믿기 시작했다. '나만큼 직원들을 잘 아는 사람도 없지. 직원들은 내 말이면 다 옳다고 여기고 따르거든.'

프레드와 그의 부인 슈 사이에는 항상 팽팽한 긴장이 돈다. 부하 직원들과 달리 슈는 프레드의 결정을 따르려 하지 않기 때문이다. 특히 프레드가 자기 구미에 맞게 주말 계획을 세우려고 할 때는 화를 내기까지 했다. 슈의 반발은 프레드의 사적 논리에 균열을 일으켰고, 그는 혼란스러움을 느꼈다.

대인관계

아들러는 삶의 모든 문제는 인간관계에서 비롯된다고 했다. 직장에서의 일이든 친구들과의 교류든 가정을 꾸리는 일이든 타인과의 교류 없이 혼자서는 해낼 수 없다. 그렇기 때문에 대인관계가 좋지 않다면 심리적으로 스트레스를 받게 될 뿐만 아니라 일과 가정, 교우 관계 등에서 실질적인 어려움을 겪게 될 것이다.

오늘의 감정 수업 22

스트레스 자기평가 해보기

다음의 〈스트레스 자기평가〉를 직접 해보고, 내 삶에 스트레스를 주는 요인이 무엇인지 알아보자. 이 평가표는 위스콘신 의과대학의 정신건강

의학과 의사 렌 스페리(Len Sperry)가 만든 것이다.

각 영역을 주의 깊게 살펴보고, 내가 겪고 있는 스트레스의 원인이라고 생각하는 항목에 V 표시를 한다. 평가를 마친 뒤, 어느 영역에 V 표시를 몇 개 했는지 확인하라. 한 영역에서 V 표시가 3개 이상 나왔다면, 나는 그 영역에서 건강을 위협할 정도의 스트레스를 받고 있다고 봐도 좋다.

스트레스 자기평가	
일상생활	□ 재정 상태의 커다란 변화 □ 생활환경의 커다란 변화 □ 친한 친구의 사망 □ 저당권 상실 □ 사소한 범법 행위나 법적 구금 □ 부상과 질병 □ 임신이나 입양 □ 거주지 이전 □ 거액의 채권/채무 □ 배우자나 친척의 사망
화학적·환경적 요인	□ 너무 춥거나 더운 날씨 □ 흐리고 습기 찬 날씨 □ 시끄럽고 산만한 소음 □ 불안한 생활, 작업 환경 □ 붐비거나 밀폐된 공간 □ 니코틴 및 카페인 중독 □ 설탕과 소금 및 지방이 많은 음식 □ 스모그 현상과 공해 □ 오염물질, 유독가스, 먼지 □ 음식이나 식수 오염

생활양식·감정적 요인	□ 비관적인 전망 □ 수면장애 및 불면증 □ 긴급한 일 처리와 여가시간 부족 □ (습관적인) 근육의 긴장 □ 숨 막히는 긴장감과 여유 없는 태도 □ 주기적인 불안과 우울증 □ 불규칙한 식사 습관 □ 부단한 자책과 강박증 □ 특정 대상에 대한 공포와 혐오
대인관계	□ 의견 충돌 □ 상호 존경과 공감의 결여 □ 결정과 문제 해결의 어려움 □ 아이들 문제 □ 성적 무능력 □ 친척 문제 □ 가족의 건강 문제 □ 육체적·감정적 학대 □ 불성실
직업	□ 실직, 휴직에 대한 두려움 □ 상사나 감독자와의 갈등 □ 동료들의 비협조적인 태도 □ 교대 근무, 특히 윤번제 근무 □ 지루하고 판에 박힌 업무 □ 과중한 업무, 마감 시한 □ 업무 자율성 및 통제권 부재 □ 자리 이동이나 잦은 출장 □ 업무 목표와 책임 소재의 혼동 □ 모순된 요구와 책임

스트레스를
대하는 자세

　사람들은 대부분 다른 사람의 말이나 행동, 혹은 자신을 둘러싼 상황을 스트레스 요인이라고 여긴다. 가령, 내년이면 아내가 해고될 것이고, 아버지는 더 이상 혼자 힘으로 생활하실 수 없다. 상사는 월말까지 기획안 3개를 끝내놓으라고 독촉하고, 조금 전에 아들 녀석이 자동차를 완전히 망가뜨렸고, 이웃 사람은 새로 짓기로 한 울타리의 분담금을 내지 않으려고 한다.

　물론 이와 같은 외부 사건은 스트레스를 일으킨다. 하지만 스트레스의 핵심은 이런 사건을 해석하는 방식에 있다. 상황에 의미를 부여하는 것은 자기 자신이다. 경험에 대한 해석과 믿음이야말로 이 세상을 살아가는 태도에 영향을 미친다.

스트레스 요인을 긍정적으로 해석하자

조지아 주립대학의 로이 컨(Roy Kern) 교수는 다음과 같은 사고방식을 소유한 사람은 스트레스를 많이 받는다고 지적했다.

① 나는 자제심이 강하고, 모든 걸 통제할 수 있어야 한다.
② 나는 항상 완벽하게 처신해야 한다.
③ 나는 다른 사람을 기쁘게 해야 한다.
④ 나는 무언가를 책임질 능력이 없다.
⑤ 나는 과중한 부담에 시달리고 있고, 사람들은 내게 너무 많은 걸 기대한다.

이런 사고방식이 당신이 처한 상황을 해석하는 관점을 결정하는 셈이다. 이 사실을 분명히 의식하면 새로운 관점과 대응 방법을 선택할 수 있다. 스트레스를 줄이려면 자신의 사고방식을 정확히 인식하고 고쳐나갈 필요가 있다는 말이다.

예를 들어보자. 톰과 빌은 같은 회사에서 일을 했는데, 얼마 후에 회사가 문을 닫는다는 사실을 알게 되었다. 두 사람 모두 직장을 잃게 되므로 스트레스를 받을 가능성이 컸다. 톰은 당황하고 앞으로 무슨 일을 해야 할지 막막한 마음인 반면, 빌은 실직을 통해 좀 더 좋은 직장을 얻을 수 있다고 생각했다. 회사의 폐업은 분명 스트레스를 주는 사건이다. 그런데 톰은 이 사건의 의미를 부정적으로 해석한 결과 빌보다 스트레스를 더 많이 느낀다.

'나는 항상 완벽해야 한다'고 믿는 사람이라면, 자신이 해낸 일을 평가하는 데 인색할 것이고 따라서 더 많은 스트레스를 받는다. 반면, '최선의 노력을 다했기에 만족한다'라는 태도를 지닌 사람은 스트레스를 덜 받게 된다.

꼭 필요한 일이 아니라면 과감히 포기하자

삶에 잠복한 스트레스 요인을 찾아내고, 이 중 어떤 요인을 없애거나 줄일 수 있는지 확인해보자. 굳이 스트레스를 받으면서까지 해야 할 필요가 없는 일은 과감하게 없애는 편이 낫다.

요즘엔 많은 가족들이 몸에 과부하가 걸릴 정도로 다양한 활동을 하며 살아간다. 아이들은 축구 연습, 음악 레슨, 교회 일, 스카우트 활동에 참여해야 한다. 만약 당신이 학부형이라면 아이가 이런 일을 꼭 해야 하는지, 아이가 정말 그 활동을 원하는지, 아이들이 마음 편히 놀 시간이 있는지 다시 생각해봐야 한다. 아이의 생각이 가장 중요하다. 당신도 지나치게 많은 활동에 참여하고 있다면 조금 줄이기 바란다. 자신만의 시간을 갖는 게 중요하다. 이렇게 하면 스트레스를 상당 부분 줄일 수 있다.

화학물질이나 환경이 스트레스의 요인일 경우, 스트레스를 유발하는 화학 물질을 섭취하지 않는다. 스트레스가 많이 쌓이는 장소는 피한다. 작업 환경은 개선해달라고 요구하면 된다.

용기를 가지고 도전하자

현재의 직업이나 가정환경에 불만족스러움을 느껴서 스트레스를 받는다면, 스트레스 요인을 바꾸기 위해 용기를 가지고 도전해야 한다. 용기와 도전하는 태도는 스트레스를 다스리는 데 핵심적인 요소다. 자기자신을 믿을 때 도전할 수 있으며 그 결과 커다란 용기를 얻을 수 있다. 실수와 실패를 할 가능성 따위는 결코 당신의 의지를 좌절시키지 못한다. 실수와 실패는 새로운 배움의 기회이지 포기의 이유가 돼서는 안 된다. 자기 존중은 성공이 아니라 노력하는 태도에서 나온다. 노력 자체에서 성과와 보람을 느낄 수 있다. 조그만 성과와 노력이야말로 진정한 성공이다.

마빈은 16살에 고등학교를 중퇴했다. 그 후 10년 동안 시시한 일만 해왔다. 중간에 수잔과 결혼했고 둘 사이엔 아이가 하나 생겼다. 수잔 역시 저임금 직업에 종사했다. 가정의 앞날이 보이지 않자 그는 용기 있는 결정을 내렸다. 학업에 복귀해 고등학교 졸업장을 받고 대학에 진학하기로 마음먹은 것이다. 대입검정고시를 치른 뒤 대학 장학금을 받기 위해 몇 군데에 지원서를 냈다. 그의 신청은 연거푸 거절당했지만 그는 좌절하지 않았다. 몇 차례 거절당한 뒤 그 이유를 살펴서 새로운 방법을 찾고자 했다. 마침내 그는 자기 같은 처지의 학생을 위한 만학장학회를 찾아냈다. 그는 장학금을 신청했고 장학금을 받을 수 있었다. 마빈은 낮에는 일을 하고 밤에는 학교에 다녔다. 몇 년 뒤에 간호학 학위를 받고 일을 시작했다. 수잔도 대학에 진학해서 마케팅을 전공했다.

악조건을 딛고 기꺼이 시도하려는 마빈의 용기는 충분한 보상을 받았다. 그만한 용기가 없는 사람은 마빈이 짊어졌던 스트레스를 감당할 수 없었을 것이다. 그는 뚜렷한 목표를 가지고 가혹하게 자신을 채찍질했다. 그는 자신을 믿었다.

아무리 어려운 상황이라도 해결책은 있다

만약 곤혹스러운 상황에 처하면 어떻게 할 것인가? 그 상황에 맞는 해결책을 찾으면 된다. 어떤 어려운 상황에도 긍정적인 가능성은 있다. 이 가능성이 바로 해결의 실마리다. 불안을 느낄 수는 있지만 영원하지는 않다. 약간의 스트레스와 불안은 정상적인 현상이며, 삶의 한 부분이기도 하다. 앞에서 살펴봤듯이, 불안은 정신을 바짝 차리고 좀 더 집중케하는 동기가 될 수 있다.

브렌트는 조그만 자동차 부품점을 경영했다. 어느 날 같은 구역 안에 자동차 부품 할인매장이 문을 열었다. 처음에 브렌트는 경악했다.
"가격으로는 상대가 안 될 텐데, 나보고 어쩌란 말이야?"
그는 사업이 끝장났다고 생각했다.
문을 닫아야 할지 모른다는 처음의 공포감이 가신 후, 브렌트는 고객을 놓치지 않을 방법을 강구하기 시작했다. 할인매장에서는 부품 설치를 도와주지 않는다는 사실이 눈에 띄었다. 브렌트는 설치 서비스를 제공하기로 마음먹었다. 복잡한 일은 힘들었지만, 사소한 부품은 직접 설치해주었다. 예를 들어 고객이 배터리를 사면 브렌트의 직원이 직접 배터리를 교체해주는 것이었다.

브렌트는 이 서비스를 널리 선전했고, 많은 고객들이 기꺼이 추가 요금을 지불했다.

스트레스가 엄습하면 어떤 자기 대화를 하고 있는지 자각해야 한다. '두려워, 할 수 없는 일이야.' 등의 부정적인 자기 대화는 자멸에 이르는 길이다. 자신에게 힘을 줄 수 있는 말을 해야 한다.

'마음이 편해진다. 좀 더 느긋하게 생각하자.'

'내게 필요한 일이 무엇인지 생각해야지. 나는 자신 있다.'

과거의 성공을 돌이키고, 현재에 집중하자

어려움에 직면해서 스트레스를 받을 때면 과거에 성공했던 일을 회상해보자. 그러면 긴장이 풀리고 마음이 편안해지면서 다시 해낼 수 있을 것 같은 자신감이 생길 것이다.

한편 어떤 상황에서도 현재에 집중해야 한다. 과거에 집착하고 오지 않은 미래를 생각하면 할수록 스트레스만 늘어날 뿐이다. 당신의 관점에 의해 해석된 현실이 아니라, 지금 실제로 벌어지고 있는 일에 집중하는 것이 좋다. 상황을 좀 더 현실적으로 해석하면 스트레스는 없어지거나 줄어든다.

스트레스에 강한
몸 만들기

스트레스가 쌓이는 일을 아예 안 할 수는 없다. 다음에 소개하는 신체 이완법을 활용해보자. 매일 연습해야 더욱 효과적이며, 많이 연습할수록 스트레스가 쌓이는 상황에서 즉각적으로 활용할 수 있다. 몇 주가 지나면 훨씬 여유 있고 자신감 있는 태도로 스트레스에 대응할 수 있을 것이다.

순차적인 근육이완

순차적인 근육이완(progressive relaxation)이란 근육이 긴장했을 때 효과적으로 이완시키는 방법으로, 에드먼드 제이컵슨(Edmund Jacobson) 박사가 처음 고안해낸 것이다. 불안, 불면증, 두통, 고혈압 등 스트레스를 치유하는 데 효과적이며, 상쾌한 기분을 느끼게 해준다. 또한 어떤 일을 할 때 필요 없는 근육은 이완시키고, 필요한 근육은 적당히 긴장시키는 방법을 터득하게 된다. 운전할 때, 타자 칠 때, 싱크대에서 조리할 때, 전화를 받을 때 등 거의 모든 상황에서 도움이 된다.

순차적인 근육이완은 몸의 주요 근육을 의도적으로 긴장시켜 신체 반응을 의식한 후에, 점차 이완시키는 방식으로 이루어진다. 잠깐이라도 시간을 내서 매일 연습해야 효과가 좋다. 전문가들은 하루에 두 번, 각 20분 정도 짬을 내서 연습하기를 권한다. 1주일 동안 매일 연습하면 근육을 긴장시켰을 때의 느낌과 이완시켰을 때의 느낌이 어떤지 알게 될 것이다. 그렇다면 긴장과 이완이 동시에 생길 수 없다는 사실도 알 것이다. 그 후에는 긴장시키는 단계를 생략하고 이완시키는 방법만 연습해도 좋다. 만약 근육이 이완된 느낌을 잘 모르겠다면 주먹을 꽉 쥐었다가 펴 보자. 이완된 상태에서는 아무런 저항감도 느낄 수 없다는 사실을 깨달을 수 있을 것이다.

자, 그럼 순차적인 근육이완의 순서를 간략히 소개하겠다.

순차적인 근육이완 절차 | 우선 머리까지 받쳐주는 안락의자에 앉거나, 침대 혹은 카펫 깔린 바닥에 눕는다. 머리를 편안히 받칠 수 있어야 한다. 숙달되면 앉은 자세든 선 자세든, 심지어 사무실에서 일을 할 때든 자세와 상관없이 연습할 수 있을 것이다.

① 원하는 부위의 근육을 긴장시킨다.

② 5초 동안 긴장 상태를 유지한다.

③ 천천히 긴장을 이완시키면서 속으로 '편안히 쉬자'라고 말한다.

④ 숨을 깊이 들이마신다.

⑤ 천천히 숨을 내쉬면서 조용히 '편안히 쉬자'라고 말한다.

이 순서를 기초로, 긴장을 가장 많이 하고 뭉치기 쉬운 머리와 목, 어깨의 근육이완 기초방법을 소개하겠다. 긴장을 풀고 연습해보자.

머리

① 이마에 주름을 만든다.

② 눈에 힘을 주어 노려본다.

③ 입을 크게 벌린다. 혀를 입천장에 끌어다 댄다. 이를 악다문다.

④ 〈순차적인 근육이완 절차〉의 ③, ④, ⑤번을 반복한다.

목

① 뒤통수가 바닥 혹은 의자의 머리받침대를 누르는 느낌이 들도록 고개를 뒤로 젖힌다.

② 턱이 가슴에 닿을 정도로 얼굴을 앞으로 당긴다.

③ 오른쪽으로 고개를 돌린다.

④ 왼쪽으로 고개를 돌린다.

⑤ 〈순차적인 근육이완 절차〉의 ③, ④, ⑤번을 반복한다.

어깨

① 귓불에 닿을 정도로 어깨를 으쓱 올렸다 내린다.

② 왼쪽 어깨를 으쓱 올렸다 내린다.

③ 오른쪽 어깨를 으쓱 올렸다 내린다.
④ 〈순차적인 근육이완 절차〉의 ③, ④, ⑤번을 반복한다.

호흡

굉장히 부담이 되는 상황에서, 혹은 그런 상황을 접하기 전에 호흡이 가빠오는 경험을 한 적이 있을 것이다. 고객에게 신상품을 설명하는 순간이나 면접 장소에 들어가기 직전, 대출을 받기 위해 은행에 들어가는 순간에 어떤 기분이 들지 생각해보라.

호흡은 자동적인 신체 움직임이다. 하지만 의식적으로 호흡의 박자와 깊이를 조절할 수 있다. 가령 의견 충돌이 생길 경우, 신경질을 내며 싸울 수도 있고 호흡 조절을 통해 여유 있게 대처할 수도 있다.

이런저런 모임이나 학교 혹은 직장에서 스트레스가 심한 상황이 닥치면 불안감을 느낀다. 이때 심호흡을 하면 불안감과 스트레스를 줄여준다. 스트레스 해소를 위한 심호흡 방법을 소개한다. 파트 6에서 익힌 복식호흡과 달리 가슴을 움직이는 흉식호흡으로, 누구나 쉽게 할 수 있다.

① 아무도 방해하지 않는 조용한 장소를 찾는다. 안락의자나 소파, 카펫이 깔린 마루 등에 앉아 가장 편안한 자세를 취한다.
② 자연스럽게 심호흡을 시작한다. 편안하게 숨을 쉬면서 가슴의 부드러운 율동을 느껴본다.
③ 의식적으로 천천히 그리고 깊이 숨을 쉰다.

④ 더 천천히, 더 깊이 숨을 쉴수록, 몸은 더 편안한 상태가 된다. 편안한 마음으로 호흡하면 더 깊이 숨을 쉴 수 있고, 깊이 숨을 쉬면 더 느긋하고 편안한 상태가 되는 선순환을 경험할 수 있다.

바디 스캐닝

바디 스캐닝(body scanning)이란 어느 부위의 근육이 긴장 상태에 있는지를 검사하는 비교적 간단한 방법으로, 스트레스와 긴장을 완화하는 데 유용하다. 다음 절차로 이루어진다.

① 몸의 한 부위가 얼마나 긴장되었는지 살피면서 숨을 들이마신다.
② 숨을 내쉬면서 그 부위를 이완시킨다.
③ 동일한 방법으로 몸의 다른 부위를 차례차례 바디 스캐닝을 하고 이완시킨다.

시계나 책상, 탁상 달력, 냉장고, 주방 시계, 목욕실 거울 등에 일종의 신호 표시를 해주고 그것이 보일 때마다 바디 스캐닝 연습을 하면 좋다. 규칙적으로 수행하면 거울을 보는 것만큼 간단한 일이 될 것이다. 어쩌면 당신이 가장 좋아하는 스트레스 해소책이 될 것이다.

사람에 따라 압력을 많이 받는 지점은 다르다. 어떤 사람은 얼굴이 자주 긴장할 수 있지만, 어떤 사람은 항상 목이나 어깨가 뻣뻣할 수 있다. 바디 스캐닝 경험이 쌓이면 몸의 어느 부위가 자주 긴장하는지 알게 될 것이다.

'자기 긍정'으로 스트레스에 강한 마음 만들기

자기 긍정(self-affirmation)은 인식을 전환할 수 있는 강력한 방법이다. 자기를 긍정하면 낡고 부정적인 사고방식을 완전히 바꿀 수 있다. 자기를 더욱 잘 이해할 수 있으며, 삶을 더욱 열정적으로 바라볼 수 있게 된다.

자기 긍정은 스트레스를 더욱 효과적으로 다스릴 수 있는 힘이 된다. 완벽함을 요구하거나 자기를 증명하려고 하는 대신, 자신을 그대로 인정하게 돕는다. 완벽한 모습을 보이기 위해 가혹한 부담을 질 필요가 어디 있는가? 당신에겐 다른 사람의 비판에 신경 쓰지 않고 용기 있게 앞으로 나갈 일만 남았다. 남이 당신을 어떻게 평가하는지 눈치 볼 필요는 없다. 자기의 능력을 제대로 알고 믿는다면 그것을 입증할 필요가 있겠는가? 상황을 좀 더 정직하게 해석할 수 있는 한편, 자신을 변명해야 할 필요성은 덜 느끼게 된다. 새삼 용기가 솟고 기분도 산뜻해진다.

완벽주의 성향과 변명을 일삼는 태도를 버릴 수 있다면, 긴장과 스트레스에 시달릴 가능성도 줄어든다. 당신 자신, 가치, 능력을 조건 없이 인정하고 받아들이고 긍정해야 한다.

태미는 아이가 둘이다. 진은 9살, 토드는 7살이다. 진은 여러모로 엄마를 닮았다. 똑똑하고 기지가 넘치며 노력파다. 토드는 무사태평한 성격에 진지한 구석이라곤 없다. 그런데 하루는 상담 교사가 태미와 면담하기를 요청했다. 진의 성적이 곤두박질치고 자주 신경질을 부린다는 이유였다.

태미와 상담 교사는 진이 최근에 보인 문제에 어떤 원인이 있는지 이야기를 나누었다. 태미는 그녀 자신이 최근에 스트레스에 시달렸는데 진이 여기에 영향을 받은 게 아닐까 하고 추측했다. 상담 교사는 그럴 가능성이 있다고 말했다. 대화를 하면서 상담 교사는 태미에게 완벽주의 성향이 있음을 깨달았다. 그는 태미의 스트레스가 완벽주의 성향 탓이 아닐까 하고 조심스럽게 말을 꺼냈다. 태미는 상담 교사의 요지를 이해했다. 그들은 태미가 완벽주의 성향을 다스려서 스트레스를 줄일 수 있는 방법에 관해 대화를 나누었다.

이제 태미는 자신의 잘못을 그다지 심각하게 여기지 않게 되었고, 그녀는 실수를 솔직히 털어놓고 용인하는 모습을 진에게 보여주었다. 좀 더 느긋하고 여유 있는 태도로 살아가는 모범을 보여주려 노력했다. 진의 스트레스는 줄어들었고 성적은 올라갔다.

긍정적인 자기 대화

아침에 깨어날 때, 잠자리에 들 때 긍정적인 자기 대화를 반복한다. 보리센코에 따르면, 잠에서 막 깨는 순간이 무의식에 접근할 가능성이 가장 큰 때라고 한다. 순차적인 근육이완 연습을 통해 긴장을 푼 후 시행한다. 속으로 말하는 내용을 스스로 믿어야 효과적이다. 자기 긍정에 도움이 되는 긍정적인 말을 몇 가지 소개하겠다.

긍정적인 자기 대화의 예

- 내 일은 내가 결정한다.
- 나 자신을 믿는다.
- 나는 책임감이 있다.
- 나는 내 감정에 책임이 있다.
- 나 자신이 마음에 든다.
- 내 전망은 밝다.
- 충분히 대비하겠다.
- 나는 능력이 있다.
- 나는 할 수 있다.
- 나는 결정하면 바로 실행한다.
- 어떤 상황에서도 나는 긍정적인 면을 볼 수 있다.

부정적인 사고방식을 버리고 매일 자기를 긍정하는 문구를 반복해서 외우다 보면, 어느새 당신은 새로운 관점에서 세상을 바라보게 될 것이다. 가끔 '나는 멍청해. 또다시 실수를 하다니. 아무도 나를 좋아하지 않아.' 따위의 부정적인 생각이 마음속에 떠다닐 때가 있을 것이다. 하지만 자신감을 갖고 '나는 할 수 있어. 이번 실수는 새로운 도약을 위한 발판이야.' 식의 긍정적인 생각을 해야 한다. 사교성이 없는 사람이라면 '나는 친구를 사귈 수 없어.' 따위의 아무 근거가 없는 부정적인 생각을 버리고, '그래도 나는 조지와 둘도 없는 사이지.'와 같이 특정한 친분관계에 주목하면 된다. 이 세상을 보는 관점을 바꾸면 감정도 바뀐다.

자기를 긍정하는 태도는 스스로 하지 말아야 할 일이 아니라 해야 할 일에 주목하게 한다. 또한 약간의 성과를 보일 때도 보람을 느끼며 새로운 일에 적극적으로 도전하게 한다.

자기 능력 확인하기

모든 사람은 저마다의 재능과 장점을 가지고 있다. 아들러가 얘기했듯, 장점이 하나도 없는 사람은 이 세상에 단 한 사람도 존재하지 않는다. 그러나 당신은 잘못을 지적받는 환경에서 자랐을 것이다. 부모님은 당신의 단점만 꼬집고, 선생님들도 잘못과 실수를 지적하는 데 골몰하는 환경 말이다. 이런 환경에선 자기의 단점을 분명히 인식할 수는 있지만, 자기의 능력을 과소평가하고 지나치게 겸손한 사람이 되기 쉽다.

당신이 자신 있다고 생각하는 재능과 소질은 당신만의 독특한 것이다. 다른 사람과 비교하지 마라. 이제 당신이 가진 장점이 무엇인지 알아보자. 다음은 훌륭한 장점의 몇 가지 예이다.

훌륭한 장점의 예	
• 공감 능력	• 신중함
• 지성	• 운동 능력
• 예술적 재능	• 끈기
• 봉사 정신	• 요리 실력

당신의 장점은 무엇인가? 당신은 매일 자신의 장점을 발휘하는가? 아니면 다른 사람에게 잘난 척한다는 인상을 줄까 봐 장점 보이기를 꺼리

는가? 아예 장점에 대해 생각하기조차 힘든 편인가?

본인의 장점을 알고 그것을 적절히 발휘하면 삶이 윤택해지고 마음은 행복해지며, 스트레스를 견디는 데 큰 도움이 될 것이다.

오늘의 감정 수업 23

내 장점 찾아보기

나의 장점을 최소한 8가지 적어본다. 8가지나 되지는 않는다는 생각이 들면, 그냥 생각나는 만큼 적어보라. 하지만 가급적 8가지를 채우는 게 좋다.

1. .... 2. ....
3. .... 4. ....
5. .... 6. ....
7. .... 8. ....

여기서 그치지 않고, 내 장점을 하루에 몇 번 활용했는지 매일 기록하면 더욱 좋다. 따로 노트에 기록하거나, 책의 남는 공간에 날짜를 적고 기록해본다. 조금만 시간을 투자하면, 나의 재능과 장점을 더욱 확실하게 알고 발휘할 수 있고, 전에는 알지 못했던 숨겨진 재능을 새로 알아낼 수도 있다. 그러면 자신감도 더욱 올라갈 것이다.

Lesson 4

감정의
진지한 소통

PART 9

효율적인 감정 소통을 위한
아들러식 대화법

section 1

감정 공유,
쉽지는 않지만 가능하다

폴라가 자기 감정을 털어놓을 때면 잭은 언제나 멍하니 천장만 바라보거나
"너무 걱정하지 마. 잘 될 거야." 따위의 아무 뜻 없는 대꾸만 했다. 폴라는 맥
이 빠지고 마음이 상했다. 잭은 모든 일에 무심해서 폴라의 감정이 어떻든 상
관없는 사람 같았다.

이런 경험을 한 사람이라면 감정을 서로 나누는 일이 얼마나 어려운
지 알 것이다. 많은 사람들이 다른 사람의 감정을 위협적으로 느낀다. 감
정을 다루는 법을 아무 데서도 배운 적이 없기 때문이다. 다른 사람의 문
제를 귀 기울여 듣기 좋아하는 사람도 별로 없다. 일례로 다들 "어떻게
지내?"라고 묻지만 진심으로 그 답을 기대하는 사람은 없다.
　다른 사람의 감정에 불편함을 느끼는 사람은 대개 자신의 감정도 불

편하게 느낀다. 감정이란 어쨌든 평화를 깨뜨린다. 하지만 인생에서 평화로운 순간은 얼마나 드문가?

물론 불쾌한 감정만 타인을 불편하게 하는 건 아니다. 기쁨과 흥분을 버거워하는 사람도 많다. 유쾌하고 활력이 넘치는 사람은 화내고 불안해하고 슬퍼하는 사람만큼이나 타인의 평안을 깨뜨린다.

레슨 4에서는 감정의 소통을 듣기와 말하기라는 두 측면에서 다룰 것이다. 다른 사람에게 감정을 털어놓을 때는 그가 내 감정에 충분히 이해하고 공감하기를 바랄 것이다. 거꾸로 다른 사람의 속마음을 들을 때는 그의 마음을 잘 헤아릴 줄 아는 것이 중요하다.

사람 사이의 소통 문제를 다루는 이론과 방법은 많이 있다. 여기에서 설명하는 I-메시지(I-Message)와 사려 깊은 경청(Reflective Listening)은 가장 널리 알려져 있고 또 높이 평가되는 방법으로서, 감정을 나누는 데 효과적이다.

처음에는 마치 외국어를 새로 배울 때만큼이나 어색한 느낌이 들지 모른다. 실제로 I-메시지와 사려 깊은 경청을 익히는 일은 새로운 기술을 배우는 것과 비슷하다. 처음으로 운전을 배웠을 때를 생각해보라. 처음에는 겁도 나고 자세도 부자연스럽게 느껴졌지만, 운전에 숙달되면서 마치 자동차가 몸처럼 느껴졌을 것이다. 이와 마찬가지로 '감정 소통의 언어'를 배우게 되면, 보다 편안한 자기만의 대화법을 찾을 수 있을 것이다.

험난한 감정 표현의 길

누군가에게 자신의 감정을 표현하고 싶다면 어떻게 해야 할까? 우선 상대방이 귀 기울여 들을 수 있는 알맞은 때와 장소를 골라야 하고, 상대 방의 주의를 끌어야 하며, 그런 후에 하고 싶은 말을 효과적으로 전달하는 방법을 찾아야 한다. 이 점은 상대방이 당신의 감정에 직접적인 원인 제공자일 때 중요한 요소이다. 처음에는 이렇게 말을 꺼내면 좋다.

"너와 이러저러한 문제로 얘기를 하고 싶은데, 지금 해도 괜찮을까?"

"골치 아픈 문제가 생겼어요. 당신에게 조언을 듣고 싶어요."

"네 도움이 정말 필요해."

"내 마음은 지금 정말로 아프거든(무섭다, 화난다, 슬프다, 걱정된다 등)."

여기서 중요한 고비가 있다. 누군가에게 감정을 토로하면, 그 사람은 대개 '조언'과 '위로'를 해주려고 한다. 도움이 되는 내용이거나 당신이 그걸 원했다면 상관없지만, 그렇지 않은 경우엔 단지 당신의 감정을 알려주고 싶을 뿐이었다고 말해야 한다.

"그냥 내 감정을 말해주고 싶었어. 조언이나 위로는 필요없어. 단지 네가 내 마음을 알았으면 할 뿐이야. 그래도 괜찮겠지?"

상대가 여전히 조언과 위로를 해주려고 하면, 당신이 원하는 바를 부드럽게 상기시킨다. "그냥 내 속마음이 어떤지 네가 알았으면 해."

다시 말하면, 당신은 다른 사람이 당신의 감정을 귀 기울여 들도록 '훈련'시켜야 한다. 자라면서 이런 교육을 받은 사람은 드물기 때문이다.

상대방이 귀 기울여 들을 준비가 되면 중요한 단계에 이른다. 바로 감정 표현의 방법이다. 아직 효과적인 소통에 이르는 길은 멀고 험난하다!

나누고 싶은 감정 적어보기

진지한 감정의 소통, 어렵지만 가능하다고 했다. 어떤 감정을 누구와 나누고 싶은지 한번 적어보자.

1. 내가 나누고 싶은 감정, 혹은 이야기는 무엇인가?

> 예 얼마 전에 아버지가 돌아가셨는데, 내 감정이 대체 무엇인지 모르겠다. 그저 혼란스러운 감정이다. 이런 감정 때문에 직장에서도 업무가 잘 안 되는 것 같다.

2. 누구와 이 감정을 나누고 싶은가? 여러 명을 써도 좋다.

> 예 내 친구 A, 직장 상사 B

3. 왜 이 사람과 감정을 나누고 싶나?

> 예 A의 경우, 내가 좋아하는 사람이기 때문에 그의 공감을 얻고 싶다.
> 상사 B의 경우, 이런 경험을 한 인생 선배이기 때문에 그의 조언을 듣고 싶다.

대인관계를 망치는
'You-메시지'

누군가에게 감정을 말할 때 피해야 하는 태도부터 설명하겠다. 바로 You-메시지이다. You-메시지란 문장의 주어로 '너(You)'를 사용하는 것을 뜻한다.

"너 때문에 미치겠어!"

"네가 실수하는 바람에 기분을 잡쳤다."

"네가 내 마음을 아프게 했어."

"너 때문에 숨 막혀 죽겠다."

You-메시지는 상대방을 비난하고 조롱하며 심판하듯 몰아세우는 느낌을 준다. 위협하고 공격하고 비난하는 인상마저 준다.

"도대체 왜 그래? 일부러 나를 골탕 먹일 속셈이야?"

"이 말 한 번 더 하면 천 번째다."

"너는 나를 곤혹스럽게 해."

"너는 내가 해준 일을 전혀 고마워하지 않는구나."

"험담 좀 그만해라."

"숨 쉴 틈을 줘."

"아무도 내 심정은 모를 거야."

이런 말을 듣고도 가만히 있을 사람이 있을까? 당연히 반격이 나온다. You-메시지를 수신한 사람은 대개 자기를 방어하는 태도를 보인다. 그렇지 않다면 제대로 듣지 않은 것이다.

You-메시지에는 자기 감정을 다른 사람에게 떠넘기려는 의도가 있다. "너만 없었으면 내가 이런 기분을 느낄 리는 없다."라고 말하는 셈이다. 물론 다른 사람이 내 감정에 영향을 미칠 때도 있지만, 결국 내 감정은 내가 결정한다는 사실을 잊지 말기 바란다.

하지 않아야 할 표현에 대한 설명은 이 정도로 충분하다. 이제 당신에게 권하고 싶은 표현, 즉 I-메시지에 대해 설명하겠다. 상대방에게 공격적인 인상을 주지 않으면서 요점을 정확히 표현하는 방법이다.

효과적인 감정 표현 방법 'I-메시지'

I-메시지는 문장의 주어로 '나(I)'를 사용하는 것을 뜻한다. 이는 내 감정의 주체를 '나'라고 확실히 표현함으로써 자신의 감정에 책임을 지는 표현이다. 상대를 공격하거나 비난하거나 조롱하거나 판단하지 않으면서 당신의 감정을 표현할 수 있다.

"그런 말을 들으니 내 마음이 아파."

"왠지 떠밀리는 느낌이야. 아무래도 네가 바라는 대로 하지는 못할 것 같아. 너는 그러기를 바라지만 말이야."

"손님이 곧 도착할 예정이라서 걱정도 되고 경황이 없어. 잡무는 다 마쳤는지 걱정돼. 두 번 부탁하고 싶지 않아서 하는 말이야."

다음의 You-메시지와 비교해보면 차이를 확실히 알 수 있다.

"나한테 그런 식으로 말하지 마!"

"그렇게 몰아붙이지 마!"

"대체 몇 번을 말해야 알아듣겠어?"

차이점을 알 수 있겠는가? 위의 I-메시지를 들었을 때, 훨씬 더 상대를 존중하고 싶지 않은가?

상대의 감정이나 상황을 무조건 받아들이라는 얘기가 아니다. 상대의 행동을 꾸짖거나 비판하고 싶을 때도 얼마든지 I-메시지를 사용할 수 있다. 다만 I-메시지와 You-메시지에는 큰 차이가 있다. I-메시지는 자신뿐 아니라 상대를 존중하는 태도로서, 그저 내 감정에 영향을 미친 사람에게 이 사실을 알려주는 것이다.

상대에게 내 감정을 이야기하는 이유는 상대와 화해하고 협력하고 상대와의 관계를 더 좋게 만들기 위해서이다. 복수나 강요는 올바른 목적이 아님을 잊지 말기 바란다.

I-메시지를 만드는 공식

다음의 I-메시지를 만드는 공식을 활용하면 말하기가 더 쉬워질 것이다. 여기서는 상대에게 표현하기가 더 어려운 부정적인 감정을 예로 들고 있다. 하지만 긍정적인 감정도 I-메시지를 통해 얼마든지 전달할 수 있다.

① 상황: 내 감정에 영향을 끼친 상황을 얘기한다.

"함께 시간을 보내기로 약속해놓고 네가 마지막 순간에 마음을 바꿨을 때…."

② 감정: 상대방의 행동으로 인해 어떤 기분이 되었는지 말한다.
 "나는 많이 실망했어."

③ 이유: 상대방의 행동이 자신에게 어떤 의미였는지 설명한다.
 "나는 우리가 함께 지낼 시간을 기다렸거든."

이 공식을 자신에게 편한 방식으로 다양하게 응용할 수 있다. 가령, 상황을 말하기 전에 감정부터 말할 수도 있다. 위의 사례를 다른 방식으로 말하면 다음과 같다.

(감정) 정말 많이 실망했어.
(이유) 너와 함께 지낼 생각만 하고 있었는데
(상황) 네가 갑자기 다른 일을 한다고 하니 말이야.

(이유) 너와 함께 단둘이 지낼 시간만 눈이 빠지게 기다렸어.
(상황) 그런데 이제 와서 생각이 달라져서 다른 일을 한다고 하니
(감정) 정말 실망이 커.

I-메시지 사용 시 주의해야 할 점

① 상대를 존중하는 말씨를 써야 한다. 그렇지 않으면 비난받는다고 느낀다. 몸짓과 표정 역시 상대를 존중하는 느낌을 줘야 한다.
② 협조와 화해의 의도를 정확히 드러내야 한다. 그렇지 않고 상대가

잘못했다는 점을 강조하거나 비난하는 의도를 가지고 이야기하면 오히려 싸움이 벌어진다.

③ 단어를 적확하게 골라야 한다. 두루뭉술한 단어를 쓰면 감정을 정확히 전달할 수 없다. '정말'이나 '아주' 등의 부사는 감정의 강도를 표현하기에 적합하다. 반면 '너'라는 단어는 되도록 쓰지 않아야 한다. 상대를 비난하는 인상을 주기 때문이다. 물론 상대를 직접 지칭할 때는 '너'라는 단어를 사용할 수밖에 없지만 최대한 자제하는 것이 좋다.

④ 상대방의 행동에 초점을 맞추지 말고 그 행동이 당신의 감정에 미친 결과를 중점적으로 말해야 한다. 가령, 당신은 맞벌이 부부인데 배우자가 저녁 시간에 늦게 왔고, 당신은 저녁 준비를 이미 해놓은 상태라고 생각해보자. 전화를 주지 않은 사실을 길게 이야기하기보다는 그로 인해 내가 '무시당한 기분'이라는 것에 초점을 맞추어 이야기해야 한다.

"늦게 올 거면서 전화를 주지 않아 무시당한 느낌이야. 퇴근하고 저녁 준비하느라 많이 힘들었거든. 내 시간과 노력이 존중받지 못한다는 느낌이 들었어."

⑤ 상대방이 원하지 않는 한, 그가 어떻게 행동해야 하는지 그 해결책까지 제시할 필요는 없다. 잘못된 행동을 지적받을 만큼 자기가 멍청하거나 예절 바르지 않은 사람으로 취급받는다고 오해할 수 있기 때문이다. 상대방을 존중한다면 스스로 행동을 올바르게 고칠 것이라고 믿는 것이 좋다. 의사소통 전문가 중에는 직접 해답을 제시하라고 권하는 사람도 있는데, 감정을 전달하는 수준에서 멈추

는 편이 좋다.

물론 I-메시지를 충실히 전달했음에도 상대가 제대로 알아듣지 못할 경우엔 해결책까지 말하는 수밖에 없다.

"기름이 떨어진 걸 알고 정말 난처했어. 주유소에 들러야 해서 지각할 뻔했거든. 연료통이 빈 걸 알면 너도 좀 채워줘라. 그러면 참 좋겠다."

I-메시지를 활용하여 분노 표현하기

분노에 대해서는 앞에서 이미 충분히 다루었지만, 워낙 중요하고 격렬한 감정이므로 감정의 소통을 다루는 이 장에서도 특별히 주목할 필요가 있다. 화를 표현하기 위해서는 5가지 조건이 필요하다고 언급한 적이 있는데, 이를 다시 한 번 요약하면 다음과 같다.

① 화가 난 상대에게 직접 표현해야 효과적이다.
② 통제력을 되찾고 정당한 권리를 주장하는 데 도움이 되어야 한다.
③ 감정을 자극한 사람이 왜 그렇게 행동했는지 알고, 또한 그 사람의 행동을 바꿀 수 있어야 한다.
④ 상대방에게 통하는 방식을 택해야 한다.
⑤ 분노의 목적은 복수가 아니라 협조이다.

일단 이 5가지 조건이 충족된다고 했을 때, 좀 더 효과적으로 분노를 전달하려면 어떤 방법을 써야 하겠는가? I-메시지가 효과적이다. 즉, 상황과 기분과 그 이유를 차분하게 말하면 된다.

"나를 공개적으로 비판해서 화가 많이 났다. 사람들이 날 바보로 생각하길 바라진 않으니까."

I-메시지로 분노를 표현하면 화가 난 상황에서도 상대를 존중하는 태도를 가질 수 있고, 상대방의 인격이 아니라 그 행동을 문제 삼으므로 더 큰 싸움으로 번지는 것을 막아준다.

반면 I-메시지가 아닌 You-메시지를 사용해 화를 내면, 상대방은 당신이 정말로 전달하고 싶은 감정, 즉 난감함이나 상심은 전혀 알아채지 못한다. 대신 자기를 변호하고 다시 반격할 기회만 찾는다. 그러면 관계를 망치기 쉽다.

오늘의 감정 수업 25

I-메시지로 부정적인 감정 표현해보기

예전에 화가 났는데 그저 화를 버럭 내거나, 꾹 눌러 참고 지나간 감정들이 있을 것이다. 이 감정을 어떻게 하면 올바르게 전달할 수 있을까?

1. 상대에게 전하고 싶은 감정을 고른다. 과거의 상황이든, 지금 일어나고 있는 일이든 좋다.

• 상대: ....

• 감정: ....

- 상황: ....

....

2. I-메시지를 아래 빈칸에 직접 적어본다.

- 상황: 내 감정에 영향을 끼친 상황을 적어본다.

....

....

- 감정: 상대방의 행동으로 인해 어떤 기분이 되었는지 적어본다.

....

....

- 이유: 상대방의 행동이 내게 어떤 의미였는지 설명한다.

....

....

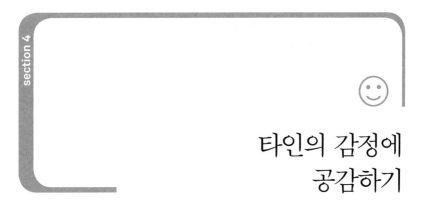

타인의 감정에
공감하기

　지금까지 자신의 좋은 감정과 나쁜 감정을 다른 사람에게 전달하는 방법에 대해 살펴보았다. 이제 다른 사람의 감정을 귀 기울여 듣는 방법에 대해 다루겠다.

　다른 사람의 감정을 듣는 법을 어릴 때부터 배운 사람은 드물다. 아마 당신도 타인의 감정을 수용하는 훈련이 돼 있지 않을 것이다. 다른 사람의 감정은 단지 내 평안을 깨뜨릴 뿐이고, 누군가 내게 감정을 토로하면 어찌할 바를 몰라 당황하기 십상이다. 심지어는 전혀 도움이 되지 않는 방식으로 대꾸하는 사람도 있다.

　다른 사람이 감정을 토로할 때 사람들은 흔히 다음과 같은 반응을 보인다.

① 질문 – "왜 그런 기분을 느끼는 거지?"

② 훈계 – "글쎄, 네가 이렇게 하면 좀 기분이 나아지지 않을까?"

③ 비판 – "네가 과민 반응하는 거야."

④ 판단 – "대체 그에게 뭘 기대해? 그는 원래 그렇게 생겨먹었잖아."

⑤ 설교 – "그 사람 말에 그렇게 흥분할 필요 없잖아."

⑥ 거드름 – "내 말이 맞지?"

⑦ 상담 – "네 문제는 말이야…."

⑧ 위로 – "참 안됐네. 하지만 너무 걱정하지 마, 다 잘 될 거야."

⑨ 조언 – "내 말 잘 들어. 그러니까…."

상대가 이러한 반응을 보이면 감정을 토로하던 사람은 맥이 풀린다. 당신은 어떤가? 어렵게 감정을 토로했는데, 상대가 이런 반응을 보여도 계속 말을 하고 싶겠는가? 아마도 다른 사람이 감정을 토로할 때 당신도 이런 반응을 해왔을 것이다. 사람들이 이런 반응을 보이는 목적은 여러 가지다. 가령, 어떤 문제도 풀 수 있는 '해결사' 노릇이 목적일 수 있다. 그들은 쓸데없는 우월감을 바탕으로 상담자인 양 반응하기 쉽다. 위로하기 좋아하는 사람은 그저 아무 근거 없이 모든 일이 잘 될 거라며 상대를 안심시키기에 급급하다.

당신은 어떤가? 사람들과 일정한 거리를 유지하는 편인가? 감정이란 언제나 당신을 불편하게 하는 문제인가? 잘난 척하기 좋아하는가? 상대를 비판하고 판단하며 이것저것 잔소리를 늘어놓았다면 반성할 필요가 있다. 다른 사람과 보다 친해지고 싶다면, 당신의 생각만 말하려고 하지 말고 상대방의 말에 귀 기울일 줄 알아야 한다.

경청하는 올바른 태도

이제 남의 이야기를 들을 때 취해야 하는 올바른 태도를 살펴보겠다. 상대방이 좀 더 마음 편하게 자기 감정을 얘기할 수 있도록 하려면 어떻게 해야 할까?

침묵 | 조용히 상대방이 말하는 내용을 듣고만 있어도 그 사람을 격려하는 효과가 있다. 가끔은 침묵이 최선의 방법일 때가 있다. 그냥 듣고만 있어도 모든 걸 이해한다는 뜻을 전할 수 있다.

맞장구 | 대부분의 사람은 상대가 자신이 하는 얘기를 귀 기울여 듣고 있다는 것을 확인하고 싶어 한다. "음, 그래." "듣고 있어." "네 말이 맞아." 등의 말로 그저 경청한다는 의사만 표시하는 것이다. 하지만 "네가 어떤 기분인지 이해한다."는 말은 가급적 피해야 한다. 상대가 자기 심정을 정말로 이해한다고 믿을 사람은 거의 없기 때문이다.

사려 깊은 경청 | 좀 더 적극적으로 상대방의 말에 의사를 표시하는 반응을 뜻한다. 상대방이 자기 사정을 얘기하면 잘 알아들었다는 뜻을 말로 표현하는 태도이다. 가령, 아내가 직장에서 돌아와서 "오늘 하루 엉망이었어. 상사가 진행 중인 기획안에 대해 물었는데 아무 답변도 할 수 없었거든." 하고 말했다고 가정하자. 말할 것도 없이 아내에겐 난감하고 당황스러운 사건이었을 것이다. 아내가 본래 자신감이 넘치는 사람이고 직장에서 인정받는 편이라면 별 탈이 없겠지만, 어쨌든 충분히 겁을 집어먹을

만한 상황이었을 것이다. 그 상황을 여러 사람이 보고 있었다면 더 마음이 흔들렸을지 모른다. 어쨌든 아내가 어떤 감정적 고통을 겪었는지는 쉽게 알 수 있다. 당신은 우선 들은 내용을 반영하는 말을 해줄 수 있다.

"정말 불편한 순간이었겠다. 뭐라고 말해야 할지 몰라 난감했겠어."

이렇게 말하면, 아내는 당신이 자기 얘기에 귀를 기울이고 상사의 질문에 제대로 답변을 못해서 느낀 곤혹스러운 심정을 이해하려고 노력한다는 사실을 알게 된다. 아내는 당신의 노력을 충분히 인정할 것이다.

이처럼 사려 깊은 경청은 소통에 이르는 첫걸음이다. 상대방은 더 많은 얘기를 들려주고 자기 감정을 함께 나누고 싶어 할 것이다. 당신은 그저 계속 귀 기울이면서, 열심히 듣고 있으며 상대의 감정에 공감하고 있다는 뜻의 말을 해주면 된다.

아내   그래, 정말 난감했지. 상사는 나를 바보라고 생각할 거야!

남편   상사가 당신을 그렇게 생각할까 봐 걱정되는구나.

아내   그래, 명색이 내가 팀장인데, 뭘 해야 할지 모른다는 게 말이 되겠어? 내가 아무 말도 못하고 쩔쩔맸으니 상사는 날 무능하다고 생각할 거야. 어쩌면 나 해고될지도 몰라.

남편   그래, 실직이 걱정될 거야.

남편은 사려 깊은 경청을 바탕으로 아내의 말을 들어주고 있다. 이런 대화법과 "도대체 왜 아무 대답도 못한 거야?" "당신 일에 좀 더 신경을 썼어야지."와 같이 훈계하고 판단하는 태도, 혹은 "걱정하지 마. 다 잘 될 거야. 답변 내용을 다시 생각해서 내일 상사에게 말해주면 되잖아." 등

통상적인 '입막음'용 태도를 비교해보라. 만약 이런 식으로 말했다면 당신의 아내는 어떤 기분이 되겠는가?

사려 깊은 경청의 공식

I-메시지와 마찬가지로 사려 깊은 경청에도 공식이 있다. 이 공식은 간단하다. 상대방이 하고 싶은 말을 다 할 때까지 기다렸다가, 상대방이 말을 마치면 그때 당신이 들은 얘기를 요약해서 말하면 된다. 상대방이 어떤 기분이고 그런 감정을 느낀 이유를 말해주는 것이다. 상대방의 감정을 '해석'하려고 하지는 말고, 단지 상대방의 마음을 헤아리기 위해 노력하는 모습을 보이면 그것으로 충분하다.

화자 이번에도 직장을 얻지 못했어! 면접은 꽤 잘했다고 생각했는데, 도통 이유를 알 수가 없어.

청자 면접은 잘 봤는데 취직이 안 돼서 우울하고 어리둥절하겠구나.

화자 당신은 들을 생각이 없어! 단지 날 가르치려고만 해. 조언이 필요했다면 상담사를 찾아갔지.

청자 나의 태도 때문에 화가 났구나.

화자 역사 선생님이 월요일에 시험을 보겠대. 완전히 뒤통수 맞은 느낌이야. 이번 주말에는 켄이랑 롭이랑 캠핑을 떠나기로 했는데 다 틀렸지 뭐야. 이번 캠핑을 내가 얼마나 기다려왔는지 넌 모를 거야.

청자   친구들과 함께 떠날 수가 없으니 정말 실망했겠다.

화자   어떻게 해야 할지 모르겠어. 그냥 얼떨떨해. 커크가 파혼을 선언 했거든. 아직 결혼할 준비가 안 됐다는 거야. 충격적이야. 결혼 계획도 다 세웠고 이미 청첩장까지 돌렸는데, 사람들에게 뭐라 고 말해야 할지 모르겠어. 바보가 된 기분이야. 그리고 난 아직 그 사람을 사랑해. 나 어떡하지?

청자   정말 상심이 크겠구나. 그리고 다른 사람들이 어떻게 생각할지 몰라서 정말 난감하겠다. 어떻게 해야 할까?

이 공식을 당신의 상황에 맞게 다양하게 바꿔 말할 수 있다. 가령 다 음과 같은 말로 대화를 이끌면 도움이 될 것이다.

"내 생각에 너는…."

"네 기분이 지금…."

"내가 듣기로는…."

"내가 잘못 들었는지도 모르지만, 네가 지금…."

사려 깊은 경청을 할 때 주의할 점

다음을 염두에 두고 사려 깊은 경청의 자세를 견지하면 보다 효과적 이다.

신체 언어를 살핀다 | 상대방의 얼굴과 자세, 몸짓에서 그 사람의 감정을 알 수 있다. 물론 당신 자신의 신체 언어에도 주의해야 한다. 귀를 기울여 성의껏 듣는 자세인지, 상대와 시선을 맞추고 있는지 스스로를 점검할 필요가 있다. 긴장하는 표정까지 지을 필요는 없지만 집중해서 듣고 있는 자세를 취해야 한다.

어조에 주의한다 | 상대의 목소리의 음높이와 억양, 크기를 살핀다. 물론 당신의 어조에도 이해하고 배려하는 마음을 담아야 한다. 밋밋하고 건조한 목소리라면 무슨 말을 해도 소용이 없다.

상대의 감정을 속단하지 않는다 | 다른 사람의 감정을 100퍼센트 확실히 알 수는 없다. 그저 추측할 수 있을 뿐이다. 단정적으로 말하면 심판하는 듯한 느낌을 준다. 가장 좋은 태도는 조심스럽고 신중하게 말하는 것이다. 넌지시 물어보는 방법도 괜찮다.

"직장 상사가 네 능력을 알아주지 못한다는 느낌이니?"

이 경우도 너무 깊이 파헤치지는 않는다.

상대의 말을 정확하게 읽는다 | 잘 들어준다는 느낌을 주려면, 상대방이 했던 말과 거의 비슷하게 대꾸하는 것이 좋다. 특히 감정의 강도를 헤아려서 정말, 아주, 꽤 등의 부사를 적절히 사용하면 좋다.

"너 정말 마음 상했구나."

만약 상대의 정확한 감정을 알기 어려울 때는 섣불리 나서지 말고 확실히 그의 감정을 알 때까지 침묵하는 편이 낫다. 아니면 차라리 다시 한

번 말해달라고 부탁한다. 상대가 얼버무린 경우에도 자세히 말해달라고 부탁하라.

"좀 화난 것처럼 보여. 도대체 무슨 일이 일어난 거야?"

"더 자세히 말해봐. 그래야 내가 알아듣지."

상대의 침묵을 존중한다 | 가끔은 상대방이 자기 마음을 콕 짚어낸 말을 듣고 침묵할 때가 있다. 당신이 해준 말을 되새기는 시간이라고 생각하면 된다. 섣불리 침묵을 깨지 말고 가만히 있는 편이 좋다. 어색해도 참아야 한다. 침묵도 필요하다. 오랫동안 말이 없으면 그저 상대의 마음을 넌지시 떠본다.

"어찌해야 할지 고민하는 사람 같아."

만약 당신이 오해했기 때문에 침묵한다는 생각이 들면 이렇게 말하라.

"내가 잘못 생각한 모양이군. 정말 네 마음을 알고 싶으니까 자세히 말해줄래?"

그리고 상대방이 하고 싶은 말을 다 했을 때에도 침묵할 수 있다. 그의 결정을 존중하라. 그가 원할 때 다시 얘기하면 된다.

해석하지 않는다 | 사려 깊은 경청은 그저 상대방의 얘기에 귀를 기울이고 조심스럽게 마음을 헤아리는 태도이다. 개인적인 견해를 덧붙일 필요가 없다. 물론 당신이 옳을 수 있지만, 해석하려는 태도는 분석 대상이 된다는 느낌을 준다.

가령 한 친구가 "정말 힘들어! 고객에게 그냥 가볍게 우리 상품을 한

번 써보라고 갖은 방법으로 얘기했거든. 그런데도 요지부동이야. 대체 어떻게 해야 하지?"라고 말했다고 해보자. 이때 친구의 좌절하고 낙담한 마음을 그냥 짚어주는 것이 바로 사려 깊은 경청이다. "아주 골치 아픈 사람을 만나서 힘들겠구나." 친구가 자기 능력을 의심하고 있다고 '해석' 할 필요까지는 없다. "너 외판원으로서 능력이 없다는 생각에 낙담한 거니?"라고 말하면 친구는 말문을 닫고 말 것이다.

때로는 친구나 배우자가 자기 감정을 내색하지 않으려고 한다. 이런 경우엔 조심스레 관찰하다가 마음을 여는 말을 던져야 한다.

"기운이 없어 보여. 무슨 일 있는 거니?"

상대는 마음을 열 수도 있고, "아냐, 그냥 좀 피곤할 뿐이야."라고 말할 수도 있다. 후자의 경우라면 상대방의 의사를 존중하고 다음 기회에 대화를 나눠야 한다. 기분이 좀 이상해 보인다고 아무 때나 간섭하려고 들지 않는다. 귀찮고 지겹다고 생각할지 모른다.

오늘의 감정 수업 26

사려 깊은 경청 연습해보기

누군가 나에게 감정을 토로하려고 하는 상황이 있었을 것이다. 그때 그 상황과 감정을 한번 되새겨보자. 불안, 분노, 죄책감, 우울 같은 부정적 감정이든, 기쁨과 행복 같은 긍정적 감정이든 괜찮다. 다만 이 꼭지에서 배운 내용을 효과적으로 연습하고 실천해보려면, 되도록 상대가 부정적인 감정을 내게 토로하려고 했던 상황을 떠올리는 게 좋다.

(다음 페이지에 계속)

1. 최근에 다른 사람이 내게 감정을 토로하려고 한 상황이나, 말은 하지 않았지만 그 사람의 감정을 알아챈 경우가 있었는가?

....

....

....

2. 그때 나는 무슨 말을 했는가? 태도는 어떠했나?

....

....

....

3. 그때 사려 깊은 경청을 사용해 할 수 있었던 말은 무엇이었을까?

....

....

....

좋은 감정은
거리낌 없이 표현한다

"문제가 해결돼서 정말 기분 좋다! 이제 내가 해야 할 일을 알겠어."

"너를 만나서 정말 기뻐. 얼마나 너와 얘기하고 싶었는지 몰라."

"우리가 함께 일한다는 생각을 하니 흥분돼."

"방 청소를 혼자 다 했구나! 이렇게 네 할 일을 알아서 척척 하는 걸 보니 얼마나 기쁜지 모르겠다."

좋은 감정은 좋은 감정을 낳고 사람 사이의 관계를 좋게 한다. 매사를 긍정적으로 생각하면 다른 사람들과 친하게 지낼 수 있고 누구에게나 기분 좋은 사람이 될 수 있다. 좋은 기분을 다른 사람에게 나눠주면, 그 사람도 기분이 좋아진다. 다른 사람을 좋아하고 높이 평가한다는 말을 자주 해주면 듣는 사람은 더욱 자신감이 생긴다.

그러니 좋은 감정은 거리낌 없이 표현하라. 긍정적인 측면에 주목할수록 부정적인 생각은 덜 하게 된다. 7살 아이라도 제 방을 청소하면 부모가 기뻐한다는 사실을 다시 알려줄 필요가 있다. 또한 당신이 열정적인 사람임을 알고 있는 동료라면, 그는 당신과 함께 어떤 일을 하든 낙관적인 태도를 보일 것이다.

기분이 좋을 때는 그 기분을 주변 사람들과 함께 나누라. 특히 사랑하는 사람에겐 좋은 감정을 숨기지 않아야 한다!

오늘의 감정 수업 27

I-메시지로 긍정적인 감정 표현해보기

나의 좋은 감정, 과연 어떻게 나눠야 할까? 이때도 I-메시지를 활용하는 게 효과적이다. 좋은 감정을 함께 나누기 위해 어떻게 말할지 연습해보자.

1. 기분이 좋았던 상황을 몇 가지 떠올려보라. 과거의 상황이든, 지금 일어나고 있는 일이든 좋다.

- 상대: ....

- 감정: ....

- 상황: ....

....

2. 이 감정을 전달하기 위한 I-메시지를 만들어본다.

• 상황: 내 감정에 영향을 끼친 상황을 적어본다.

....

....

....

• 감정: 상대방의 행동으로 인해 어떤 기분이 되었는지 적어본다.

....

....

....

• 이유: 상대방의 행동이 자신에게 어떤 의미였는지 설명한다.

....

....

....

PART 10

갈등,
올바르게 푸는 법

갈등에도 감정 문제가
얽혀 있다

- 절친한 친구 사이인 댄과 마티는 오랜만에 회식자리에서 만나 미식축구리 그(NFL)에서 누가 최고의 감독인가를 두고 심한 언쟁을 벌였다. 두 사람의 말다툼으로 인해 회식은 엉망이 되었다.

- 칼라는 앞으로 시아버지가 될 레이와 사사건건 대립했다. 두 사람의 다툼은 칼라와 남자친구 사이에도 균열을 일으켰고, 결혼식은 취소되었다.

폴 매카트니의 노래 〈위 캔 워크 잇 아웃(We can work it out)〉에는 다음과 같은 가사가 나온다.

"내 말대로 하란 말이야!"

바로 이런 말과 태도가 이 세상에 존재하는 모든 갈등의 원인이 아닐까? 폴의 노래는 이렇게 계속된다.

"인생은 너무 짧아. 서로 애태우며 싸울 시간이 없다네, 친구여."

아무리 좋은 관계에서도 오해와 갈등이 불거질 수 있다. 갈등은 사랑만큼이나 보편적인 현상이다. 국가와 국가, 상사와 부하, 친구와 친구, 남편과 아내, 부모와 자식은 서로 싸운다. 토크쇼는 시청률을 올리기 위해 출연자들끼리, 또는 출연자와 관객의 싸움을 부추긴다. 사소한 문제에서부터 심각한 문제에 이르기까지 온갖 이유로 서로 다툰다.

사랑과 마찬가지로 갈등에도 감정 문제가 얽혀 있다. 분노와 상심, 그리고 불신이 갈등의 커다란 원인이다. 일단 어떤 감정이 잠복해 있는지 모르면, 그 감정을 해소할 수 없다. 그러면 갈등을 해결하지 못한다.

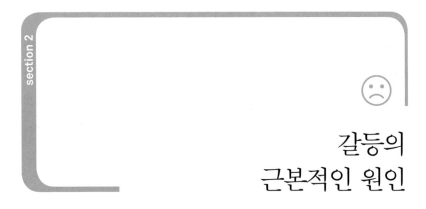

갈등의
근본적인 원인

　갈등은 왜 생기는 것일까? 그 이유는 크게 3가지로 나누어볼 수 있다. 인생·사람·관계에 대한 인지 방식의 차이, 상대방의 생각을 통제하고 판단하는 습관, 내 감정의 원인을 타인에게서 찾는 태도가 그것이다.

인지 방식의 차이

　나만이 옳고 남을 통제해야 한다고 생각하는가? 상대를 이기고 그에게 복수하겠다는 생각을 하는가? 그는 부당하고, 엉뚱한 소리나 하고, 나를 골탕먹일 속셈이라고 생각하는가? 대체 상대방은 어떤 사고방식을 가지고 있는가?

코니는 남편 잭이 자기 감정에 전혀 신경 쓰지 않는다고 생각했다. 잭은 실제로는 신경을 많이 썼지만, 단지 표현이 서툴렀을 뿐이다. 일단 코니의 마음이 어떤 상태인지 이해하게 되자 잭은 아내가 왜 그런 생각을 하게 되었는지 알고 싶어 했다. 이제 잭은 자신이 코니의 마음을 이해한다는 사실을 어떻게 알려줘야 할지 고심하게 되었다. 코니 역시 잭이 관심이 없어서가 아니라 단지 표현할 줄 모르기 때문에 그가 무신경해 보인다는 사실을 알게 되었다.

똑같은 경험이라도 각자가 인지하는 방식에 따라 서로 다른 의미를 가진다. 인간관계의 갈등이라는 맥락에서 보면 인지 방식은 꽤 까다로운 문제이다. 대체로 오감(시각, 촉각, 후각, 청각, 미각)을 통해 주위 환경이나 다른 사람들과 접촉한다. 오감은 '사물의 상태'를 알려주고, 인지 방식은 거기에 '의미'를 부여한다.

인식하고자 하는 대상이 장미나 바위, 혹은 고양이라면 문제는 간단하고 의미도 단순하다. 하지만 그 대상이 인간과 인간 사이의 소통일 때, 사정은 훨씬 복잡해진다. 온갖 미묘한 의미를 모두 감안해야 한다. 다른 사람의 마음을 알 수 있는 단서는 그의 말일 수도 있지만 몸짓일 수도 있다. 목소리나 행동거지도 단서가 된다. 그런데 이 모든 단서에는 여러 의미가 담겨 있다. 사람 사이에 오해하는 일이 잦은 이유가 여기에 있다.

인지 방식은 자신의 믿음과 태도에 좌우되며, 이 믿음과 태도는 자신의 경험에 달려 있다. 따라서 상대가 실제로 보여주고자 하는 의도와 다르게 단서를 해석할 수 있다. 잭은 정말로 코니의 생각을 이해했기 때문에 "당신이 무슨 생각을 하는지 알겠어."라고 얘기했지만, 코니는 잭이 실제로는 자기 감정에 아무런 관심도 없으면서 그저 '그런 시늉'만 한다고 생각했다. 코니는 잭의 태도를 과거에 경험한 자기 아버지의 태도와 동일시했던 것이다. 코니의 아버지는 그녀가 중요한 얘기를 하려고 하면 그저 "훌륭하구나, 애야."라는 반응을 보였을 뿐이었기 때문이다. 코니는 잭이 보다 성의 있게 이해하는 모습을 보여주길 원했다.

자신의 인지 방식이 어떤지 알게 되면, 그것이 다른 사람을 이해하는 데 도움이 되는지 아니면 방해가 되는지 깨달을 수 있다. 당신에게 의미 있는 일이 다른 사람에겐 무의미할 수 있으며, 그 반대 경우도 성립한다.

오해는 보통 "그런 생각이 어디서 나온 거야?" "좀 말이 되는 소리를 해라." "어떻게 그런 기분이 드는지 이해하지 못하겠다."라는 반응으로 표현된다. 즉 "나처럼 좀 더 논리적으로 생각해라!"라는 뜻이다. 하지만 오해는 논리력의 차이가 아닌 인지 방식의 차이에서 비롯된다는 점을 알고 있으면, 인지 방식의 차이가 다른 사람을 이해하는 데 방해가 될 수도 있음을 깨달을 수 있을 것이다.

상대방의 생각을 통제하고 판단하려는 습관

누군가와 의견 차이가 나면, 대부분은 상대방의 관점을 뜯어고쳐서 해결하려고 한다. 그런데 자기 뜻을 고집하고 상대를 이기고 통제하겠다는 생각은 두 사람의 감정에 나쁜 영향을 미치고 갈등을 유발한다. 특히 감정만 앞세운 갈등은 해결하기가 어렵다.

서로의 감정을 이해하고 함께 대화하려는 노력 없이는 갈등을 해결할 수 없다. 보통 사람들은 상대가 자기 말을 들어주고 이해한다는 느낌이 들지 않으면 갈등을 해결할 생각을 하지 않는다.

상대방의 생각이나 감정에 무조건 동의하라는 얘기가 아니라, 거기에는 상대방 나름의 사정이 있음을 인정하라는 뜻이다. 상대방을 통제하려 들고 그가 바뀌기만을 고집한다면 갈등만 증폭시킬 뿐이다. 서로의 차이를 인정할 때 비로소 갈등을 해결하는 실마리를 찾을 수 있다.

벤과 그의 19살 된 딸 패트리샤의 이야기를 보자.

패트리샤는 차를 사려고 했다. 신문 광고를 샅샅이 살펴보고 자신이 감당할 수 있는 차를 골랐다. 하지만 벤이 보기에 딸이 고른 차는 너무 문제가 많았다. 벤은 좀 더 살펴보고 이왕이면 돈을 더 모아서 후속 모델을 사라고 했다. 패트리샤는 지금 당장 차가 필요하다며 뜻을 굽히지 않았다. 게다가 조언이 필요 없다며 화를 내기까지 했다.

"전 10살짜리 어린애가 아니에요. 제 일은 제가 알아서 할게요."

"그래, 알아. 하지만 넌 차에 대해선 아무것도 모르잖니! 좀 더 돈을 모아서 괜찮은 차를 사도록 해. 그때까지는 집에 있는 차를 몰아."

패트리샤는 아버지의 말을 들으려고 하지 않았다. 벤이 반대하는 차를 꼭 사야겠다는 생각뿐이었다. 서로 심한 말을 주고받으면서 두 사람은 기분이 상했다. 벤은 결국 이렇게 말했다.

"그럼 네 멋대로 해. 하지만 그 쓰레기 같은 차가 고장 나도 내 도움을 받을 생각은 하지 마라."

패트리샤는 그 차를 구입한 지 사흘 만에 브레이크를 교체해야 했다. 벤은 딸을 짓궂게 놀렸다.

"내 그럴 줄 알았다."

도움을 제의하는 태도와 생각을 바꾸라고 강요하는 태도는 전혀 다르다. 벤은 패트리샤의 감정이나 생각을 알려고 하지 않았다. 벤이 만약 패트리샤가 성인으로서 자립하겠다는 열망이 강하다는 사실을 알았다면, 그리고 본인은 언제나 옳다고 믿는 사람임을 깨달았다면, 상황은 달라졌을 것이다. 벤은 딸이 스스로 결정을 내리고 싶어 한다는 사실을 인정하고, 자기는 단지 차 선택 문제에 약간의 조언(자동차 전문가가 추천하는 튼튼한 차를 사라고 권유)만 할 수도 있었다. 이런 과정을 거쳤다면 패트리샤 역시 자기의 잘못된 선택에서 어떤 교훈을 얻을 수 있었을 것이다. 하지만 이 예화에서는 서로에 대한 불신과 상처만 남았을 뿐이다.

내 감정의 원인을 타인에게서 찾는 태도

사람들은 보통 자신의 감정 상태를 다른 사람의 탓으로 돌리는 경향이 있다. 앞에서 배운 You-메시지를 기억하는가? 자기 감정의 책임을 타인에게 돌리는 전형적인 화법이다.

"여러 사람 앞에서 나한테 그런 식으로 말하다니 너는 너무 경솔했고 내 기분을 상하게 했지!"

이런 식의 화법은 상대와의 갈등을 유발한다.

You-메시지에는 남을 판단하고, 배려하지 않으며, 상대에게 자기의 뜻을 강요하려는 태도가 담겨 있다. 당신이 이런 태도를 보였다면, 곧바로 자기 행동이 다른 사람에게 어떤 영향을 미칠지 생각해야 한다. 그리고 바로 I-메시지로 화법을 전환해야 한다.

자기 감정에 스스로 책임을 지는 것이 갈등 해결의 핵심이다. 스스로 책임감을 느끼는 사람은 보다 적극적인 삶의 자세를 가질 수 있다.

수잔과 켈리는 부모님의 50회 결혼기념일을 맞아 깜짝파티를 준비했다. 언니인 수잔은 모든 일을 깔끔하게 처리하는 성격이고, 시계처럼 정확하게 진행되는 파티를 원했다. 반면 켈리는 자유분방한 성격이어서 자연스럽게 즐기는 파티를 원했다.

갈등이 생길 수밖에 없었다. 파티 계획을 논할 때마다 '대화'는 해결책이 보이지 않는 '언쟁'으로 변했다. 파티가 가까워올수록, 수잔은 켈리와 이견을 좁히지 않으면 파티가 엉망이 될 것이라는 느낌이 들었다.

수잔은 어떻게 해야 좋을지 고민했다. 우선 자기와 켈리는 분명히 성격과 취향에 차이가 있었다. 그렇다면 어떻게 이견을 조정하느냐가 문제였다. 수잔은 또 자기가 어떤 식으로 말을 해서 켈리와 사이가 벌어졌는지 돌이켜보았다. 언제나 자기 뜻만을 고집해서 켈리에게 반발심을 일으키곤 했다는 생각이 들었다. 이 둘은 어릴 때부터 비슷한 양상의 갈등을 겪어왔다.

수잔은 켈리에게 함께 힘을 합치자고 부탁했다.

"켈리, 지금 우리 꼴을 봐, 우습잖아. 우리가 계속 이러면 부모님을 위한 즐거운 파티를 준비할 수 없다는 생각에 너무 불안해. 내가 좀 지나쳤던 것 같아. 내가 사과할게. 우리 둘 다 만족할 만한 계획을 다시 세워보자."

켈리는 수잔의 사과가 한편으론 놀랍고 다른 한편으론 반가웠다. 두 사람은 이견을 좁혀 계획을 다시 짜기 시작했다.

갈등을 해결하려면
협력해야 한다

이 책에서 제시하는 갈등 해결 방법은 기본적으로 드레이커스의 작업에 빚지고 있다. 드레이커스는 효과적인 갈등 해결은 대결이 아니라 협조적인 태도에서 나온다고 이야기한다. 다음은 드레이커스가 말하는 갈등 해결의 두 가지 상반된 태도이다.

긍정적인 태도	부정적인 태도
기꺼이 주고받는 태도	적대감이나 거부감
다른 사람에 대한 신뢰와 믿음	불신
사람은 동등하다는 생각	우월감이나 열등감
용기, 자기 능력에 대한 믿음	두려움과 자신감 결여

차이점이 아닌 공통점을 찾아야

되도록 공통점과 합의점을 찾으려고 노력해야 한다. 합의점을 찾을수록 서로에 대한 이해가 깊어지고 서로 협력할 만한 영역도 커진다. 이를 위해서는 물론 당신과 상대방의 원활한 의사소통이 필요하다. 서로 존중한다고 느끼고, 가치관도 비슷하다는 생각이 들면 허심탄회하게 얘기할 수 있다.

갈등을 없애고 보다 원활한 의사소통을 하기 위해서는 무엇보다 상대 의견에 대한 반발심을 없애야 한다. 예를 들어 대화 중 "맞아요, 하지만…"이란 말을 자주 하는데, 여기서 '하지만'이라고 굳이 토를 달 필요는 없다. '하지만'이라는 말을 생략하고 그냥 상대 의견에 동의를 표시해서, 상대를 존중하고 그의 관점을 이해하는 모습을 보이는 게 좋다. 그런 다음에 당신이 동의할 수 있는 의견을 찾아본다. 아무리 작은 내용이라도 갈등 해소에 도움이 된다.

또한 사랑과 인정, 존중에 대한 인간의 욕구를 배려할 줄 알아야 한다. 상대방을 모욕하거나 무시하는 태도는 사이를 멀어지게 하는 주범이다.

판단이 아닌 공유가 중요

갈등을 해결하고 다시 좋은 관계가 되고 싶다면, 판단하지 말고 서로의 감정을 공유해야 한다. 상대방의 생각이나 행동에 대해 내 마음대로 판단하거나 공격하면, 상대방도 역시 곧바로 반격하려고 든다. 반면 감정을 나누면 그를 일방적으로 판단하는 것이 아니므로 상대방도 자기가 비난받는다는 느낌을 갖지 않는다. 이렇게 되면 서로 이해하고 갈등을 해소하고 서로 화해할 가능성이 커진다.

또한 상대의 말에 귀를 기울여야 한다. 상대가 어떤 말을 할지 미리 짐작하지 말고 진정으로 그 사람이 하는 얘기를 경청하는 것이다. 옳고 그름을 따지면서 괜한 주도권 다툼을 하는 대신, 서로의 입장과 감정에 귀를 기울이며 대화를 나누면 긴장할 필요 없이 서로의 얘기를 귀담아 들을 수 있다. 바로 이런 태도가 대결에서 협력으로 가는 지름길이다.

처음에는 당신의 생각대로 문제점을 얘기한다. 협조를 구하는 출발점인 셈이다.

"우리 사이에 문제가 있다는 생각이 들어. 우선 네 기분이 어떤지 알고 싶고 내 감정도 얘기하고 싶어. 누가 옳고 그른가의 문제가 아니라, 함께 문제를 해결하고 화해하는 게 중요하다고 생각해."

이 경우에도 주의가 필요하다. 솔직한 감정을 얘기했는데도 상대방은 당신의 의도와는 상관없이 자신을 공격한다는 느낌을 갖기 쉽다. 어조나 표정, 혹은 신체 언어가 그런 인상을 줄 수 있다. 당신의 말이 어떻게 전달되고 수용되며 해석될지 세심하게 주의할 필요가 있다. 신체 언어나 어조에 특별한 버릇은 없는지 자신을 돌아봐야 한다. 그리고 꼭 말로 표현하지 않더라도, 상대를 이기고 통제하겠다는 생각을 품고 있으면 그 느낌이 상대에게 그대로 전달될 수 있고 이는 상대의 감정을 해칠 수 있다.

심리학자이자 갈등 해결 전문가인 제임스 크레이턴(James Creighton)은 판단과 감정의 차이점에 관한 흥미로운 논점을 제시한다. 다음은 '감정과 정서'에 속하는 발언과 '판단과 비난'에 속하는 발언을 사례별로 비교한 것이다.

감정과 정서	판단과 비난
우리가 아이들 교육에 너무 많은 돈을 쓰는 것 같아 걱정이야. 돈을 들이는 과외 수업이 너무 많아.	당신은 애들한테 너무 함부로 돈을 쓰는 것 같아. 우리 능력에 부치는 과외 수업을 너무 많이 시킨다고. 대체 우리 분수를 아는 거야, 모르는 거야?
당신이 늦게 오는 바람에 파티에 못 가서 많이 실망했어. 당신과 꼭 같이 가고 싶었단 말이야.	내 기분은 전혀 신경도 안 쓰는구나. 함께 계획을 세워놓고도 내 생각은 항상 뒷전이지. 대체 당신을 어떻게 믿고 사람들과 약속을 잡는단 말이야?

　좌측의 '감정과 정서'가 I-메시지, 우측의 '판단과 비난'이 You-메시지임을 바로 알아볼 수 있을 것이다. You-메시지에 속하는 판단과 비난은 갈등 해결에 아무 도움이 되지 못한다. 상대는 자신이 오해받고 있으며 공격받는다고 느끼기 때문이다. 특히나 사람들은 갈등 상황에서 '당신은 절대로…' '너는 언제나…' '아무것도…'와 같은 말로 상대를 일반화하곤 하는데 이는 모욕적인 판단이고 공격성을 자극할뿐더러 사실도 아니다.

　You-메시지 대신 I-메시지를 사용하면, 비난하거나 판단하는 대신 상대방의 행동이 당신의 감정과 정서에 끼친 결과만을 정확히 얘기할 수 있다. 특히 그런 감정을 촉발한 상대방의 행동을 구체적으로 지적함으로써 어떤 점에서 마음이 불편했는지 명확히 전달할 수 있다.

　갈등 상황에선 정확하고 섬세하게 말해야 한다. 오해로 인해 소통에 장애가 생길 때, 관계를 회복하거나 반대로 완전히 망치는 요소는 내가 실제로 의도한 내용이 아니라 상대방이 듣고 해석한 내용이라는 점을 기억하기 바란다.

최근에 겪었던 갈등 되짚어보기

　가장 최근에 겪은 갈등을 한번 차근차근 되짚어보자. 나는 과연 어떤 방식으로 상대를 대하고 어떻게 말했는가? 앞에서 배운 내용을 토대로 나의 감정을 어떻게 올바르게 전할 수 있을지 생각해보자.

1. 그때 나는 상대에게 뭐라고 말했나?

....

....

2. 상대는 어떤 반응을 보였나?

....

....

3. 내 발언 중 '판단과 비난'의 요소가 있다면 어떤 것이었을까?

....

....

4. 위의 발언을 '감정과 정서'의 요소를 넣어 고쳐보자.

....

....

☹

효과적인
갈등 해결의 4단계

갈등을 해결하기 위해서 다음 4단계를 밟아 실천하면 효과적이다. 각
각의 단계를 하나씩 살펴보자.

1단계 - 서로 존중하는 태도를 가진다

서로를 동등한 인격체로 존중하는 태도에서 갈등 해결의 실마리를 찾
을 수 있다. 누가 옳고 그른지 따지는 언쟁을 멈추고, 상대방을 배려하는
어조로 관계 회복을 바라는 말을 조심스럽게 해본다. 또한 사려 깊은 경
청 기술을 사용해, 상대방의 말을 먼저 귀 기울여 듣고 이해한 내용을 세
심하게 전달해보라. 그러면 상대방도 똑같이 하게 된다. 상대방의 존중
받고 싶어 하는 마음, 자신의 가치를 인정받고 싶어 하는 마음을 세심하

게 배려해야 한다. 두 사람이 서로를 이렇게 보기 시작하면, 자신의 이기적인 관점을 버릴 수 있다.

"네 기분을 이해한다."라는 말은 되도록이면 피하는 게 상책이다. 다른 사람의 감정을 진정으로 이해하기는 어렵기 때문이다. 단지 추측할 수 있을 뿐이다. "지금 네 기분이 이런 거니?" 혹은 "네가 이런 기분인 것처럼 보여."라고 조심스레 말할 수는 있다. 이렇게 말하면 상대가 인정하거나 거부할 수 있는 여지를 준다. 그는 당신의 추측이 맞다고 인정할 수도 있고, 부인하면서 자기 감정을 솔직하게 털어놓을 수도 있다.

"나는 화가 난 게 아냐. 그냥 좀 실망했을 뿐이야."

이렇게 서로 자기 감정을 정확히 전달할 수 있으면 두 사람의 관계는 좋아진다. 상대방의 얘기에 귀를 기울이며 자신의 생각과 감정을 확실히 표현해야 한다.

우월감을 갖고 반드시 남을 이겨야겠다는 생각을 버리지 못하면 갈등 해결은 영영 불가능하다. 자신의 비합리적인 생각과 감정이 어떻게 스스로에게 족쇄가 되는지 깨달을 때, 자신의 감정과 생각을 조정하고 갈등에서 벗어나 상대와 협조적인 관계를 이룰 수 있다.

2단계 – 진짜 문제가 무엇인지 확인한다

격렬한 언쟁을 벌이다가 쟁점이 흐려지거나 엉뚱한 얘기에 열을 올리는 경험을 해보았을 것이다. 가령 행사 시간이나 역할 분담, 혹은 서로의 기대치에 관해 언쟁을 벌이지만, 진짜 문제는 결국 믿음과 목적에 있을 수 있다. 예를 들어보자.

① 지위나 명예에 위협을 느낀다.

　진짜 문제: 상황을 통제하는 권한을 갖고 싶다.

프레드는 박사학위 소지자로 글렌우드 하이츠 고등학교에서 25년간 재직했다. 신입 교직원들은 그를 존중하고 그의 말이라면 귀 기울여 들었다. 하지만 경험 많은 교직원들은 종종 그의 의견을 반대했다. 이는 프레드의 지위를 위협했다. 그는 고참 교직원들과 자주 갈등을 빚었다.

② 우월감에 상처를 입는다.

　진짜 문제: 내 능력과 재능이 인정받지 못한다고 느낀다.

조시는 회계사이고 남편 조지는 외판원이다. 조시는 가계를 자신이 관리하는 것이 합리적이라고 생각하지만, 조지는 그건 '남자'의 일이라고 주장했다. 조시는 여자로서뿐 아니라 회계사로서도 능력을 인정받지 못한다고 느꼈다. 경제 문제는 이 부부가 다투는 상습적인 원인이 되었다.

③ 상대가 내 말을 듣지 않는다.

　진짜 문제: 다른 사람이 나의 권위를 인정하지 않는다.

조는 14살 팸과 11살 줄리안, 두 명의 아이를 두고 있다. 그는 아이들이 학교에서 돌아와 집안일을 해주기 바랐다. 하지만 직장에서 돌아오면 아이들이 아무것도 해놓지 않은 적이 많았다. 그는 아버지의 권위가 흔들리는 느낌이 들었다. 집안일 문제로 언쟁이 생기면 아이들은 침묵으로 그의 말을 거역했다.

④ 부당한 대우를 받는다고 느낀다.

　　진짜 문제: 무시당해 마음에 상처를 입어서 복수하고 싶다.

샐리는 신입사원들에게 무시당하는 느낌이 들었다. 지난 3년간 입사 동기들이 대부분 승진한 마당에 그녀만 아직도 같은 직급에 머물러 있다. 샐리는 모두가 자기를 무시한다는 생각에 상처를 받았다. 그녀는 앙심을 품고 비협조적으로 나갔다.

이처럼 갈등의 진짜 원인은 자신이 항상 옳아야 하고, 자기 뜻만 관철되어야 하며, 남을 이기고 통제하며, 우월성을 입증하고, 반드시 앙갚음하겠다는 생각에 있을 수 있다. 자신의 목적과 믿음이 어떻게 문제 해결에 방해가 되는지 알지 못하면, 혹은 파악했더라도 이런 마음을 해결할 생각이 없으면 갈등 상황에 아무런 변화도 일으킬 수 없다. 그리고 당신과 갈등을 겪는 상대방은 당신의 감정을 이해하지 못할 수도 있으며, 혹은 비슷한 감정을 가지고 있을 수 있다는 점을 알아야 한다.

마크와 샤론은 결혼 후 4년 동안 휴가 때 마크의 부모님 댁으로 갔다. 올해는 샤론이 휴가 기간에 친정을 방문하기를 바랐다. 마크는 항상 마크의 부모님 댁에 가던 관례가 있으니 그걸 깨면 안 좋다고 생각했다. 마크는 다음 기회에 샤론의 부모님을 방문하자고 제의했다. 샤론은 부당하다고 말했다. 반면 마크는 관례를 깨는 것이 자신의 부모님에게 누를 끼친다는 생각이었다. 두 사람은 서로 다투었다.

마크와 샤론은 실제로 휴가 문제로 싸운다기보다는 주도권 싸움을 벌이고 있다. 두 사람이 이 점을 깨닫기 전에는 화해하기 어렵다. 그들은 주도권 싸움을 그만두고 서로의 감정을 존중하면서 합의점을 찾기 위해 노력해야 한다. 일단 이 단계에 이르면, 샤론이 친정 식구와 시간을 보낼 수 있는 몇 가지 대안을 마련할 수 있다. 이를테면 휴가 기간에 시간을 쪼개 양쪽 집안을 모두 방문하거나 매년 번갈아 방문하는 방법, 혹은 양가 부모님을 집에 초대하는 방법이 있을 수 있다. 그런 후에 마크가 걱정하는 문제, 즉 그의 부모님에게 결정 사항을 조심스럽게 알리는 방법을 모색할 수 있다.

최근에 누군가와 갈등을 겪은 상황을 생각해보라. 이 갈등의 진짜 문제는 무엇이었는가? 두 사람 모두 상대를 이기고 통제하겠다는 생각에 사로잡혀 있었는가? 갈등 상황이 만족스럽게 해결되지 않았다면, 다른 방식으로 상대에게 접근하는 방법을 찾아야 한다.

3단계 - 합의점을 찾는다

갈등을 겪는 사람들 대부분은 그들이 싸우기로 '동의'했다는 사실을 잘 알지 못한다. 갈등도 협업이 필요하다. 아무도 혼자 싸울 수는 없다. 갈등 해결이 목적이라면 빨리 합의점을 찾아야 한다.

우선 자기 자신에게 이렇게 물어본다.

"내가 어떻게 해야 우리가 협력할 수 있을까? 나의 믿음이나 목적, 감정 혹은 태도를 어떻게 바꿔야 할까?"

상대의 어떤 생각에 동의할 수 있는지 찾아야 한다. 여기에 갈등을 푸는 실마리가 있다. 합의점을 찾으면 당연히 협력할 가능성이 커진다.

앤지와 팀은 생활비 문제로 말다툼을 벌였다. 앤지는 팀이 돈을 함부로 쓴다고 비난했다. 팀 역시 앤지가 너무 인색하게 군다고 맞받아쳤다.

이렇게 5분 정도 언쟁을 주고받은 뒤, 변호사인 앤지는 '협상'이 필요하다는 생각을 했다. 협상하는 일을 직업으로 삼고 있으니 자신이 더 잘해야 한다고 생각했다. 앤지는 심호흡을 하고 이렇게 말했다.

"팀, 계속 이런 식이면 문제를 풀 수 없어. 그리고 내가 당신을 심하게 비난한 건 잘못한 것 같아. 사과할게."

그런 다음에 앤지는 갈등의 진짜 문제를 얘기했다.

"우리 둘 다 자기만 옳다고 주장하는 것 같아. 이러면 아무것도 해결할 수 없어. 우리 조금씩만 서로 양보하자."

앤지가 이렇게 나오자 팀 역시 마음을 가라앉히고 자기의 씀씀이가 헤펐다는 사실을 인정했다.

앤지는 팀에게 이 문제를 해결할 만한 좋은 생각이 없냐고 물었다. 팀은 잠시 생각하더니 매달 일정액의 돈만 쓰겠다고 말했다. 만약 그 이상의 돈을 쓰면 문제 삼아도 좋다는 제안이었다. 앤지는 괜찮은 아이디어라고 생각했다.

하지만 돈을 얼마나 써야 하는가의 문제에서는 의견이 갈렸다. 팀은 150달러를 말했는데, 앤지 생각에는 너무 많았다. 그녀는 75달러를 제안했다. 팀은 이 액수에 만족할 수 없었고, 100달러에 타협하자고 말했다. 앤지는 동의했다.

결국 갈등은 서로의 행동과 생각을 조금씩 양보해야 풀 수 있다. 싸울 생각을 버리고, 갈등을 해결하고자 하는 생각을 전제로, 서로 의식적으로 협력하려고 노력하면 된다. 그러면 분위기도 훨씬 좋아지고 서로가 만족할 만한 합의점에 이를 수 있다.

4단계 – 함께 결정한다

진짜 문제가 무엇인지 알고 합의점을 도출했다면, 이제 해결책을 마련할 수 있다. 우선 상대방에게 해결 방안을 요청하거나 당신이 직접 해결 방안을 제시하면 된다. 여기서는 브레인스토밍을 활용하면 효과적이다. 다음 절차에 따르면 보다 효과적인 브레인스토밍이 가능하다.

① 해결 방안에 대한 아이디어를 서로 제시하고 기록한다.
② 제시한 아이디어는 모두 수용하고, 평가는 유보한다. 이는 자기 생각을 기탄없이 말하도록 하는 데 도움이 된다. 자기 생각을 말하자마자 상대방에게 거절당하면, 그 사람은 낙담하거나 화를 낼 수 있다. 브레인스토밍은 서로 협력하는 분위기를 조성한다. 이 방법의 목적은 결국 갈등의 해소이므로 이 단계에선 아무리 '엉뚱한' 아이디어라도 모두 제안하고 수용해야 목적을 이룰 수 있다.
③ 해결 방안을 모두 검토하면서 양쪽 모두 만족할 만한 방안을 찾는다. 해결 방안을 모두 제시한 뒤에는 이를 하나씩 검토한다. 양쪽 모두 수용할 수 있는 방안 또는 절충할 여지가 있는 방안을 찾는다. 이때 제안 내용을 약간 변경해도 된다. 아무리 사소한 내용, 가령 날짜나 시간, 초대 손님, 음식 장만, 포도주 비용, 수표 서명 문제 등이라도 두 사람이 모두 동의할 만한 방안을 찾는다. 이 과정

을 통해서도 합의점이 나오지 않으면 다시 브레인스토밍을 시도하거나 잠시 생각할 시간을 갖고 나중에 결정한다.

두 사람이 모두 동의한 해결 방안이 나오면, 이를 실행하는 데 각자 어떤 역할을 해야 할지 확실하게 정해야 한다. 그리고 어느 한 사람이 비협조적이거나 미적거리는 태도로 나왔을 때는 어떤 조치를 취할 것인지도 미리 정해두는 게 좋다. 모두 적극적으로 참여할 때만이 양쪽 다 만족할 만한 방안을 찾을 수 있다. 결정 과정이 동등하게 이루어질 때 거부감이나 반발심이 사라지고 협력의 분위기가 생긴다.

갈등을 해결하는
대화의 사례

제임스와 비키에겐 제이라는 9살 된 아이가 한 명 있다. 비키는 제이가 좀 더 책임감 있는 사람으로 성장하길 바랐는데, 남편의 방임적인 태도가 이에 방해가 된다고 생각했다. 반면 제임스가 보기에 제이는 책임감을 갖기에는 너무 어렸다. 갈등을 해결하는 대화법에 관해 배운 뒤에 비키는 제임스에게 조심스레 말을 꺼내기로 했다. 제이가 친구 집에 놀러가서 집을 비운 날, 비키는 저녁 식사 전에 이 문제를 꺼냈다.

1단계 - 서로 존중하는 태도를 가진다

비 키 제임스, 당신에게 할 말이 있어. 전에도 얘기한 적이 있는데, 이 번에는 좀 더 분명하게 결말을 짓고 싶어. 내가 제이에게 책임감을 가르칠 때마다 그 애는 당신에게로 도망가버려. 그리고 당신은 내가 한 말과는 반대로 얘기하지. 내 얘기는 하나도 중요하지 않은 것 같다는 느낌을 받았어. 나를 존중하지 않는다는 느낌이 들어.

* 상대방의 문제점을 정확하게 짚어주고 I-메시지로 자신의 감정을 전달하였다.

제임스 그런 소리 하지 마. 전에도 말했다시피 그 앤 아직 어려. 당신이 너무 많은 걸 기대한다고! 그냥 애는 애답게 키우는 게 좋아. 금세 어른이 될 텐데 뭘 그래.

비 키 내 기대치가 너무 높아서 당신은 좀 언짢다는 얘기지? 하지만 난 제이가 어떤 사람이 될지 참 걱정이야.

* 사려 깊은 경청으로 상대의 이야기를 받고, I-메시지로 자신이 염려하는 점을 다시 언급했다.

제임스 물론 나도 그래. 제이의 유년기에 대해서도 걱정이 많고. 하지만 나는 우리 부모님이 나한테 강요한 방식을 애한테 반복하고 싶진 않아. 부모님은 어린 나를 어른처럼 취급했고, 때문에 난 말을 배운 뒤부터 꼬마 어른이 되어야 했어. 그런 건 어떤 애한테도 강요할 생각이 없어.

비 키 당신 맘 이해해. 애한테 너무 많은 짐을 지우지 말라는 얘기지. 그런 건 나도 전혀 바라지 않아.

제임스 그것 참 재미있는 소리군. 내가 볼 때 당신은 애한테 이것저것 시키는 모습만 보이던데.

비 키 내가 잔소리가 심한 엄마로 보여?

  * 사려 깊은 경청으로 상대의 이야기를 받았다.

제임스 그런 것처럼 보여.

2단계 – 진짜 문제가 무엇인지 확인한다

비 키 좋아. 우리는 제이에게 가장 좋은 태도가 무엇인지에 관해 서로 생각이 달라. 그리고 서로 자기가 옳다고 생각해. 계속 이런 식 이면 아무 문제도 풀 수 없지. 조금씩 양보해서 당신도 나도 동 의할 수 있는 방안을 생각했으면 싶어. 기꺼이 도와줄 거지?

제임스 물론이지. 제이를 30살 먹은 어른으로 대하지 않는다면 말이야.

3단계 – 합의점을 찾는다

비 키 우리 둘 다 제이가 책임감 있는 어른이 되기를 바라는 건 맞지?

제임스 그래.

비 키 좋아. 그럼 지금부터 제이가 책임감을 갖도록 집안의 허드렛일 부터 시키고 싶어. 당신 생각은 어때?

  * 대안을 찾는 대화의 시작이다.

제임스 글쎄, 잘 모르겠어. 아직은 신병훈련소 냄새가 나는걸. 좀 자세 히 말해봐.

비 키 처음엔 쉬운 일부터 시킬 생각이야. 제이의 또래가 할 만한 일을 늘어놓고 그중에 몇 개를 골라서 애한테 시킬까 해. 당신도 알지? 브레인스토밍.

제임스 나도 좀 생각해봐야겠네. 우선 뭘 시킬 생각인데?

비 키 글쎄, 설거지부터 시키면 되지 않을까?

제임스 설거지하기엔 너무 어리잖아!

비 키 내 제안 중에 맘에 안 드는 것도 있을 거야. 하지만 지금은 떠오르는 대로 얘기를 하고 평가는 나중에 했으면 해. 이렇게 안 하면 누가 무언가를 제안할 때마다 말싸움이 벌어지고 결국 아무것도 동의하지 못하게 돼. 지금은 그냥 넘어가자. 괜찮지?

제임스 좋은 생각이야.

비 키 설거지는 그저 하나의 생각일 뿐이야. 최선은 아니지만, 나름대로 시작의 의미는 있지. 당신은 좋은 아이디어 없어?

제임스 아무 생각이 안 나. 제이한테 자기가 할 일을 직접 정하라고 할까?

비 키 괜찮아. 좋은 생각이야. 제이한테 물어보기. 이제 아이디어가 2개야. 다른 건?

제임스 내 생각은 그게 다야.

비 키 아무튼 당신은 '설거지'는 좋은 생각이 아니라는 거지? 제이한테 직접 물어봐서 정하도록 할게. 다만 제이도 별생각이 없을까 걱정이 돼.

제임스 설마 그렇기야 하겠어? 굳이 걱정이 된다면, 예비로 몇 가지 생각해두기로 하지.

4단계 - 함께 결정한다

비키와 제임스는 브레인스토밍을 통해 계속 아이디어를 모았다. 아이 교육을 다룬 책을 참고해서 자기 옷 정리, 자명종 시계에 맞춰 아침에 스스로 일어나기, 개 먹이 주기, 식탁 차리기 등을 생각해냈다.

비 키 이제 목록이 완성됐어. 제이에게는 언제 말하면 좋겠어?

제임스 저녁 먹고 말하자.

비 키 그래. 도와줘서 정말 고맙고, 이 문제를 잘 해결해서 기뻐.

제임스 동감이야.

여기서 주의할 점은 서로가 편한 시간대를 골라 대화를 시도해야 한다는 것이다. 사람들은 종종 격한 언쟁이 오가는 와중에 문제를 의논하고 싶어 하는데, 이때가 가장 안 좋은 타이밍이다. 서로가 몹시 흥분한 상태이기 때문에 사려 깊은 경청이나 I-메시지도 갈등을 증폭시킬 뿐이다. 물론 갈등이 빚어진 즉시 대화가 필요한 경우도 있다. 하지만 대개는 흥분을 가라앉힌 후 차분히 얘기하는 게 좋다. 문제를 침착하게 논의하는 데 집중할 수 있기 때문이다. 비키 역시 마음의 준비를 단단히 하고 편안한 시간에 문제를 제기했고, 성공적으로 갈등을 해결할 수 있었다.

section 6

갈등의 교착 상태
극복법

지금까지 갈등을 해소하는 4단계에 관해 설명했다. 이 과정으로 합의에 이르면 대부분의 갈등은 해소된다. 하지만 아무 합의에 이르지 못하고 교착상태에 빠지는 경우도 있다. 이때는 어떻게 해야 할까?

필자 중 한 사람인 돈 딩크마이어(Don Dinkmeyer)와 존 칼슨(Jon Calson)은 갈등이 교착 상태에 이르렀을 때 이를 다루는 방법을 제안한 바 있다. 이들에 따르면, 한 사람은 변화를 강요하고 다른 사람은 그 변화를 거부할 때 갈등은 교착 상태에 이른다고 한다. 교착 상태는 대개 관계를 악화시키지만, 그 반대로 친분이 깊어지는 계기가 될 수도 있다. 이전의 불만 사항을 해소할 수도 있고, 생각지 못했던 방안이 떠오를 수도 있기 때문이다. 딩크마이어와 칼슨은 다음 절차에 따라 갈등의 교착 상태에서 벗어나기를 권유한다.

① 서로 생각할 시간을 충분히 갖는다.

② 상대방에게 해결 방안을 강요하지 않는다.

③ 사려 깊은 경청을 활용하여 상대방이 말하는 내용에 세심하게 귀를 기울인다.

④ I-메시지를 통해 다시 한 번 감정을 정확히 전달한다.

⑤ 해답이 보이지 않으면 잠시 휴식기를 갖고, 해결 방안을 다시 생각한다.

⑥ 합의점과 의견이 갈리는 지점을 확실히 한다.

⑦ 당면한 갈등에 대해서만 논의한다.

⑧ 상대를 공격하거나 상대에게 복수하겠다는 생각은 피한다.

⑨ 상대방의 감정을 함께 나눈다.

⑩ 상대방의 입장에서 얘기하고, 그가 상황을 어떻게 보고 느낄지 말해본다.

⑪ 그럼에도 여전히 교착 상태가 풀리지 않으면, 다음 기회에 보다 효과적으로 갈등을 해소할 방안을 찾는다.

갈등 해결의 모든 가능성을 고려한다

갈등을 잘 해결하려면 무엇보다 사랑과 인정, 존중에 대한 인간의 기본적인 욕구를 배려할 줄 알아야 한다. 상대방을 모욕하거나 무시하는 태도는 사이를 멀어지게 하는 주범이다.

되도록 당신과 상대방의 공통점과 합의점을 찾는 것이 중요하다. 합의점을 찾을수록 서로의 이해가 깊어지고 서로 협력할 만한 영역도 커진다. 이를 위해서는 물론 당신과 상대방의 원활한 의사소통이 필요하다. 서로 존중한다고 느끼고 가치관도 비슷하다는 생각이 들면 두 사람은 허심탄회하게 얘기할 수 있다.

상대 의견에 대한 반발심을 없애는 것 역시 중요하다. 앞에서도 언급했지만, "맞아요, 하지만…."이란 말은 가장 좋지 않은 화법이다. 상대와의 공통점에 집중하고, 열린 태도로 의사소통에 임한다. 그래야 상대의 의견 중 동의할 만한 것을 찾아낼 수 있다.

오늘의 감정 수업 29

풀리지 않은 갈등 되짚어보기

누군가와 겪은 갈등 중, 지금까지 풀리지 않은 갈등이 있는가? 아니면 풀었다고 생각했지만 되돌아보면 왠지 찜찜하고 답답한 갈등이 있다면? 하나를 골라 아래에 적어보자.

1. 어떤 상황이었나?

2. 풀리지 않은 이유(혹은 찜찜한 이유)는 무엇인가?

_____

_____

_____

_____

3. 갈등과 감정을 완전히 해소하려면 어떻게 하면 좋을까? 앞에서 배운
   것들 중 어떤 방법을 활용할 수 있을까?

_____

_____

_____

_____

PART 11

자기 모습 그리기,
자기 자신과의 소통

부정적인 자아상을
긍정적으로 바꿔주는 마법

형제인 토니와 딕은 치매를 앓고 있는 아버지 문제를 얘기하기 위해 만나기로 했다. 토니와 딕은 뜻이 맞는 경우가 거의 없기 때문에 토니는 이번에도 말다툼을 벌일 것이라고 생각했다.

토니는 성격이 불같았고 딕은 그런 토니의 마음에 쉽게 불을 당겼다. 물론 토니는 자신이 화를 내면 아무것도 해결할 수 없다는 사실을 잘 알고 있었다.

토니는 딕을 만나기 전에 긴장을 풀고 미리 자기 모습을 마음속에 그려보기로 마음먹었다. 딕이 보여주리라 예상되는 반응과, 자신이 침착하게 해야 할 말을 하는 모습을 마음속에 떠올리며 소위 예행연습을 했다. 그는 두 사람이 의견일치를 이루어가는 모습을 상상했다. 서로 대화가 꽉 막혔을 때도 흥분하지 않는 모습을 떠올렸다. 이제 그는 동생과 대화할 만반의 준비를 갖춘 셈이다.

자신의 모습을 머릿속에서 시각화하는 것을 말하는 '자기 모습 그리기'에 대해 파트 3에서 짧게 다룬 바 있다. 거기서는 분노를 다스리는 데 유용한 간단한 과정을 배웠다면, 이 파트에서는 본격적인 자기 모습 그리기에 대해 알아보겠다.

자기 모습 그리기는 마음속에 긍정적인 이미지를 떠올림으로써 부정적인 감정과 생각을 스스로 통제하는 방법이다. 즉, '텔레비전을 보듯' 마음속에서 현실을 간접 경험하는 방식이다.

자기 모습 그리기를 통해 상상력이 만들어낸 장면을 보지만, 정신과 신체가 반응하는 방식은 실제 현실에서와 똑같다. 특히 무의식은 '현실 속의' 감각 자료와 '상상 속의' 감각 자료를 구별하지 못한다. 그렇기 때문에 머릿속에서 자기 모습을 어떻게 그리느냐에 따라 정신과 신체는 그에 맞춰 변화하게 된다. 생각하는 대로 내 모습을 바꿀 수 있는 것, 이것이 자기 모습 그리기의 원리이다.

즉, 자기 모습 그리기로 긍정적이고 적극적인 자기 모습을 상상하면 부정적인 감정을 긍정적으로 바꿀 수 있고, 새 감정을 느끼면 정말로 긍정적이고 적극적인 사람이 될 수 있다. 결국 자기 모습 그리기를 통해 긍정적인 나, 감정을 자유롭게 선택하는 나, 궁극적으로 자기 감정의 주인 되는 나를 만들 수 있다.

이 방법의 핵심 열쇠는 상황을 마음속으로 그리는 데 있다. 이 방법을 활용하면 지나간 상황에 매달려 고심하거나 자책할 필요가 없다. 좀 더 적절하게 대응했더라면 상황이 어떻게 바뀌었을지 상상하면 된다. 이 '마음의 스크린'을 통해 당신은 믿음과 감정, 그리고 태도를 통제하는 방법을 배울 수 있다. 자신의 감정과 행동에 스스로 책임지는 태도를

길러주고, 불쾌한 상황에 놓였을 때 어떻게 반응할지 미리 연습까지 할
수 있다.

자기 모습 그리기 기초:
상상력 연습

몇 분간 눈을 감고 마음이 흘러가는 대로 그대로 두면서 지켜보자…. 별의별 생각과 장면들이 떠오를 것이다. 마치 강아지가 눈밭 위를 뛰어다니듯 당신의 머릿속에는 여러 장면들이 들고 날 것이다. 이것을 몽상 또는 망상이라 한다.

이런 몽상과 자기 모습 그리기는 큰 차이가 있다. 몽상이나 망상에 잠길 때는 정처 없이 이런저런 상상에 빠지고 심지어는 자신이 무엇을 생각하고 있는지조차 의식하지 못한다. 반면 자기 모습 그리기는 원하는 장면을 의식적으로 선택해서 상상하는 것이다. 직접 내적인 드라마의 작가이자 제작자 또는 감독이 되는 셈이다.

자기 모습 그리기에는 시각 이외에 다른 감각도 필요하다. 소리를 듣고 냄새를 맡으며 촉감을 느끼고 맛을 느낀다. 바닷가를 상상하면 파도

소리를 듣는다. 갈매기 울음소리를 듣고 부드러운 바닷바람을 느낀다. 한 주먹 움켜쥔 모래가 손가락 사이로 흘러내리는 감촉도 느낄 수 있다. 석쇠에서는 생선이나 고기 굽는 소리가 들리고 그 냄새에 식욕까지 당긴다.

이제 당신이 직접 시험해보자. 눈을 감고 유쾌한 장면을 마음속에 떠올려본다. 당신이 보고 듣고 냄새 맡고 만지고 맛을 느낄 수 있는 모든 것을 자세히 그려본다. 바닷가든 공원이든, 당신이 좋아할 만한 장소를 골라서 그려본다.

직접 시험해본 느낌이 어떤가? 상상하기가 쉬웠는가, 어려웠는가? 어려웠다면 다음의 〈상상력 평가〉로 테스트해본다. 자신의 상상력을 평가할 수 있는 동시에, 좀 더 능숙하게 상상하게 돕는 좋은 도구가 될 것이다. 상상이 비교적 쉽다고 여겨진다면 이 과정을 건너뛰고 바로 다음의 〈생생한 이미지 떠올리기〉로 들어가도 좋다.

상상력 평가

특정한 이미지를 얼마나 생생하게 떠올릴 수 있는지 스스로 평가해본다. 항목을 잘 읽고, 눈을 감고 편한 마음으로 심호흡을 한 뒤, 주어진 이미지를 마음속에 떠올린다. 그런 후에 눈을 뜨고 얼마나 생생하게 이미지를 떠올렸는지 아래의 기준을 참고하여 점수를 매긴다. 같은 방식으로 ①부터 ⑦까지 항목 전부를 평가한다.

이미지 자체를 떠올릴 수 없다 (1점)
이미지가 명료하지 않다 (2점)
꽤 명료한 편이다 (3점)
상당히 명료하다 (4점)
매우 명료하다 (5점)

① 가까운 사람의 얼굴 _____

② 가까운 사람이 웃는 모습(특히 표정) _____

③ 어린 시절 가장 즐거웠던 명절 모임 _____

④ 폭우 속을 뚫고 운전하는 모습 _____

⑤ 호수(오리가 헤엄치고 보트가 나아가는 모습) _____

⑥ 간단한 일을 하는 모습(설거지나 조깅 등) _____

⑦ 사람들로 붐비는 거리와 그들의 행동 _____

총점: _____

총점이 21점 이상인 사람은 대체로 이미지를 명료하게 떠올릴 능력이 있다고 볼 수 있다. 20점 이하인 사람은 이 평가지가 20점 이상이 나올 때까지 계속 연습한다.

생생한 이미지 떠올리기

자기 모습 그리기에서 생생한 이미지를 떠올리는 것은 필수적이다. 그것이 힘든 사람은 다음에 설명하는 방법으로 연습하기 바란다. 물론 생생한 이미지를 떠올릴 수 있는 사람도 이 방법을 반복해서 수행하면 감정을 다루는 데 보다 능숙해질 것이다.

① 파트 2의 52쪽으로 돌아가 〈생각과 감정 자가 진단〉을 그대로 수행한다. 편안한 장소를 찾아 눕거나 앉은 후, 녹음 파일을 들으며 유쾌한 장면과 불쾌한 장면을 번갈아 상상한다. 이때 장면의 모양과 크기, 형태 등을 잘 기억한다.

② 다음의 6가지 질문에 관해 유쾌한 장면과 불쾌한 장면을 비교하며 답을 적는다.

질문	① 유쾌한 장면	② 불쾌한 장면	③ 유쾌한 장면
동영상이었는가, 정지 화면이었는가?			
명암은 밝았는가, 어두웠는가?			
해상도는 선명했는가, 흐릿했는가?			
장면의 크기는 컸는가, 작았는가?			
가깝게 보였는가, 멀리 보였는가?			
자신이 장면 속에 들어가 있었는가, 장면 바깥에서 자신을 바라보고 있었는가?			

당신의 답은 유쾌한 경험과 불쾌한 경험을 대하는 방식을 드러낸다. 가령 불쾌한 장면을 밝고 선명한 사진, 크기가 큰 클로즈업 사진, 자신이 장면 속에 들어가 있는 것으로 상상할 수도 있다. 이런 사람은 유쾌한 경험을 그 반대 방식, 즉 어둡고 흐릿하게 멀리 찍은 작은 사진으로 떠올린다. 그렇다면 그는 불쾌한 경험을 과장하고 유쾌한 경험을 축소하는 경향이 있으며, 부정적인 감정에 시달릴 때가 많을 가능성이 높다.

감정을 바꾸기 위해 상상하는 방법을 바꿀 수 있는데, 여기엔 다양한 방법이 있다. 만약 불쾌한 장면을 선명하게 상상한 사람이 그 장면을 흐릿하게 만들면 우울한 감정이 약해진다. 또한 불쾌한 기억을 빠르게 앞뒤로 '돌릴' 수 있으면 변화를 일으킬 수 있다. 어떤 이들은 자기가 상상한 장면을 우스꽝스럽게 만들어서 불쾌한 감정에서 벗어나기도 한다. 괴롭힌 사람이 광대 차림을 하거나 벌거벗은 채 재주넘기를 한다고 상상해서 조롱하는 식이다. 어떤 장면이건 당신의 기분만 유쾌해진다면 상관없다.

자기 모습 그리기 실전:
마음의 장면 바꾸기

마음의 눈으로 마음속 그림을 그리는 법을 알았으므로, 이제 어떻게 마음속 그림을 바꾸는지 익혀보자. 아래 설명에 따라 상상 장면을 바꾸고, 그때마다 감정이 어떻게 변하는지 확인한다.

마음속에 과거의 장면을 떠올릴 때는 오감을 모두 동원하고, 특히 자신이 무슨 얘기를 하고 있는지 주목한다. 특히 자신의 목소리 크기에 주목해야 한다. 소리가 작으면 크게 해서 좀 더 명확하게 들어본다. 반대로 목소리가 너무 크면 화면에 집중할 수 없으므로 적당한 크기로 줄인다. 마음의 '음량 조절장치'를 잘 활용하자.

불쾌한 장면을 떠올리고 자신이 무슨 얘기를 하는지 주의 깊게 들어라. 유쾌한 장면에 대해서도 똑같은 연습을 하라. 이 외에도 다양한 장면을 통해 연습하기 바란다.

시작하기 전에 마음 편히 심호흡을 한다.

① 과거의 유쾌한 장면을 가능한 한 자세하게 상상한다.
② 다음에 제시하는 다양한 방법으로 유쾌한 장면을 그려본다. 이 연
   습의 목적은 유쾌한 경험과 감정의 밀도를 강화하는 데 있다. 어떤
   방법을 썼을 때 좋은 감정이 강화되는지 알아본다.
   ⓐ 화면의 양태를 바꾼다. 예를 들어 정지 화면이면 동영상으로 바
      꾼다.
   ⓑ 영상의 속도를 느리거나 빠르게 바꾼다.
   ⓒ 영상을 거꾸로 돌려본다. 속도 역시 여러 가지로 시도한다.
   ⓓ 명암을 바꾼다. 밝게 하거나 어둡게 해본다.
   ⓔ 해상도를 바꾼다. 선명하게 하거나 흐릿하게 해본다.
   ⓕ 화면의 크기를 크게 혹은 작게 해본다.
   ⓖ 멀리 보이는 장면은 가깝게 당기고, 반대의 경우는 '줌아웃'한다.
   ⓗ 자신이 이미 장면 안에 있으면 바깥에서 자신을 바라보는 식으
      로 바꾸고, 반대 경우는 화면 안에 들어간다.
③ 이제, 불쾌한 장면을 가능한 한 자세하게 상상한다.
④ ②에서 제시한 다양한 방법으로 불쾌한 장면의 그림을 그려본다.
   어떤 방법을 썼을 때 부정적인 감정이 줄어드는지 알아본다.

긍정적인 감정을 강화하는 방법, 반대로 부정적인 감정을 약화시키는
방법을 찾아내야 한다. 어떤 방법을 썼을 때 긍정적인 감정이 강화되고,
부정적인 감정이 약화되었는가? 다음 빈칸에 알파벳을 적어본다.

	긍정적인 감정이 강화되는 방법	부정적인 감정이 약화되는 방법
유쾌한 장면을 상상했을 때		
불쾌한 장면을 상상했을 때		

　이 연습의 궁극적인 목적은, 마음속의 이미지를 바꾸기만 했는데도 감정이 변화하는 것을 직접 느끼는 것이다. 그렇다면 유쾌한 장면을 상상하는 것만으로도 긍정적인 감정을 끌어올리고 부정적인 감정을 다스릴 수 있다는 것 역시 깨달았을 것이다. 이것이 자기 모습 그리기의 핵심이다.

　이제 자기 모습 그리기가 감정을 바꾸는 데 얼마나 효과적인지 알게 되었을 것이다. 당신이 충분히 연습을 했다면 말이다. 당신은 마음으로 자유롭게 그림을 그릴 수 있고, 그 그림을 자유자재로 바꿀 수도 있다.

　자기 모습 그리기의 핵심을 다 배웠으니, 이것을 어떻게 구체적으로 감정을 다스리는 데 써먹을 수 있는지 설명하겠다. 자기 모습 그리기는 나를 힘들게 하는 감정을 없애고 내가 원하는 감정을 끌어올릴 뿐만 아니라 다양한 활용이 가능하다.

☺

자기 모습 그리기로
합리적인 선택하기

실직, 사업 실패, 파혼 등 누구나 힘든 상황에 빠지기 마련이다. 이때 부정적인 감정에 젖어 잘못된 선택을 하기 십상이다. 자기 모습 그리기는 잘못된 선택을 피하고 합리적인 선택이 필요한 상황에서 도움이 된다.

그럼 '합리적인 선택하기'의 3단계를 알아보자.

1단계 – 부정적인 자기 모습 그리기

첫 1주일간, 비합리적인 믿음과 부정적인 생각을 버리지 않았을 때 생길 수 있는 부정적인 결과를 상상한다. 최악의 결과를 상상해보자. 아무리 사소한 가능성이라도 제외해서는 안 된다. 가장 일어나지 않을 법한 일까지 포함해야 한다.

① 부정적인 결과를 실제로 경험하는 모습을 그린다. 자신이 무슨 얘기를 하고 있고 다른 사람은 당신에게 어떤 말을 하는지 듣는다. 당신과 다른 사람들의 모습을 자세히 그려본다. 조급하게 서둘지 말고 차근차근 당신이 겪게 될 상황을 자세히 떠올린다. 이때 어떤 감정이 느껴지는지 잘 기억해둔다.

② 1분 정도 상상한 장면을 주시한 후에 멈춘다.

③ ①~②를 3번 반복한다. 약 10분 정도 소요될 것이다.

④ 위의 과정을 하루 3번, 1주일간 수행한다.

파트 2에서 직장을 잃은 마이크를 소개한 적이 있다. 다시는 그만큼 좋은 일자리를 구할 수 없다는 생각에 그는 굉장히 두려워했다. 마이크는 최악의 결과를 상상했다.

다시는 좋은 직업을 구할 수 없다는 생각을 버리지 못하면 나는 결국 실직자 대열에 합류하게 될 것이다. (그는 구직자들이 길게 늘어선 줄에 서 있는 자기 모습을 상상했다.)
어쨌든 직업을 구하기는 하겠지만, 낯선 사람들과 함께 시시한 일이나 하겠지. (그는 쓰레기차를 타고 다니며 외국인 노동자들과 함께 일하는 모습을 보았다.) 결국 노숙자 처지로 전락해서 매일 밤 먹을 것과 잠잘 곳을 찾아 헤매게 될 거다. 수많은 밤을 거리에서 잠을 자고 겨울에는 오들오들 떨겠지. 완전히 절망에 빠질 거다. (거리에서 신문지를 덮고 누워 덜덜 떠는 모습을 상상했다. 지나가는 행인들은 자기를 무시하는 기색이 역력했다. 자신이 한숨을 쉬는 소리를 들었다.)

2단계-긍정적인 자기 모습 그리기

끔찍한 1주일이 지났다. 이제 부정적이고 비합리적인 생각을 긍정적이고 합리적으로 고칠 때가 왔다. 방법은 다음과 같다.

① 우선 부정적인 장면을 상상하고, 속으로 '이제 그만!'이라고 외친다.
② 곧바로 비합리적인 믿음을 합리적인 믿음으로 대체한다. 합리적인 생각의 결과를 상상한다. 일어날 수 있는 긍정적인 상황을 모두 상상하고, 어떤 문제든 자신 있게 대처하는 모습을 그려본다.
③ 생각을 합리적으로 고친 후에, 그 결과를 상상하면 감정이 어떻게 변하는지 주목한다.
④ ①~③을 3번 반복한다. 약 10분 정도 소요될 것이다.
⑤ 위의 과정을 하루 3번, 1주일간 수행한다.

이제 마이크가 긍정적인 장면을 어떻게 상상했는지 보자.

이 상황을 끔찍하다고 불평만 하지 말고 조금 불운한 일이라고 생각하면, 새 일자리를 찾아 나설 용기가 생길 것이다. 우선, 내가 가진 장점을 부각시키자. (그는 적극적인 자세로 면접에 임하는 자신의 모습을 상상했다. 면접관에게 자신의 장점을 자신 있게 설명하는 모습을 보았다.)
만약 면접관이 이전 직장에서 해고된 이유를 꺼내들면 그대로 인정하자. 단지 내가 그 경험에서 무엇을 배웠으며 새 직장에선 어떻게 실수를 하지 않을 수 있는지 침착하게 설명하겠다. (마이크는 상황을 침착하게 설명하는 자기 모습을 보았다. 목소리도 담담하고 변명조가 아니었다.)

만약 이번에도 거절당하더라도 실망하지 않고 계속 시도할 생각이다. (그는 거절 의사를 정중하게 받아들이고 면접관에게 시간을 내줘서 고맙다고 인사하는 모습을 떠올렸다.)

내가 계속 실직 상태로 머물게 되면, 그 상황을 받아들이고 내가 해야 할 일만 주력하겠다. 언젠가는 내 마음에 맞고 내가 자부심을 느낄 만한 직업을 얻을 수 있을 거다. 그러면 기쁜 마음으로 열심히 일을 하겠다. 회사에서 두터운 신임도 받을 수 있을 것이다. (마이크가 상상한 마지막 장면은 컴퓨터 앞에 앉아 웃으면서 일하는 자기의 모습이었다.)

3단계 - 선택하기

1주일간 부정적인 자기 모습 그리기, 다시 1주일간 긍정적인 자기 모습 그리기를 연습했다. 당신이 마이크라면 어떤 선택을 할 것인가? 부정적인 자기 모습을 계속 그림으로써 부정적인 감정에 빠져 허우적댈 것인가, 아니면 긍정적인 자기 모습 그리기를 통해 합리적인 선택을 하고 진취적으로 구직에 도전할 것인가? 선택은 자신의 몫이지만, 어떤 것이 합리적인지는 스스로가 가장 잘 알 것이다.

마이크가 이처럼 긍정적인 자기 모습 그리기를 열심히 했다고 해서 당연히 좋은 직업을 구할 수 있다는 얘기는 아니다. 다만 긍정적이고 적극적인 자세를 취하고 있으므로 그만큼 기회가 많아질 것이다.

성공하는 모습을 상상한다

　긍정적인 결과를 상상하는 데서 나아가 자신이 성공하는 모습을 미리 그려보는 것도 좋다. 첫째, 앞으로 일어날 모든 결과(긍정적이든 부정적이든)를 상상한다. 둘째, 당신 자신과 다른 사람이 무슨 말을 하는지 자세히 듣는다. 셋째, 당신이 성공했을 때와 실패했을 때의 상황을 그려본다. 특히 실패했을 경우엔 담담하게 그 결과를 받아들이고 좌절감 대신 약간의 실망감만 느끼는 모습을 상상한다.

자기 모습 그리기로
낙천적인 나 만들기

낙천적인 사람들은 인생을 더 즐겁게 살아간다. 항상 최선의 결과를 예상하고 그것을 얻어낸다. 상황이 여의치 않아도 비관적인 사람들보다 쉽게 극복한다. 그것은 최선의 결과가 나오리라 확신하는 한편, 실망스런 상황도 대수롭지 않게 넘기기 때문이다.

반면 비관적인 사람들은 스스로 기대하는 대로 나쁜 경험을 하기 쉽다. 실제로 예상과 달리 부정적인 결과가 나오지 않으면 오히려 놀라고 믿을 수 없다는 태도를 보인다. 그들은 "이번엔 좋았지만 다음엔 어떨지 모르지."라고 말하며 긍정적인 결과를 무시한다.

낙천적인 사람들은 적극적인 자세로 살아간다. 남들보다 일찍 일어나서 기대와 희망을 안고 하루를 시작한다. 물론 그들도 침대에서 게으르게 뒤척이는 날이 있다. 하지만 삶에 대한 기본 태도가 비관적인 사람들보다 훨씬 더 적극적이고 열정적이다.

이들은 생각하는 방식도 다르다. 낙천적인 사람들은 유쾌한 경험을 강렬하게 느끼고 불쾌한 경험은 흐릿하게 느끼는 반면, 비관적인 사람들은 그 반대이다. 낙천주의자들은 잘된 일을 주목하는 반면, 비관주의자들은 잘못된 점에 집중한다. 낙천적인 사람들이 부정적인 생각을 머릿속에서 금방 지운다면, 비관적인 사람들은 오랫동안 거기서 헤어나지 못한다. "항상 옳은 말만 하는 비관론자가 되기보다 가끔 실수를 하는 낙관론자가 되겠다."라는 생각이 이른바 낙천주의자들의 철학이다.

감정은 스스로 선택한 결과라는 사실을 명심해야 한다. 이는 당신이 마음속의 이미지를 어떻게 조절하는가에 달려 있다. 밝고 강렬한 이미지로 느끼는 장면이 당신의 감정을 좌우한다.

다음은 낙천적인 자기 모습 그리기의 방법이다.

① 잠자기 전, 다음 날 기분 좋은 경험을 하는 모습을 떠올린다. 밝고 유쾌한 장면을 상상하며 마음속으로 긍정적인 말을 한다. 다음 날 아침에 깨어나면 자기 전에 상상했던 기분 좋은 장면을 다시 떠올린다.

② 기회가 생길 때마다 과거의 유쾌한 경험을 생생하게 떠올린다. 좋았던 기분을 잊지 않는다.

③ 자신이 부정적인 생각에 사로잡혀 있음을 깨달으면 곧 유쾌한 기억을 떠올린다. 산뜻한 마음으로 해야 할 일에 집중한다.

④ 일이 잘못될까 봐 신경 쓰일 때도 긍정적인 결과를 이루어내는 자기 모습을 그린다.

자기 모습 그리기로
내키지 않는 일 해내기

내키지 않는 일을 해야 할 때는 어떤 태도를 취하는가? 싫은 일을 억지로 해야 한다는 사실에 두려움을 느끼는 편인가, 아니면 어차피 해야 할 일 기쁜 마음으로 하겠다고 생각하는가? 두 가지 태도는 전혀 다르다. 두려움과 부담감을 느끼는 사람들은 일하는 동안 줄곧 비참한 기분이며, 해야 할 일을 계속 뒤로 미루기만 한다. 그리고 더 기분이 나빠진다. 마감 시한이 닥칠수록 불안감에 휩싸이고 그런 기분으로 계속 일해야 할 뿐이다. 언젠가 끝내기는 하겠지만, 이를 위해 겪을 마음고생은 얼마나 심하겠는가! 다음 예화를 보자.

제니는 기말보고서 쓰는 일을 지겨워했다. 제출일이 얼마 남지 않을 때까지 보고서 쓰는 일을 계속 미루기만 했다. 그녀는 점차 불안해졌다. 잠은 못 자고 먹기만 많이 먹었으며 사소한 일에도 짜증을 냈다. 어쨌든 보고서를 완성하기는 했고 그럭저럭 좋은 성적을 받았다. 하지만 보고서를 쓰는 동안은 한 순간도 마음이 편하지 않았다. 모든 순간이 끔찍하게만 여겨졌다.

제니는 스스로 어려움을 자초한 셈이다. 보고서를 잘 쓸 방법을 생각하는 대신 계속 뒤로 미루기만 했다.

제니와 달리 '어두운 동굴 끝에 보이는 밝은 빛'에 주목하는 사람들도 있다. 이들도 역시 의무적으로 해야 하는 일에 부담을 느끼지만 다르게 대처한다. 그들은 일이 끝난 뒤에 느낄 상쾌한 기분에 주목한다. 어떤 사람들은 과제를 여러 부분으로 잘게 나누어서 각 부분을 끝낼 때마다 성취감을 느끼는 방식으로 보다 수월하게 일 처리를 한다.

킴 역시 기말보고서 쓰는 일이 기쁘지만은 않다. 하지만 킴은 보고서를 모두 작성한 뒤에 느끼게 될 해방감을 미리 그리면서 스스로를 격려했다. 보고서를 항목별로 나누어 각 항목을 쓰는 마감 시한을 따로 정해두고, 한 항목을 끝낼 때마다 스스로에게 포상을 했다.

킴은 고통을 최소화하고 기쁨을 최대화하는 방법을 알고 있었다. 자기 모습 그리기를 통해 해방감을 상상하고 긍정적인 감정을 끌어올림으로써 동기를 부여했다.

다음은 구체적인 자기 모습 그리기의 방법이다.

① 어떻게 하면 기분 상하지 않고 그 일을 끝낼 수 있을지 생각한다.

② 자신이 과제를 완수하는 모습을 마음속에 그린다. 그때 느껴지는 상쾌하고 긍정적인 감정을 느낀다. 그 장면을 선명하고 크고 생생하게 떠올린다. 그러면 현실에서도 유쾌한 감정을 그대로 유지할 수 있다.

③ 장면의 크기를 조절하는 방법도 좋다. 내키지 않는 일을 하며 부담을 느끼는 장면을 큰 화면으로 상상하면 두려움을 더 느낄 수 있다. 크기를 줄이면 보다 마음이 편해지고, 시작할 용기가 생길 것이다.

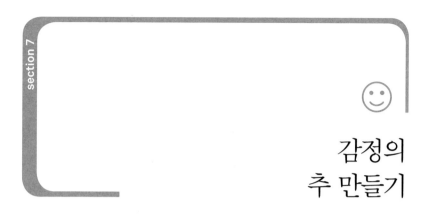

감정의
추 만들기

이제 자기 모습 그리기의 또 다른 측면인 감정의 추 만들기에 대해 살펴보자. 과거의 성공 사례를 현재의 어려움을 극복하는 데 활용할 수 있다는 점을 앞에서 이미 언급했다. 감정의 추 만들기도 그 활용법의 일종이다.

감정의 추란, 긍정적인 감정을 불러일으키는 과거의 특정한 신호를 뜻한다. 감정의 추는 어려운 일에 맞닥뜨렸을 때 즉시 긍정적인 감정을 불러와 부정적인 감정을 제어하고 기분을 향상시킬 수 있다.

다이앤은 우울증으로 고생하는 아버지에게 자주 화를 냈다. 18개월 전 어머니가 죽은 뒤부터 아버지는 삶의 의욕을 상실했다. 다이앤의 인내심은 한계에 도달했다. 그런데 동생인 캐럴은 아무런 곤란을 느끼지 않는 듯했다. 다이앤은 캐럴에게 그 이유를 물어보았다. 캐럴은 이렇게 말했다.

"물론 나도 가끔은 진절머리가 나. 하지만 '감정의 추 만들기'에 대해 배워서 요긴하게 써먹고 있어."

"그게 뭐지?"

다이앤이 물어보자 캐럴은 자세히 설명해주었다.

다이앤은 호기심이 생겼다. 그녀는 감정의 추 만들기를 배우기 시작했다. 이 방법을 능숙하게 사용할 수 있을 때까지 연습한 그녀는 이제 아버지가 자신의 외로운 삶을 불평할 때에도 침착하게 대처할 수 있게 되었다. 더 이상 화를 내지 않게 되자 그녀는 이제 아버지와도 많은 대화를 할 수 있게 되었고, 아버지가 좀 더 활동적으로 살아갈 수 있도록 도와줄 수 있었다.

다음은 감정의 추를 만드는 방법이다.

① 지금 필요한 감정이 무엇인지 생각한다. 가령, 자신감이 필요하다고 해보자.

② 자신감이 충만했던 장면을 마음속에 생생하게 떠올린다. 표정, 몸짓, 호흡, 어조 등 자신이 어떤 모습이었는지 자세히 그려본다. 만약 말을 하고 있다면 무슨 말을 하는지 들어본다. 장면을 더 생생하게 환기하려면 후각이나 촉각, 미각 등 다른 감각에 미치는 느낌도 재생해야 한다.

③ 과거에 자신감이 넘쳤던 모습을 지금 그대로 재현한다. 얼굴 표정이나 자기 혼자 말하는 내용까지 그대로 따라 한다.

④ 그때의 느낌과 감정이 절정에 달하는 순간 엄지와 중지를 퉁기거

나 손등을 가볍게 친다. 이른바 '큐 사인'이다. 필요한 순간에 과거의 감정을 환기하는 신호라고 보면 된다. '큐 사인'을 재생하는 순간 과거에 느꼈던 감정이 생생하게 되살아날 것이다.

⑤ 자신감이 떨어진 상황에 맞닥뜨렸을 때, '큐 사인'을 재생한다. 자신감 있었던 그때의 느낌을 되살려 자신감을 불러올 수 있다.

이 방법에 익숙해지면 다양한 상황에서 활용할 수 있다. 불편한 감정을 느낄 때는 어떤 상황에서나 이 방법을 활용할 수 있다. 물론 꾸준히 연습해야 필요한 상황에서 즉시 활용할 수 있다.

《무한한 힘(Unlimited Power)》과 《네 안에 잠든 거인을 깨워라(Awaken the Giant Within)》의 저자인 앤서니 로빈스(Anthony Robbins)는 감정의 추로 활용할 수 있는 긍정적인 경험을 될 수 있는 한 많이 '쌓아놓으라고' 권한다. 하나의 감정을 환기하는 데 활용하는 경험이 많으면 많을수록 좋다는 얘기다. 비슷한 경험이 많을수록 필요한 감정을 환기하는 데 실패할 확률이 줄어들기 때문이다.

만약 감정을 환기할 수 있는 실제 경험이 없다면, 허구적인 상황을 스스로 만드는 방법도 좋다. 예를 들어 자신감이 넘치는 상황을 당신이 직접 상상할 수 있다. 몸의 자세나 얼굴 표정, 호흡과 어조에 관심을 기울인다.

이 방법은 다양한 감정에 적용할 수 있다. 가령, 침착함을 유지하고 싶다면 침착함을 불러일으키는 자신만의 감정의 추를 만들어놓는다. 그리고 불안하거나 화가 나는 상황에서 사용하면 된다.

주의할 점은, 감정마다 서로 다른 몸짓 신호를 만들어야 한다는 것이다. 특정한 감정에는 특정한 신호가 있어야 하기 때문이다. 예를 들어 침착함을 유지하는 감정의 추는 가슴을 가볍게 두들기는 몸짓 신호로, 자신감을 보이는 감정의 추는 손등을 치는 몸짓 신호로 만드는 식이다.

또한 너무 일상적인 몸짓은 신호로 사용하지 않는 것이 좋다. 가령 습관적으로 엄지와 중지를 튕기는 사람은 다른 신호를 만들어야 한다. 약간 유별난 몸짓으로 감정과 몸짓을 정확하게 짝지어준다.

오늘의 감정 수업 30

감정의 추 만들어보기

감정의 추 만들기는 강력하고 신속하게 감정을 바꾸는 방법이다. 하지만 직접 만들어보지 않으면 소용이 없다.

1. 내게 필요한 감정은 무엇인가?

2. 필요한 감정을 만들기 위한 기억은 무엇인가?

3. 내가 사용할 몸짓은 무엇인가?

....

....

4. 지금 만든 감정의 추, 어떤 상황에서 사용하면 효과적일까?

....

....

부정적인 고착물 제어하기

앞에서 특정한 상황에서 원하는 감정을 환기하는 방법에 관해 설명했다. 그런데 사람들은 누구에게나 특별한 감정적 고착물(anchor)이 있다. 무슨 말인가 하면, 어떤 특정한 장면이나 외모, 목소리, 단어, 냄새, 맛, 촉감 등이 항상 같은 감정을 촉발한다는 것이다. 가령 장미 향기를 맡으면 마음이 안정되고 평안해지는 사람이 있다. 아마도 장미 향기와 관련해서 유쾌한 경험이 있는 사람일 것이다. 어쩌면 어린 시절에 장미꽃밭에서 즐거운 경험을 한 사람일 수도 있다. 그때의 경험 때문에 지금도 장미 향기를 상상하면 마음이 안정되고 평안해지는 것이다.

거꾸로 부정적인 감정을 불러일으키는 고착물도 있는데, 가령 특정 목소리나 얼굴이 불쾌감을 유발할 수 있다. 기억을 되새겨보면, 부정적인 사건이 연루돼 있을 가능성이 크다.

당신이 비난의 말을 들으면 반사적으로 죄책감을 느끼는 사람이라고 가정하자. 물론 당신은 잘못한 일이 없고 단지 그런 목소리만 들으면 죄책감을 느낀다. 어쩌면 어린 시절에 동생이 잘못하면 항상 자기가 혼났던 사람일 수도 있다. 지금도 당신은 좀 더 당당하게 아버지의 부당한 처사에 맞서야 했다고 생각할 것이다. 어른이 되면서 자기를 주장하는 법을 배우게 되었고, 다른 사람이 하기 싫은 일을 억지로 시키면 당당하게 거부할 줄도 알게 되었기 때문이다. 하지만 당신은 여전히 비난하는 투의 말을 들으면 죄책감을 느낀다. 비난하는 목소리가 바로 아버지를 연상시키기 때문이다. 즉 비난조의 목소리가 '고착물'인 셈이다.

이때 자기 모습 그리기를 사용해 부정적인 고착물을 없애거나, 혹은 거꾸로 유쾌하게 만들어버릴 수 있다. 신경언어 프로그래밍 모델(NLP: 두뇌에 언어로 명령을 내림으로써 각종 부정적인 심리상태를 치료하는 기술)의 창안자인 리처드 밴들러(Richard Bandler)와 존 그라인더(John Grinder)는 부정적 고착물을 효과적으로 다루는 방법을 제시한다. 그들의 책《개구리에서 왕자로(Frogs into Princes)》는 부정적인 고착물에 직면했을 때 다른 감정을 환기하는 방법을 다루고 있다.

① 과거의 불쾌한 상황에서 당신에게 부족했던 모습이 무엇이었는지 생각해본다. 예를 들어 당당하고 자신감 있는 모습을 보였어야 하는데 그렇지 못했을 수 있다. 그때 어떤 모습이 필요했는지 생각하라.

② 이번에는 과거의 불쾌한 상황에서 당신이 바람직하게 대처하는 모습을 그린다. 생생하게 그려야 한다. 불쾌한 감정도 사라질 것이

다. 이 과정을 반복하면, 부정적인 고착물에 직면했을 때도 감정이 불쾌해지지 않는다.

앞의 예로 설명하겠다. 아버지가 당신을 혼내는 상황을 마음속에 떠올리고, 그 상황에서 좀 더 적극적으로 자신을 주장하는 모습을 그려본다. 죄책감이 사그라들 것이다. 과거에 겪은 일뿐 아니라 최근에 겪은 일 중에서도 이와 비슷한 장면 속에서 당신이 보다 바람직하게 처신하는 모습을 상상해본다. 이렇게 상상하는 연습을 반복하면, 비난조의 목소리를 들어도 죄책감을 느끼지 않는다. 오히려 더 당당하고 자신감 있는 모습을 보일 수 있다. 다시 말해서 죄책감을 유발하는 목소리가 이번엔 거꾸로 긍정적인 감정을 촉진할 수 있다는 얘기다.

부정적인 고착물을 없애는 또 다른 방법은 바로 유쾌한 기억을 떠올리는 것이다. 고착물을 접할 때마다 유쾌한 기억을 떠올리는 연습을 해보자. 이를 위해서는 유쾌한 감정이 부정적인 감정을 상쇄할 수 있을 만큼 강렬한 기억이어야 한다. 당신이 편안하고 침착했던 순간, 애정과 관심을 받으며 용기와 자신감이 넘쳤던 순간, 행복하고 즐거웠던 순간을 기억하면 된다.

오늘의 감정 수업 31

부정적인 고착물 없애기

찡그린 표정, 회초리, 뱀, 지나치게 높은 건물…. 누구나 접하고 싶지 않은 부정적인 고착물이 하나쯤은 있을 것이다. 이번 꼭지에서 설명한 방법을 써서, 이러한 부정적인 고착물을 없애는 연습을 하자.

1. 나의 고착물은 무엇인가?

....

....

2. 어떤 긍정적인 기억이 필요할까?

....

....

ACE,
감정 조절의
유용한 도구

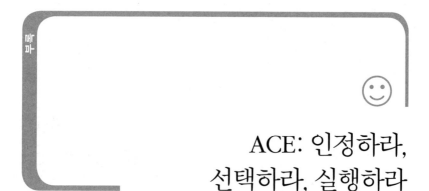

부록

ACE: 인정하라, 선택하라, 실행하라

필자들은 수많은 연구와 상담을 통해 자신의 의도대로 감정을 정리하고 조절하는 공식을 마련했고, 이를 'ACE'라고 이름 지었다. 감정 수업의 요약본, 혹은 '엑기스'라고도 부를 만하다. 감정을 다스리고 싶은 순간이 올 때마다 읽으면 감정을 컨트롤하는 데 많은 도움을 줄 것이다.

Accept, Choose, Execute

- **A: 인정** (Accept yourself and your feelings.)
  자신과 자신의 감정을 그대로 인정하라.
- **C: 선택** (Choose new purposes, beliefs and feelings.)
  새로운 목적과 믿음, 감정을 선택하라.
- **E: 실행** (Execute your new choices.)
  새로운 선택을 위한 행동을 실행하라.

A 인정 | 부정적인 감정을 바꾸려면 자신이 느낀 감정을 그대로 인정해야 한다. 자기를 그대로 인정하지 않는 사람은 자기의 감정도 인정하지 않는다. 감정을 인정하지 않으면 바꾸지도 못한다. 변화를 위해서는 우선 인정할 줄 알아야 한다는 것, 조금 역설적이지만 이것이 바로 삶의 진실이다. 부정적인 감정을 바꾸려다 보면, 가끔 실수할 때도 있을 것이고, 그러한 사실이 당신의 자존심에 상처를 입힐 수도 있다. 그러나 이 점까지 감내해야 한다. 만약 자신과 자신의 감정을 인정하기 어렵다면, 자신의 감정을 받아들이지 못한다는 사실까지 그대로 인정한다.

C 선택 | 모든 감정에는 고유한 목적이 있다. 210쪽 〈감정의 목적〉을 참고해서 무의식적으로 드러나는 감정의 목적이 무엇인지 늘 확인하는 습관을 갖는다. 그 목적이 당신에게 유리한 결과를 낳을지 판단해야 한다. 당신은 그 결과를 기꺼이 받아들이겠는가?

감정은 믿음에 따라 결정된다는 사실을 명심해야 한다. 불쾌한 사건을 겪더라도 '이 사건을 다르게 보는 관점이 무엇인가'라고 되뇌며 다양한 관점을 찾는 훈련을 해보자. 끔찍하다는 느낌을 갖기보다는, 조금 운이 없었다는 식으로 생각하거나 인생의 새로운 기회로 여기면 부정적인 감정을 바꿀 수 있다.

E 실행 | 변화하려면 실천해야 한다. 단지 어떻게 변화할지 생각만 하는 것으로는 충분하지 않다. 생각한 내용을 실행해야 한다. 새로 정립한 목적, 믿음, 감정에 따라 행동하자.

분노를 조절하는 ACE

인정 | 자신이 화가 났다는 사실 자체를 인정하지 못하는 사람은 일단 이 문제부터 해결해야 한다. 신체가 보내는 신호에 주목해보자. 몸이 뻣뻣하게 긴장했거나, 소화불량이나 신경쇠약 등으로 고생한다면 그 이유가 무엇일까? 화에 대한 강박적인 거부감은 없는지, 혹은 다른 사람과의 관계에서 나도 모르게 화가 생기지는 않았는지 생각해본다. 그리고 화를 내도 좋다고 생각하면 된다. 화는 '사악한' 감정이 아니다. 우선 자신이 화를 내고 있다는 사실을 인정하지 않으면 아무것도 고칠 수 없다.

선택 | 우선 이 분노가 어떤 목적을 띠고 있는지 확인해야 한다. 잘 모르겠다면, 자신이 비합리적으로 생각하는 내용이 무엇인지 자세히 살펴본다. 왜 화를 내게 되었는지 알 수 있을 뿐만 아니라, 그 목적에 대한 단서도 얻을 수 있다. 누군가를 비난하고 불평하는가? 자신의 요구가 받아들여지지 않아 참을 수 없다고 느끼는가?

예를 들어 며칠 전 지역 상점에서 물건을 샀는데 속았다는 느낌이 든다고 가정하자. 상점 주인에게 화가 난다. 그리고 이렇게 말한다.

"이건 사기야. 정말 부당한 일이야. 이런 사기꾼 같으니라고! 도저히 참을 수 없어. 감히 나한테 이런 엉터리 물건을 팔아? 가만두지 않겠어."

이 사례에서는 불량품을 판 상인의 행동만이 아니라, 상점 주인의 인격 전체를 문제 삼아 그를 '사기꾼'이라 부른다. 그런데 상점 주인이 물건에 이상이 있음을 몰랐을 가능성은 없을까? 만약 알았다고 해도 과연 그를 사기꾼으로 취급해도 온당한 일일까? '어떻게 나한테 이런 엉터리 물건을 팔아?'라는 말은 무엇을 의미하는가? 상점 주인이 당신에게만 불량품을 내줬다는 뜻인가? 당신만이 특별할 까닭은 없다. 혹시 인생은 언제나 공평해야 한다고 생각하는가? 현실은 그렇지 않다. '가만두지 않겠어.'라는 말은 무슨 뜻인가? 실제로든 상상으로든 복수하겠다는 뜻인가? 물론 소비자로서 권리를 주장할 수 있다. 하지만 복수가 그 해법은 아니다.

이처럼 자기 생각에 비합리적인 면이 있음을 알았다면, 이제 선택할 차례이다. 이 상황을 합리적으로 보는 관점을 찾아보자. 목적은 어떻게 바꾸겠는가? 가령, 복수 대신 협조를 바랄 수 있다. 이 상황에 관해 어떻게 말하겠는가? 이 상황을 하나의 기회로 볼 수는 없는가? 배울 만한 교훈은 없는가? 재미있게 바라볼 수는 없는가? 일단 자기 고집을 꺾고 이 상황을 충분히 견딜 수 있다고 스스로를 격려하며, 불평과 비난을 멈춘다면 어떤 기분을 느끼겠는가? 무엇보다도 화를 낸 후 대인관계나 건강 등이 악화된다면, 다른 감정을 택하는 편이 유리할 것이다.

실행 | 문제를 해결하겠다고 마음먹었다면, 곧바로 해야 할 일을 결정하고 그대로 실행한다. 위의 사례에서는 우선 상점 주인을 만나 불량품 문제를 조용히 따질 수 있다. 주인을 만나기 전에 자기 모습 그리기를 통해 맞닥뜨릴 상황에 대비할 수도 있다. 상대에게 해줄 말과 이에 대한 상대의 반응을 예상하고, 혹시 생길 수 있는 불상사까지 다 생각해둔다. '침착하게 대하자' 등의 자기 대화를 미리 마음에 담아두면 크게 도움이 될 것이다. 요점은 화나는 감정을 해결하기 위해 합리적이고도 적극적인 행동을 취하라는 얘기다.

우울을 조절하는 ACE

인정 | 우울증에 시달리고 있다는 사실을 그대로 인정하는 것이 첫걸음이다. 어떤 생각이 우울을 심화시키고 있는지 파악해야 한다. 왜 우울한 감정에 빠지게 되었는지, 이를 통해 무엇을 얻고자 하는지 〈감정의 목적〉을 참고하여 확인해본다. 즉, 자신이 가지고 있는 강박적인 의무감을 알아내야 한다. 예를 들어 기준이 까다롭고 완벽주의 성향이 있는 사람은 우울을 빌미 삼아 스스로 무기력증으로 도피하고자 한다. 시간을 벌기 위해 우울한 감정에 잠기기도 한다.

우울의 이면에 숨어 있는 비합리적인 믿음과 목적을 자세히 살피고, 이를 노트에 적어본다. 기분이 울적할 때는 항상 이런 생각에 잠겨 있다는 뜻이다. '인생은 끔찍하다. 아무것도 변하지 않는다. 희망은 없다' 따위의 부정적인 생각이 어떻게 우울증을 심화시키는지 깨닫기 바란다.

선택 | 목적을 알았다면 이제는 그것을 바꿀 차례다. 어떻게 바꿀 것인가? 예를 들어 항상 자기 뜻만 고집하는 편이라면 어떤가? 다른 사람의 처지와 요구를 좀 더 배려하는 방향으로 변화할 수 있을지 생각해본다. 혹은 우울증을 통해 소위 '침묵의 울화통'을 터뜨리고 있다면, 어떤 식으로 건강하게 화를 낼 수 있을 것인지 생각해본다.

실행 | 가장 효과적으로 우울증에서 벗어나는 방법은 사고방식과 믿음을 바꾸는 것이다. 우울증을 심화시키는 부정적인 믿음이 무엇인지 알았으니, 이제는 그것을 긍정적인 방향으로 바꾸기 위해 노력해야 한다. 스

스로에게 현실적인 질문을 던져보고 비합리적인 믿음을 합리적으로 고쳐보는 연습을 한다. 심호흡을 하며 긍정적인 자기 모습을 상상하는 것도 심신을 안정시키는 데 도움이 된다.

파트 11에 실린 '감정의 추 만들기' 역시 특정한 상황에서 의도적으로 긍정적인 감정을 느끼는 방법이다. 이를 통해 우울증에 빠지기 쉬운 부정적인 생각을 없애거나 줄일 수 있다.

할 수 있는 것을 다 해도 우울증이 완전히 사라지지 않는다면, 생리작용의 불균형이 원인일 가능성이 크다. 전문가를 찾아 진찰을 받는 것이 좋다.

죄책감을 조절하는 ACE

인정 | 죄책감을 없애기 바란다면, 우선 죄책감을 느낀다는 사실을 인정할 필요가 있다. 죄책감은 긍정적인 변화를 방해하는 요인이지만, 죄책감을 느끼는 일 자체가 잘못은 아니다. 당신은 어떤 감정이든 느낄 자유가 있다.

선택 | 〈감정의 목적〉을 참고해서 죄책감의 목적이 무엇인지 알아본다. 이 목적에 만족하는가? 그것이 당신에게 도움이 되는가?

예를 들어 어머니의 생신을 잊고 죄책감을 느꼈다고 가정하자. 어떤 목적 때문에 죄책감을 느꼈는지 알기 어렵다면, 자신이 지금 무슨 생각을 하는지 노트에 자세히 써본다. 가령 다음과 같이 썼다고 가정해보자.

"어머니의 생신은 반드시 기억해야 했어. 어머니는 늘 내 생일을 챙겨주시잖아. 내가 이렇게 무심하다니! 참을 수 없어. 배려하지 않는 아들 때문에 얼마나 속이 상하셨을까."

이와 같은 생각이라면 죄책감의 목적은 자기를 처벌하는 데 있다. 혹은 이런저런 바쁜 일이 많았다는 생각이 들었다면, 죄책감의 목적은 변명이다. 죄책감을 없애려면 잘못한 행동을 직시하고, 상황을 해결할 수 있는 목적을 선택해야 한다. 이를 위해서는 까다로운 요구, 부족한 인내심, 불평과 비난 등 자기를 옭아매는 사고방식을 버려야 한다. 이제 바뀐 목적을 담담하게 표현해본다. 이 예화에서는 어머니의 심정을 이해하려는 목적이 좋을 것이다.

"어머니 생신을 잊어버리다니 안타까워. 마음도 많이 상하시고, 나를 무심한 아들로 여기시겠지. 실제로는 내가 어머니를 정말 많이 생각하는데도 말이야. 하지만 건망증 운운하며 변명할 생각은 하지 말자. 이제 내 생각은 그만하고 어머니의 심정이 어떨지 헤아려보자."

전반적으로 다른 각도에서 접근해도 좋다. 이렇게 자문해보자.

"나는 이 경험에서 무엇을 배울 수 있을까?"

사태를 해결하기 위한 여러 가지 방법을 생각해본다.

실행 | 목적과 생각을 바꿨으므로 이제는 실천에 옮길 차례이다. 그저 죄책감을 무마하려는 목적이 아닌, 새로운 삶을 위한 노력이다. 어떤 모습으로 바꾸고 싶은가? 구체적인 계획을 세워보자.

전화를 걸거나 직접 찾아가 어머니를 위로할 수 있다. 변명할 생각은 버리고, 담담하게 잘못을 인정하는 사과의 말씀을 드리고, 어머니가 느끼실 마음을 충분히 이해한다고 말씀드린다. 그리고 진지하게 어머니의 말씀에 귀 기울인다. 이때 용서를 덥석 받아들여서는 안 된다. 죄책감 무마가 목적이 아님을 기억하라! 그리고 대화가 다 끝난 후 근사한 식사나 선물을 드려서 마음을 표현하면 좋다. 혹은 어머니 생신을 잊지 않는 나름의 방법을 고안할 수도 있고, 평소 대화가 부족했다면 서로 마음을 터놓는 자리를 마련할 수도 있다. 만약 마음이 상한 사실조차 부인하는 경우라면 자신의 심정을 얘기하기 싫다는 뜻이며 그런 마음까지 받아들여야 한다.

이와 같이 상황을 해결하기 위한 모든 노력은 죄책감을 없애고 발전적인 자기 모습을 그리게 도와줄 것이다.

불안을 조절하는 ACE

인정 | 자신이 불안하다는 사실을 부인하거나 숨기는 대신 그대로 인정하고 받아들여야 불안감에서 벗어날 수 있다. 손에 땀이 배거나 입이 마르는 등 불안감에는 항상 신체 증상이 수반된다. 이런 신체 증상을 잘 살펴보고, 자신이 불안감에 시달린다는 사실을 그대로 인정해야 한다. 인간이라면 누구나 불안에 시달리는 때가 있으며, 이런 자기 감정을 인식하고 수용하는 태도가 중요하다.

선택 | 불안하다는 사실을 인정했다면, 이제 불안한 심리 상태의 목적이 무엇인지 살펴본다. 어떤 생각이 불안을 낳았는지 차분히 고찰한다. 그리고 불안감을 자아내는 비합리적인 생각이나 믿음 대신 합리적인 생각을 선택한다.

불안을 구실로 마음에 들지 않는 상황을 회피하는 목적을 가지고 있다고 해보자. 이는 자기에 대한 상대의 기대감을 덜어내려는 속셈이다. 당장은 부담감에서 벗어날 수 있으나, 결국은 한 단계 성장할 수 있는 기회를 놓치는 셈이 될 것이다. 그렇다면 불안 대신 좀 더 건강한 목적을 선택하는 게 좋지 않을까?

자신에게 선택 사항이 제한되어 있고 다른 대안을 찾지 못하기 때문에 불안감이 생기는 경우도 많다. 그렇다고 불안감이 사태를 해결하는 데 도움이 되는가? 불안에 떠는 대신, 지금 할 수 있는 일이 무엇인지 생각하는 게 나을 것이다.

실행 | 자신이 불안하다는 사실을 인정하고, 그 목적은 무엇이며 어떤 비합리적인 생각으로 인해 불안감에 시달리는지 이해했다면, 이제는 불안감을 극복하기 위해 행동에 나설 차례이다.

우선 부정적인 태도부터 고친다. 긍정적인 자기 대화가 효과적이다. 불안 증상을 완전히 극복한 자기의 모습을 그려보자. 전혀 불안한 기색을 내비치지 말고 불안하지 않은 척 행동하는 것도 도움이 된다. 한꺼번에 변할 수는 없지만 조금씩 불안감이 사라질 것이다. 작은 성공을 발판 삼아 한 걸음씩 나아가는 자세가 중요하다.

몹시 긴장되고 부담스러운 상황에 직면하면 심호흡을 하면서 마음을 편히 갖고, 할 수 있는 일을 생각하면 불안에서 벗어날 수 있다. 자꾸 불안하다는 생각에 빠져 있으면 불안감이 가중될 뿐이다. 불안감을 완전히 없앨 수는 없다고 해도 불안한 마음에 더 이상 휩쓸리지 않도록 자신을 추스르는 게 중요하다. 아무리 힘든 상황이라도 충분히 이겨낼 수 있다는 자신감을 갖기 바란다.

'감정의 추 만들기' 역시 불안감을 다루는 데 유용하다. 기분이 좋아질 뿐 아니라 불안감에 빠지기 쉬운 부정적인 생각을 없앨 수 있다. 앞에서 배운 복식호흡과 스트레칭, 바디 스캐닝도 도움이 된다.

기쁨과 행복을 조절하는 ACE

인정 | 기쁨을 느끼려면, 자신이 완벽하지 않다는 점을 인정해야 한다. 자기를 인정하는 태도를 취하면 더 많은 기쁨을 누릴 수 있다. 스스로를 새로운 시각으로 바라볼 수 있기 때문이다. 더 이상 완벽한 사람인 척하기 위해 긴장하지 않아도 된다. 완벽한 사람임을 자처할수록 행복감을 누릴 기회는 줄어든다. 당신은 자신이 모든 일에 유능한 사람이라는 인상을 주기 위해 노력한 적이 있는가? 조금 서툴게 일을 처리한 경우에도 그렇지 않다고 자신을 변호한 적은 없는가? 결코 실수 따위는 하지 않겠다고 다짐한 적은 없는가? 그렇다면 당신은 스스로 화를 자초한 셈이다. 언젠가는 커다란 곤경에 처할 수도 있다.

선택 | 만약 어떤 실수도 용납하지 않는 완벽한 사람이 돼야 한다고 생각한다면, '나는 항상 옳은 말만 하고 모든 것을 알아야만 남들에게 인정받는다'라는 그릇된 믿음을 가지고 있다는 얘기다. '나는 완벽한 사람이 아냐. 열심히 노력하지만 가끔 실수할 때가 있다'라고 생각을 바꾸어라. 실수에 관대한 사람이 될 때 더 자유로워질 수 있으며, 자신과 타인 그리고 이 세상을 더 현실적으로 바라볼 수 있다.

실행 | 완벽한 사람이라는 틀에서 벗어나려면 다음과 같은 자기 대화를 시도하면 좋다.

'이제 난 실수에 관대해졌어. 나 자신을 그대로 인정할 거야.'

끊임없이 새롭고 유쾌한 경험을 추구해보자. 힘들게 일하기보다, 자신이 좋아하는 일을 재미있고 즐겁게 하자. 더욱더 재미있게 살려고 노력하는 태도 자체가 기쁨을 불러온다.

명랑하고 유쾌하게 살아라! 지나친 자의식은 머릿속에서 지워라! 실패를 두려워하지 말라! 조금쯤 우스꽝스럽게 보인다고 큰일이 나겠는가? 인생을 즐겨라!

스트레스를 조절하는 ACE

인정 | 스트레스는 감정에 부정적인 영향을 미친다. 약간 성가신 일에도 화를 내거나, 자신이 무능하다는 무력감에 시달릴 수 있다. 감정은 자주 과장되고 감정을 다루는 능력은 약해지기 십상이다.

스트레스가 쌓이는 상황에서는 자기 탓을 하기가 쉽다. 이런 태도는 오히려 스트레스를 가중시킨다. 그저 자신이 느끼는 감정(공포, 불안, 냉담, 의기소침)을 그대로 인정할 필요가 있다.

선택 | 스트레스를 받는 상태를 인정했다면, 스트레스의 주요 요인을 확인해본다.

스트레스의 원인은 대개 자기 고집을 강요하고 완벽한 삶을 살겠다는 태도에 있다. 이런 불가능한 태도를 계속 고집하면 스트레스에 짓눌리고 자기 통제력을 상실하게 될 뿐이다. 통제하지 못하는 상황이나 사건이 있다는 사실만 인정해도 많은 스트레스를 줄일 수 있다.

잘못된 믿음 또한 스트레스에 영향을 미친다. 예를 들어 자기 뜻이 관철되지 않으면 화를 내거나 무력감을 느낀다. 심지어 자신의 뜻을 좌절시킨 사람에게 앙갚음을 하고 싶어 할지도 모른다. 이런 모든 감정은 '항상 내가 결정해야 하고 다른 사람들은 내 식대로 따라야 한다'라는 믿음에서 나온다. 자신의 믿음을 검토하고 거기에 비합리적인 면이 보인다면 이를 버리고 합리적인 믿음을 선택하기 바란다. 자신과 자신의 감정을 기꺼이 인정하고, 언제나 내 뜻대로 살아갈 수는 없다는 사실을 깨달으면 스트레스도 줄어들 것이다.

실행 | 스트레스를 다스리는 데는 복식호흡과 순차적인 근육이완, 바디 스캐닝 등이 효과적이다. 앞에서 배운 방식대로 천천히 실행해보자. 자기 모습 그리기, 긍정적인 자기 대화도 스트레스 해소에 도움이 될 것이다. 적재적소에 유머를 활용해 부정적인 믿음과 관점을 바꾸는 연습을 해보자.

대화를 조절하는 ACE

인정 | 상대의 공감을 얻고 싶은 감정이 무엇인지 생각해본다. 화를 내고 싶을 수도 있고, 슬픔을 표현하고 싶을 수도 있고, 단지 자신의 기분을 알려주고 싶을 수도 있다. 혹시 '너무 사소한 감정 아닌가?'라는 생각을 할 수도 있지만, 그 어떤 감정도 무의미하지 않다. 자신이 전달하고 싶은 감정을 있는 그대로 인정해야 한다.

선택 | 감정을 전달하려는 목적이 무엇인지 생각해본다. 가령 화가 난 경우라면, 상대방을 이기고 복수하고 통제하려는 목적인가? 아니면 여러분의 권리를 보호하려는 목적인가? 이런 목적을 계속 추구하면 어떤 결과가 생기겠는가? 그 결과에 만족하겠는가, 아니면 새로운 목적을 선택하겠는가? 복수 대신 협력을 구하고 자신의 바람을 좀 더 존중해달라는 의사를 표현하려는 목적을 가질 수도 있지 않겠는가? 자신이 어떤 생각을 하고 있는지 깨달아야 한다. 특히 분노하거나 상심한 사람이라면, 그 감정의 적대적인 면을 제대로 봐야 한다. 생각이 경직돼 있고 참을성이 없으며 불평하고 비난하는 모습이 있지는 않은지 꼼꼼히 살펴본다. 어떻게 하면 보다 합리적으로 생각하고, 곤혹스러운 상황에서 유머감각을 발휘할 수 있겠는가?

단지 자신의 감정을 알려주기만 할 때는 새로운 감정을 생각할 필요까지는 없다. 하지만 부정적인 감정, 특히 화를 가지고 있다면 그 이면에 어떤 다른 감정이 숨어 있는지도 살펴보는 게 좋다. 실망과 두려움 혹은 난감함이 분노로 표출된 것은 아닌가? 이 감정들을 표현하는 게 좋을지 아니면 화를 내는 편이 좋은지 잘 생각해보기 바란다.

실행 | I-메시지로 감정을 전달했을 때 상대가 어떻게 나올지 미리 예상해본다. 흥분하지 않기 위해서는 긍정적인 자기 대화를 준비해놓는 게 좋다. 자기 모습 그리기도 도움이 될 것이다. 그리고 알맞은 때와 장소를 골라 침착하게 대화를 시도한다.

원활한 의사소통은 쉽게 이루어지지 않는다. 하지만 이루기 위해 노력할 만한 가치가 있다. 의사소통은 사람 사이의 관계를 매끄럽게 한다.

갈등을 조절하는 ACE

인정 | 갈등을 해결할 마음을 먹었으면, 우선 자신의 감정을 알고 그대로 받아들여야 한다. 상처를 받았거나 화를 내고 있다면, 그 감정을 그대로 인정하는 것이 첫 단계이다.

선택 | 갈등을 겪는 문제에 대해 이야기하려는 목적이 무엇인지 정확히 알아야 한다. 서로 동의할 수 있는 해답을 얻으려는 건지, 아니면 상대방이 당신의 요구에 순종하도록 설득하고 싶은지 분명히 알 필요가 있다. 그리고 조금 더 합리적인 목적을 선택해야 한다.

적대적인 감정 이면에는 어떤 믿음이 숨어 있는지 확인해야 한다. 상대방에게 당신의 생각을 '강요'하고 싶은가? 그를 처벌하고 싶은가? 스스로 화를 돋우는 얘기를 하고 있지는 않은가? 상대방은 그 상황을 어떤 관점에서 보고 있겠는가? 그의 감정은? 서로 동의할 수 있는 점은 무엇인가? 이러한 질문에 대답하는 순간 보다 합리적인 생각을 갖게 되고, 이는 생산적인 대화에 전념하는 데 도움이 된다.

또한 감정을 전달하는 가장 좋은 방법을 신중하게 선택해야 한다. 상대방의 성격과 갈등 상황에 따라 화를 내는 게 좋을지, 아니면 분노에 수반된 다른 감정, 이를테면 실망감이나 좌절감, 혹은 제대로 인정받지 못한다는 느낌을 전달하는 게 좋을지 생각해본다.

실행 | 다음 질문에 대해 노트에 답을 적어본다.

"지금 겪는 갈등을 해결하는 데 어떤 방법을 활용할 수 있는가? 상대방의 성격을 염두에 두었을 때 대화를 시작하기에 가장 좋은 방법은 무엇인가?"

이에 대한 답은 여러 가지가 있을 것이다. 브레인스토밍, 상호 존중, 사려 깊은 경청, I-메시지, '알맞은 때'를 기다리기 등등. 여기에 대해 상대방은 어떤 반응을 보일 것인가? 여러 가지를 고려해 갈등을 해결할 방법을 미리 생각해 두고, 침착하게 의논할 수 있도록 자기 대화와 자기모습 그리기를 미리 연습한다. 그리고 적절한 때와 장소를 골라 대화를 시도한다.

상대와 갈등 상황을 해결했다면, 그 결과를 평가해본다. 그럼으로써 다음에 생길 갈등에 더욱 효과적으로 대응할 수 있다.

자기 모습 그리기를 조절하는 ACE

인정 | 바꾸고 싶은 불쾌한 감정이 무엇인지 생각하고, 그런 감정을 느꼈던 상황을 마음속에 떠올린다. 오감을 모두 동원해서 생생하게 묘사해보자.

그 감정에 충분히 젖어들었다고 생각하면, 스스로 이렇게 말한다.

"내 기분을 그대로 인정하자."

정말로 자신의 감정을 그대로 받아들일 때까지 이 말을 반복한다. 목소리의 크기도 조절하면서 자신이 하는 말을 주의 깊게 들어본다. 잠시 동안 자신의 감정을 완전히 인정한 상태에 머무른 다음, 다음 과정으로 넘어간다.

선택 | 〈감정의 목적〉을 참고해 바꾸고 싶은 감정의 목적을 확인한다. 예를 들어 회의나 파티에서 말실수를 하는 바람에 크게 당황했을 수도 있다. 당황의 목적은 마음에 들지 않는 행동을 했을 때 그 부담감을 떨치기 위한 것이다. 그렇다면 우선 자신이 처한 상황에 대해 비합리적으로 생각하는 면은 없는지 살펴보아야 한다. 문제 상황을 다시 마음속에 떠올리고, 정확하게 어떤 일이 벌어졌으며 자신이 혼자 무슨 말을 하는지 들어본다.

"내가 그렇게 말하다니 정말 끔찍해. 제대로 알고 있어야 했어. 그런 멍청한 실수를 저지르다니 참을 수 없어. 부끄러워 몸 둘 바를 모르겠군! 그 사람들은 나를 얼간이 바보로 알 거 아냐!"

이런 말을 통해 자신의 사고방식이 경직되지는 않았는지, 인내심이 부족하지는 않은지, 불평과 비난을 일삼지는 않는지 주의 깊게 살펴본다. 그 내용을 공책에 쓰고, 좀 더 합리적인 생각을 공책에 적어본다. 이 예시의 경우, 다른 사람들은 생각보다 자신의 실수를 심각하게 여기지 않는다는 사실을 깨달으면 어떨까? 그렇다면 자신이 실수했다는 사실을 그저 너그럽게 받아들이면 당황한 감정을 바꿀 수 있을 것이다. 자신을 용서하는 것을 새로운 목적으로 선택하라는 뜻이다.

실행 │ 이제 눈을 감고 다시 그 상황을 마음속에 떠올린다. 이번엔 긍정적인 말을 해야 한다. 목소리를 더 크게 할 필요가 있으면 그렇게 한다. 그리고 감정에 어떤 변화가 생기는지 주의 깊게 살핀다. 물론 그 상황 자체는 바뀌지 않는다. 여전히 똑같은 말실수를 했고 사람들의 표정은 충격으로 일그러진다. 하지만 진심으로 생각을 고쳐먹었다면 감정은 변하게 마련이다.

비슷한 상황을 다시 상상해본다. 실언을 하는 바람에 당황했던 순간을 다시 마음속에 떠올린 후, 말을 내뱉기 전에 잠시 숨을 멈추고 발언을 할지 말지를 결정하는 모습을 그린다. 만약 말을 하기로 했다면 엉뚱한 말을 했어도 당황하지 않는 모습을 그린다. 이 방법을 통해 인식을 합리적으로 전환할 수 있다.

이 경험에서 배울 점을 찾아보는 것 역시 좋은 방법이다. 말을 잘못했더라도 실언의 파장에 대해 지나치게 신경 쓰지 않는 태도를 익힐 수 있고, '입부터 열지 말고 생각을 먼저 하라'는 교훈 역시 얻을 수 있다.

내 마음의 주인으로 살기 위한 감정 선택 훈련

아들러의 감정 수업

초판 1쇄 발행 2017년 9월 14일
초판 17쇄 발행 2023년 4월 20일

지은이 | 게리 D. 맥케이·돈 딩크마이어
옮긴이 | 김유광
펴낸이 | 金禎珉
펴낸곳 | 북로그컴퍼니
주소 | 서울시 마포구 와우산로 44(상수동), 3층
전화 | 02-738-0214
팩스 | 02-738-1030
등록 | 제2010-000174호

ISBN 979-11-87292-72-2   03180

시목始木은 (주)북로그컴퍼니의 인문·경제경영 브랜드입니다. 지혜의 숲을 가꾸기 위한 첫 나무
가 되도록 한 권 한 권 정성껏 만들겠습니다.